PROCESSO DO TRABALHO

ELEMENTOS DO DIREITO | 17

Coordenação
MARCO ANTONIO ARAUJO JR.
DARLAN BARROSO

Diretora Responsável
GISELLE TAPAI

Diretora de Operações de Conteúdo
JULIANA MAYUMI ONO

Equipe de Conteúdo Editorial: Bruna Schlindwein Zeni, Elisabeth Bianchi, Flávio Viana Filho, Henderson Fiirst, Ítalo Façanha Costa e Rodrigo Salgado

Coordenação Editorial
JULIANA DE CICCO BIANCO

Analistas Editoriais: Amanda Queiroz de Oliveira, Ana Beatriz de Melo Cyrino, Camila Amadi Bonfim Rosa, Érica Hashimoto, George Silva Melo, Georgia Renata Dias, Ivo Shigueru Tomita e Laudízio Parente Júnior

Capa: Chrisley Figueiredo

Coordenação Administrativa
RENATA COSTA PALMA E ROSANGELA MARIA DOS SANTOS

Assistentes: Cibele Souza Mendes, Karla Capelas e Tatiana Leite

Editoração Eletrônica
Coordenação
ROSELI CAMPOS DE CARVALHO

Equipe de Editoração: Adriana Medeiros Chaves Martins, Ana Paula Lopes Corrêa, Carolina do Prado Fatel, Gabriel Bratti Costa, Ladislau Francisco de Lima Neto, Luciana Pereira dos Santos, Luiz Fernando Romeu, Marcelo de Oliveira Silva e Vera Lúcia Cirino

Produção gráfica: Caio Henrique Andrade

Assistente: Rafael da Costa Brito

Dados Internacionais de Catalogação na Publicação (CIP)
(Câmara Brasileira do Livro, SP, Brasil)

Pereira, Leone
    Processo do trabalho / Leone Pereira. – 2. ed. – São Paulo : Editora Revista dos Tribunais, 2013. – (Coleção elementos do direito ; v. 17 / coordenação Marco Antonio Araujo Jr., Darlan Barroso)

    ISBN 978-85-203-4689-1

    1. Direito processual do trabalho 2. Direito processual do trabalho – Brasil I. Araujo Jr., Marco Antonio. II. Barroso, Darlan. III. Título. IV. Série.

13-01334   CDU-341.9:331

Índices para catálogo sistemático: 1. Direito processual do trabalho 347.9:331

LEONE PEREIRA

PROCESSO DO TRABALHO

2.ª edição
revista, atualizada e ampliada

ELEMENTOS DO DIREITO | 17

Coordenação
MARCO ANTONIO ARAUJO JR.
DARLAN BARROSO

THOMSON REUTERS
REVISTA DOS TRIBUNAIS™

ELEMENTOS DO DIREITO | 17

PROCESSO DO TRABALHO

2.ª edição revista, atualizada e ampliada

LEONE PEREIRA

Coordenação
MARCO ANTONIO ARAUJO JR.
DARLAN BARROSO

1.ª edição: fevereiro de 2012.

© desta edição [2013]
EDITORA REVISTA DOS TRIBUNAIS LTDA.

GISELLE TAPAI
Diretora responsável

2291

Visite nosso *site*
www.rt.com.br

CENTRAL DE RELACIONAMENTO RT
(atendimento, em dias úteis, das 8 às 17 horas)

Tel. 0800-702-2433

e-mail de atendimento ao consumidor
sac@rt.com.br

Rua do Bosque, 820 – Barra Funda
Tel. 11 3613-8400 – Fax 11 3613-8450
CEP 01136-000 – São Paulo, SP – Brasil

TODOS OS DIREITOS RESERVADOS. Proibida a reprodução total ou parcial, por qualquer meio ou processo, especialmente por sistemas gráficos, microfílmicos, fotográficos, reprográficos, fonográficos, videográficos. Vedada a memorização e/ou a recuperação total ou parcial, bem como a inclusão de qualquer parte desta obra em qualquer sistema de processamento de dados. Essas proibições aplicam-se também às características gráficas da obra e à sua editoração. A violação dos direitos autorais é punível como crime (art. 184 e parágrafos, do Código Penal), com pena de prisão e multa, conjuntamente com busca e apreensão e indenizações diversas (arts. 101 a 110 da Lei 9.610, de 19.02.1998, Lei dos Direitos Autorais).

Impresso no Brasil [03.2013]
Universitário (texto)
Fechamento desta edição [05.03.2013]

ISBN 978-85-203-4689-1

À Claudia Rodrigues Costa, pelo amor, carinho, compreensão, apoio, dedicação, inspiração e estímulo durante toda a elaboração da presente obra!

À minha família: Leone Pereira da Silva, Cecilia Suriani da Silva, Irene Suriani e Leandro Suriani da Silva, por serem pessoas fundamentais da minha existência. Agradeço imensamente todo o apoio e incentivo!

Agradeço a Deus e a Jesus Cristo,
por serem a fonte inspiradora inesgotável de energia
para enfrentarmos as provas e expiações da jornada da vida.
A todos os operadores do Direito Material e Processual do Trabalho,
por militarem, estudarem e discutirem uma das ciências jurídicas
mais belas, com nítido viés social e humanitário.

Nota da Editora

Visando ampliar nosso horizonte editorial para oferecer livros jurídicos específicos para a área de Concursos e Exame de Ordem, com a mesma excelência das obras publicadas em outras áreas, a Editora Revista dos Tribunais apresenta a nova edição da coleção *Elementos do Direito*.

Os livros foram reformulados tanto do ponto de vista de seu conteúdo como na escolha e no desenvolvimento de projeto gráfico mais moderno que garantisse ao leitor boa visualização do texto, dos resumos e esquemas.

Além do tradicional e criterioso preparo editorial oferecido pela RT, para a coleção foram escolhidos coordenadores e autores com alto cabedal de experiência docente voltados para a preparação de candidatos a cargos públicos e bacharéis que estejam buscando bons resultados em qualquer certame jurídico de que participem.

O presente volume conta com nova edição, agora assinada pelo Prof. Leone Pereira, que em muito veio para somar nesta Coleção que já se tornou referência nacional.

Apresentação da Coleção

Com orgulho e honra apresentamos a coleção *Elementos do Direito*, fruto de cuidadoso trabalho, aplicação do conhecimento e didática de professores experientes e especializados na preparação de candidatos para concursos públicos e Exame de Ordem. Por essa razão, os textos refletem uma abordagem objetiva e atualizada, importante para auxiliar o candidato no estudo dos principais temas da ciência jurídica que sejam objeto de arguição nesses certames.

Os livros apresentam projeto gráfico moderno, o que torna a leitura visualmente muito agradável, e, mais importante, incluem quadros, resumos e destaques especialmente preparados para facilitar a fixação e o aprendizado dos temas recorrentes em concursos e exames.

Com a coleção, o candidato estará respaldado para o aprendizado e para uma revisão completa, pois terá a sua disposição material atualizado de acordo com as diretrizes da jurisprudência e da doutrina dominantes sobre cada tema.

Esperamos que a coleção *Elementos do Direito* continue cada vez mais a fazer parte do sucesso profissional de seus leitores.

Marco Antonio Araujo Jr.
Darlan Barroso
Coordenadores

Sumário

NOTA DA EDITORA.. 9
APRESENTAÇÃO DA COLEÇÃO 11
1. DIREITO PROCESSUAL DO TRABALHO.. 21
   1.1   Conceito.. 21
2. ORGANIZAÇÃO DA JUSTIÇA DO TRABALHO 23
   2.1   Introdução.. 23
   2.2   Juízes do Trabalho.. 26
   2.3   Tribunais Regionais do Trabalho (TRT) 27
         2.3.1   Observações 27
         2.3.2   Novidades trazidas pela reforma do Judiciário 28
   2.4   Tribunal Superior do Trabalho (TST).. 28`
         2.4.1   Observações 29
         2.4.2   Órgãos... 29
         2.4.3   Novidades trazidas pela reforma do Judiciário 29
3. COMISSÃO DE CONCILIAÇÃO PRÉVIA (CCP) 31
4. COMPETÊNCIA DA JUSTIÇA DO TRABALHO 39
   4.1   Noções gerais de jurisdição 39
         4.1.1   Objetivos 39
         4.1.2   Características.. 39
   4.2   Noções gerais de competência 40
   4.3   Competência em razão da matéria (*ratione materiae*) e em razão da pessoa (*ratione personae*) da Justiça do Trabalho............................ 40
         4.3.1   Ações oriundas da relação de trabalho (inc. I)..................... 41
         4.3.2   Entes de direito público externo (inc. I) 44
         4.3.3   Entes da administração pública direta e indireta da União, dos Estados, do Distrito Federal e dos Municípios (inc. I) 45
         4.3.4   Ações que envolvam exercício do direito de greve (inc. II) .. 47

4.3.5 Ações sobre representação sindical, entre sindicatos, entre sindicatos e trabalhadores e entre sindicatos e empregadores (inc. III) 48

4.3.6 Mandado de segurança, *habeas corpus* e *habeas data*, quando o ato questionado envolver matéria sujeita à sua jurisdição (inc. IV) 48

    4.3.6.1 Mandado de segurança 48

    4.3.6.2 *Habeas corpus* 49

    4.3.6.3 *Habeas data* 50

4.3.7 Conflitos de competência entre órgãos com jurisdição trabalhista, ressalvado o disposto no art. 102, inc. I, alínea *o*, da CF/1988 (inc. V) 50

4.3.8 Ações de indenização por dano moral ou patrimonial, decorrentes da relação de trabalho (inc. VI) 52

4.3.9 Ações relativas às penalidades administrativas impostas aos empregadores pelos órgãos de fiscalização das relações de trabalho (inc. VII) 54

4.3.10 Execução, de ofício, das contribuições sociais previstas no art. 195, incs. I, alínea *a*, e II, e seus acréscimos legais, decorrentes das sentenças que proferir (inc. VIII) 54

4.3.11 Outras controvérsias decorrentes da relação de trabalho, na forma da lei 59

4.4 Competência territorial (*ratione loci*) da Justiça do Trabalho 59

    4.4.1 Noções gerais 59

    4.4.2 Regra da localidade da prestação dos serviços, independentemente do local da contratação (*caput*) 60

    4.4.3 A exceção do empregado agente ou viajante comercial prevista no § 1.º 61

    4.4.4 A exceção do empregador que promova realização de atividades fora do lugar do contrato de trabalho ("empregador viajante") prevista no § 3.º 61

    4.4.5 A exceção da competência das Varas do Trabalho para processar e julgar os dissídios ocorridos em agência ou filial no estrangeiro prevista no § 2.º (competência internacional da justiça do trabalho) 62

    4.4.6 Cláusula de eleição de foro (foro de eleição) 63

5. DAS PARTES E DOS PROCURADORES 65

    5.1 Partes 65

    5.2 Capacidades 65

    5.3 *Jus postulandi* 67

    5.4 Mandato tácito 73

5.5 Assistência judiciária e benefício da justiça gratuita 74
    5.5.1 Assistência judiciária gratuita 74
    5.5.2 Benefício da justiça gratuita 77
5.6 Honorários advocatícios 78
5.7 Atuação do sindicato como substituto processual 80
    5.7.1 Entendimentos jurisprudenciais relevantes 83

6. ATOS, TERMOS E PRAZOS PROCESSUAIS TRABALHISTAS 85
    6.1 Introdução 85
    6.2 Formas de comunicação dos atos processuais trabalhistas 85
    6.3 Publicidade dos atos processuais trabalhistas 90
    6.4 Contagem de prazos processuais trabalhistas 91
        6.4.1 Pontos interessantes do tema em questão 94
            6.4.1.1 Férias 94
            6.4.1.2 Recesso forense 95
            6.4.1.3 Outras hipóteses de suspensão do curso do prazo, segundo o art. 180 do CPC 95
            6.4.1.4 Reflexo do litisconsórcio nos prazos processuais 95
            6.4.1.5 Sistema do fac-símile (fax) 95

7. NULIDADES PROCESSUAIS TRABALHISTAS 97
    7.1 Princípio da instrumentalidade das formas ou da finalidade 99
    7.2 Princípio do prejuízo ou da transcendência 100
    7.3 Princípio da preclusão ou da convalidação 100
    7.4 Princípio da economia processual 102
    7.5 Princípio do interesse (a ninguém é lícito alegar a própria torpeza em juízo) 103
    7.6 Princípio da utilidade (da causalidade, da concatenação ou da interdependência dos atos processuais) 103

8. PROCEDIMENTOS (RITOS) TRABALHISTAS 105
    8.1 Introdução 105

9. RECLAMAÇÃO TRABALHISTA 107
    9.1 Reclamação trabalhista verbal 108
    9.2 Reclamação trabalhista escrita 109

10. DEFESAS (RESPOSTAS) DO RECLAMADO 115
    10.1 Teoria geral 115
    10.2 Revelia 116
    10.3 Contestação 118
    10.4 Compensação 121

10.5 Prescrição 121
    10.5.1 Conceito e aspectos introdutórios 121
    10.5.2 Previsão constitucional e infraconstitucional 122
    10.5.3 Regra: prescrição quinquenal e bienal 123
    10.5.4 Exceções 124
        10.5.4.1 Ações meramente declaratórias 125
        10.5.4.2 Menor 125
        10.5.4.3 FGTS 125
    10.5.5 Prescrição de ofício e seu cabimento no processo do trabalho 126
10.6 Decadência 128
10.7 Exceções rituais 129
    10.7.1 Exceção de incompetência relativa 130
    10.7.2 Exceção de suspeição e de impedimento 131
10.8 Reconvenção 134

11. AUDIÊNCIAS TRABALHISTAS 137
    11.1 Teoria geral das audiências trabalhistas 137
    11.2 Audiência una e fracionamento 139
    11.3 Comparecimento pessoal das partes 140
    11.4 Representação das partes em audiência 141
        11.4.1 Representação processual do empregador 141
        11.4.2 Representação processual do empregado 143
    11.5 Ausência das partes no dia da audiência 144

12. PROVAS TRABALHISTAS 149
    12.1 Teoria geral das provas trabalhistas 149
    12.2 Provas em espécie 151
        12.2.1 Prova testemunhal 151
        12.2.2 Prova pericial 157
        11.2.3 Prova documental 160

13. TENTATIVAS OBRIGATÓRIAS DE CONCILIAÇÃO 165

14. SENTENÇA TRABALHISTA 169

15. PROCEDIMENTO SUMÁRIO (DISSÍDIO DE ALÇADA) 171

16. PROCEDIMENTO SUMARÍSSIMO 173

17. RECURSOS TRABALHISTAS 181
    17.1 Teoria geral dos recursos trabalhistas 181

17.1.1 Princípios que regem os recursos trabalhistas..................... 182
    17.1.1.1 Princípio do duplo grau de jurisdição.................. 182
    17.1.1.2 Princípio da taxatividade..................................... 182
    17.1.1.3 Princípio da unirrecorribilidade, singularidade ou unicidade recursal.. 184
    17.1.1.4 Princípio da fungibilidade ou conversibilidade..... 184
    17.1.1.5 Princípio da vedação da *reformatio in pejus* 186
    17.1.1.6 Princípio da variabilidade.................................... 186
17.1.2 Do duplo grau de jurisdição obrigatório e seu cabimento no processo do trabalho.. 187
17.1.3 Características dos recursos trabalhistas................................. 188
    17.1.3.1 Prazos recursais trabalhistas uniformes 188
    17.1.3.2 Irrecorribilidade imediata ou direta das decisões interlocutórias... 189
    17.1.3.3 Irrecorribilidade no procedimento sumário (dissídio de alçada)... 191
    17.1.3.4 Inexigibilidade de fundamentação........................ 192
17.1.4 Efeitos dos recursos trabalhistas 193
    17.1.4.1 Efeito devolutivo.. 193
    17.1.4.2 Efeito suspensivo 194
    17.1.4.3 Efeito translativo.. 194
    17.1.4.4 Efeito regressivo... 195
    17.1.4.5 Efeito substitutivo.. 195
    17.1.4.6 Efeito extensivo ou expansivo............................... 195
17.1.5 Pressupostos recursais.. 195
17.2 RECURSOS EM ESPÉCIES 196
  17.2.1 Embargos de declaração 197
  17.2.2 Recurso ordinário 197
  17.2.3 Recurso de revista 198
  17.2.4 Agravo de Instrumento 199
  17.2.5 Agravo regimental... 199
  17.2.6 Embargos no TST.. 200
  17.2.7 Agravo de petição 203
  17.2.8 Recurso adesivo.. 203
  17.2.9 Recurso de revisão (pedido de revisão) 204
    17.2.9.1 Introdução... 204
    17.2.9.2 Amparo legal.. 204
    17.2.9.3 Hipótese de cabimento.. 204
    17.2.9.4 Trâmite processual... 204

17.2.9.5 Peculiaridades do recurso de revisão 205
17.2.10 Recurso ordinário constitucional 205
17.2.11 Recurso Extraordinário 206

18. LIQUIDAÇÃO DE SENTENÇA TRABALHISTA 207
    18.1 Conceito, natureza jurídica e considerações iniciais 207
    18.2 Amparo legal 208
    18.3 Espécies de liquidação 210
        18.3.1 Liquidação por cálculo 211
        18.3.2 Liquidação por arbitramento 211
        18.3.3 Liquidação por artigos 213
    18.4 Princípio da fidelidade à sentença exequenda 213
    18.5 Impugnação à conta de liquidação (impugnação à sentença de liquidação) 214
    18.6 Natureza jurídica da sentença de liquidação e respectivo recurso ... 219

19. EXECUÇÃO TRABALHISTA 223
    19.1 Introdução 223
    19.2 Lacuna na CLT e aplicação subsidiária 224
    19.3 Regramento legal 225
    19.4 Títulos executivos trabalhistas 230
        19.4.1 Introdução 230
        19.4.2 Títulos executivos judiciais trabalhistas 232
        19.4.3 Títulos executivos extrajudiciais trabalhistas 233
        19.4.4 Rol taxativo ou meramente exemplificativo? 235
    19.5 Competência 236
    19.6 Legitimidade 238
        19.6.1 Legitimidade ativa 238
        19.6.2 Legitimidade passiva 240
    19.7 Execução por quantia certa contra devedor solvente 241
    19.8 Procedimento da execução por quantia certa fundada em título executivo extrajudicial trabalhista 250

20. DISSÍDIO COLETIVO 259
    20.1 Poder normativo da justiça do trabalho 259
    20.2 Dissídio coletivo 260
        20.2.1 Conceito 260
        20.2.2 Amparo legal 260
        20.2.3 Classificação 263
        20.2.4 Pressuposto 263

| 20.2.5 Sequência de atos processuais em um dissídio coletivo 264
20.3 Sentença normativa 266
    20.3.1 Conceito 266
    20.3.2 Vigência 266
    20.3.3 Prazo máximo de vigência 267
    20.3.4 Extensão 267
    20.3.5 Revisão 268
    20.3.6 Repercussão nos contratos individuais de trabalho 268
    20.3.7 Coisa julgada 270
    20.3.8 Recursos 271
20.4 Ação de cumprimento 273
    20.4.1 Conceito 273
    20.4.2 Amparo legal 273
    20.4.3 Fundamento de criação 274
    20.4.4 Natureza jurídica 274
    20.4.5 Competência 274
    20.4.6 Legitimidade 275
    20.4.7 Desnecessidade do trânsito em julgado da sentença normativa para a propositura da ação de cumprimento 275
    20.4.8 Produção de provas 276
    20.4.9 Prazo prescricional 276

21. AÇÃO RESCISÓRIA NA JUSTIÇA DO TRABALHO 277
21.1 Conceito 277
21.2 Natureza jurídica 277
21.3 Amparo legal 277
21.4 Requisitos 280
21.5 Competência material e funcional 281
21.6 Legitimidade 283
21.7 Hipóteses de cabimento 284
    21.7.1 Se verificar que foi dada por prevaricação, concussão ou corrupção do juiz 284
    21.7.2 Proferida por juiz impedido ou absolutamente incompetente 285
    21.7.3 Resultar de dolo da parte vencedora em detrimento da parte vencida, ou de colusão entre as partes, a fim de fraudar a lei 286
    21.7.4 Ofender a coisa julgada 287
    21.7.5 Violar literal disposição de lei 288

21.7.6 Se fundar em prova, cuja falsidade tenha sido apurada em processo criminal ou seja provada na própria ação rescisória 290

21.7.7 Depois da sentença, o autor obtiver documento novo, cuja existência ignorava, ou de que não pôde fazer uso, capaz, por si só, de lhe assegurar pronunciamento favorável 290

21.7.8 Houver fundamento para invalidar confissão, desistência ou transação, em que se baseou a sentença 290

21.7.9 Fundada em erro de fato, resultante de atos ou de documentos da causa 291

21.8 Acordo homologado judicialmente 291

21.9 Aspectos procedimentais 294

21.10 Ação rescisória e suspensão do cumprimento da sentença ou acórdão rescindendo 300

21.11 Honorários advocatícios 301

21.12 Prazo decadencial 301

21.13 Outros entendimentos consolidados do Tribunal Superior do Trabalho 303

Direito Processual do Trabalho

1.1 CONCEITO

Direito Processual do Trabalho é o ramo da ciência jurídica que se constitui de um conjunto de princípios, regras, instituições e institutos próprios que regulam a aplicação do Direito do Trabalho às lides trabalhistas (relação de emprego e relação de trabalho), *disciplinando as atividades da Justiça do Trabalho, dos operadores do direito e das partes, nos processos individuais, coletivos e transindividuais do trabalho.*

Tem por *escopo* a promoção da legislação trabalhista e social, facilitando o acesso do trabalhador à Justiça do Trabalho.

Organização da Justiça do Trabalho

2.1 INTRODUÇÃO

As principais regras sobre a Organização da Justiça do Trabalho encontram-se nos arts. 111 a 116 da CF/1988, *in verbis*:

> Art. 111. São órgãos da Justiça do Trabalho:
> I – o Tribunal Superior do Trabalho;
> II – os Tribunais Regionais do Trabalho;
> III – Juízes do Trabalho.
> Art. 111-A. O Tribunal Superior do Trabalho compor-se-á de vinte e sete Ministros, escolhidos dentre brasileiros com mais de trinta e cinco e menos de sessenta e cinco anos, nomeados pelo Presidente da República após aprovação pela maioria absoluta do Senado Federal, sendo:
> I – um quinto dentre advogados com mais de dez anos de efetiva atividade profissional e membros do Ministério Público do Trabalho com mais de dez anos de efetivo exercício, observado o disposto no art. 94;
> II – os demais dentre juízes dos Tribunais Regionais do Trabalho, oriundos da magistratura da carreira, indicados pelo próprio Tribunal Superior.
> § 1.º A lei disporá sobre a competência do Tribunal Superior do Trabalho.
> § 2.º Funcionarão junto ao Tribunal Superior do Trabalho:
> I – a Escola Nacional de Formação e Aperfeiçoamento de Magistrados do Trabalho, cabendo-lhe, dentre outras funções, regulamentar os cursos oficiais para o ingresso e promoção na carreira;
> II – o Conselho Superior da Justiça do Trabalho, cabendo-lhe exercer, na forma da lei, a supervisão administrativa, orçamentária, financeira e patrimonial da Justiça do Trabalho de primeiro e segundo graus, como órgão central do sistema, cujas decisões terão efeito vinculante.

Art. 112. A lei criará varas da Justiça do Trabalho, podendo, nas comarcas não abrangidas por sua jurisdição, atribuí-la aos juízes de direito, com recurso para o respectivo Tribunal Regional do Trabalho.

Art. 113. A lei disporá sobre a constituição, investidura, jurisdição, competência, garantias e condições de exercício dos órgãos da Justiça do Trabalho.

Art. 114. Compete à Justiça do Trabalho processar e julgar:

I – as ações oriundas da relação de trabalho, abrangidos os entes de direito público externo e da administração pública direta e indireta da União, dos Estados, do Distrito Federal e dos Municípios;

II – as ações que envolvam exercício do direito de greve;

III – as ações sobre representação sindical, entre sindicatos, entre sindicatos e trabalhadores, e entre sindicatos e empregadores;

IV – os mandados de segurança, *habeas corpus* e *habeas data*, quando o ato questionado envolver matéria sujeita à sua jurisdição;

V – os conflitos de competência entre órgãos com jurisdição trabalhista, ressalvado o disposto no art. 102, I, *o*;

VI – as ações de indenização por dano moral ou patrimonial, decorrentes da relação de trabalho;

VII – as ações relativas às penalidades administrativas impostas aos empregadores pelos órgãos de fiscalização das relações de trabalho;

VIII – a execução, de ofício, das contribuições sociais previstas no art. 195, I, *a*, e II, e seus acréscimos legais, decorrentes das sentenças que proferir;

IX – outras controvérsias decorrentes da relação de trabalho, na forma da lei.

§ 1.º Frustrada a negociação coletiva, as partes poderão eleger árbitros.

§ 2.º Recusando-se qualquer das partes à negociação coletiva ou à arbitragem, é facultado às mesmas, de comum acordo, ajuizar dissídio coletivo de natureza econômica, podendo a Justiça do Trabalho decidir o conflito, respeitadas as disposições mínimas legais de proteção ao trabalho, bem como as convencionadas anteriormente.

§ 3.º Em caso de greve em atividade essencial, com possibilidade de lesão do interesse público, o Ministério Público do Trabalho poderá ajuizar dissídio coletivo, competindo à Justiça do Trabalho decidir o conflito.

Art. 115. Os Tribunais Regionais do Trabalho compõem-se de, no mínimo, sete juízes, recrutados, quando possível, na respectiva região, e nomeados pelo Presidente da República dentre brasileiros com mais de trinta e menos de sessenta e cinco anos, sendo:

I – um quinto dentre advogados com mais de dez anos de efetiva atividade profissional e membros do Ministério Público do Trabalho com mais de dez anos de efetivo exercício, observado o disposto no art. 94;

II – os demais, mediante promoção de juízes do trabalho por antiguidade e merecimento, alternadamente.

§ 1.º Os Tribunais Regionais do Trabalho instalarão a justiça itinerante, com a realização de audiências e demais funções de atividade jurisdicional, nos limites territoriais da respectiva jurisdição, servindo-se de equipamentos públicos e comunitários.

§ 2.º Os Tribunais Regionais do Trabalho poderão funcionar descentralizadamente, constituindo Câmaras regionais, a fim de assegurar o pleno acesso do jurisdicionado à justiça em todas as fases do processo.

Art. 116. Nas Varas do Trabalho, a jurisdição será exercida por um juiz singular.

A Justiça do Trabalho é uma das três Justiças Especiais ou Especializadas da República Federativa do Brasil.

Com efeito, a Justiça Nacional subdivide-se em:

a) Justiça Especial ou Especializada, que é assim composta:
- Justiça do Trabalho;
- Justiça Eleitoral; e
- Justiça Militar.

b) Justiça Comum, que é formada pela:
- Justiça Federal; e
- Justiça Estadual.

Segundo o art. 111 da Constituição Federal de 1988, são órgãos da Justiça do Trabalho:

a) o Tribunal Superior do Trabalho (TST);
b) os Tribunais Regionais do Trabalho (TRTs); e
c) os Juízes do Trabalho.

atenção: Assim, como acabamos de apontar, há *três graus de jurisdição trabalhista:* o Tribunal Superior do Trabalho (TST); os Tribunais Regionais do Trabalho (TRT); e os Juízes do Trabalho. Não esqueça!

É oportuno destacar que a *EC 45/2004*, que ficou conhecida por promover a então *Reforma do Judiciário*, trouxe importantes inovações na organização em análise, conforme iremos detalhar a seguir.

2.2 JUÍZES DO TRABALHO

Em primeiro lugar, precisamos lembrar que a EC 24/1999 *extinguiu a representação classista da Justiça do Trabalho em todos os graus de jurisdição trabalhista*.

Em consequência, no primeiro grau, as antigas Juntas de Conciliação e Julgamento deram lugar às *Varas do Trabalho*.

Nesse sentido, nas Varas do Trabalho, a jurisdição será exercida por um *juiz singular ou monocrático*, conforme prevê o art. 116 da CF/1988.

Com efeito, a lei criará as Varas da Justiça do Trabalho, podendo, nas comarcas não abrangidas por sua jurisdição, atribuí-la aos juízes de direito (*juiz de direito investido de "jurisdição" trabalhista/juiz de direito investido em matéria trabalhista – art. 112 da CF/1988*). Assim, nas comarcas que não tenham Vara do Trabalho criada, a lei *poderá* atribuir competência trabalhista ao *juiz de direito (federal ou estadual)*, o que traduz uma ideia de *facultatividade*.

Nesse caso, da sentença prolatada por esse juiz de direito caberá *recurso ordinário* para o respectivo Tribunal Regional do Trabalho, conforme verificamos no mencionado art. 112 da CF e no art. 895, inc. I, da CLT, *in verbis*:

> Art. 112 da CF. A lei criará varas da Justiça do Trabalho, podendo, nas comarcas não abrangidas por sua jurisdição, atribuí-la aos juízes de direito, com recurso para o respectivo Tribunal Regional do Trabalho.
> Art. 895 da CLT. Cabe recurso ordinário para a instância superior:
> I – das decisões definitivas ou terminativas das Varas e Juízos, no prazo de 8 (oito) dias;
> (...)

Vale ressaltar que, segundo a Súmula 10 do STJ, *instalada a Vara do Trabalho*, cessa a competência do juiz de direito em matéria trabalhista, inclusive para a execução das sentenças por ele proferidas. Dessa forma, a partir do momento que a Vara do Trabalho é criada por lei, os autos que tramitavam perante o juiz de direito investido de jurisdição trabalhista são encaminhados imediatamente à Vara do Trabalho criada. O raciocínio processual está correto, tendo em vista tratar-se de hipótese de *competência absoluta*, consubstanciando uma das exceções do princípio da *perpetuatio jurisdictionis* previsto no art. 87 do CPC.

O *princípio da perpetuação da jurisdição*, ou melhor, o *princípio da perpetuação da competência* aduz que se determina a competência no momento em que a ação é proposta. Considera-se proposta a ação, tanto que a petição inicial seja despachada pelo juiz, ou simplesmente distribuída, onde houver mais de uma vara. Assim sendo, são irrelevantes as modificações do estado de fato ou de direito ocorridas posteriormente, salvo quando suprimirem o órgão judiciário ou alterarem a competência em razão da matéria ou da hierarquia.

O art. 113 da Lei Maior prevê que a lei disporá sobre a constituição, investidura, jurisdição, competência, garantias e condições de exercício dos órgãos da Justiça do Trabalho.

Por fim, o candidato não pode esquecer que a Súmula 136 do TST estabelecia que o *princípio da identidade física do juiz*, previsto no art. 132 do CPC, não se aplicava às Varas do Trabalho. De acordo com esse princípio, o juiz, titular ou substituto, que concluir a audiência, julgará a lide, salvo se estiver convocado, licenciado, afastado por qualquer motivo, promovido ou aposentado, casos estes em que passará os autos ao seu sucessor. Com o cancelamento dessa Súmula, fruto da Res. TST 185/2012, vem prevalecendo o entendimento da aplicabilidade do princípio em comento na Justiça do Trabalho.

2.3 TRIBUNAIS REGIONAIS DO TRABALHO (TRT)

A República Federativa do Brasil apresenta 24 Trinunais Regionais do Trabalho, distribuídos nas respectivas regiões.

Quanto à sua *composição*, mencionaremos as *principais características*, conforme prevê o art. 115 da CF/1988:

a) no *mínimo*, 7 *(sete) juízes*;

b) recrutados, quando possível, na respectiva região;

c) dentre *brasileiros* com *mais de 30* e *menos de 65 anos*;

d) nomeados pelo *Presidente da República*.

Pontuaremos que o *Texto Maior* utiliza a expressão *juízes nos TRT*, embora na praxe forense eles são denominados *desembargadores*.

Também não há a sabatina no TRT, ou seja, a aprovação pela maioria absoluta do Senado Federal.

2.3.1 Observações

1.ª) Deve-se respeitar a regra do *quinto constitucional* contida no art. 94 da CF/1988, ou seja, um quinto dos lugares são ocupados por:

a) *advogados*: com mais de dez anos de efetiva atividade profissional, notório saber jurídico e reputação ilibada; e

b) *membros do Ministério Público do Trabalho*: com mais de dez anos de efetivo exercício.

2.ª) Os *demais* lugares são ocupados mediante promoção de juízes do trabalho por antiguidade e merecimento, alternadamente.

2.3.2 Novidades trazidas pela reforma do Judiciário

a) Os Tribunais Regionais do Trabalho *instalarão a justiça itinerante* (popularmente conhecida como "justiça móvel"), com a realização de audiências e demais funções de atividade jurisdicional, nos limites territoriais da respectiva jurisdição, servindo-se de equipamentos públicos e comunitários.

b) Os Tribunais Regionais do Trabalho *poderão funcionar descentralizadamente*, constituindo *Câmaras Regionais*, a fim de assegurar o pleno acesso do jurisdicionado à justiça em todas as fases do processo.

> **cuidado**
>
> Amigo aluno, que está se preparando com dedicação para enfrentar as provas de Exame de Ordem, preste atenção na seguinte *pegadinha* – conforme apontado, os Tribunais Regionais do Trabalho *instalarão a Justiça Itinerante*, ou seja, o verbo está no imperativo, o que traduz a ideia de *obrigatoriedade*. De outra sorte, os Tribunais Regionais do Trabalho *poderão funcionar descentralizadamente,* constituindo as *Câmaras Regionais*, demonstrando sentido de *facultatividade*.

2.4 TRIBUNAL SUPERIOR DO TRABALHO (TST)

Conforme o art. 111-A da CF/1988, o TST tem a seguinte *composição*:

a) *27 ministros*;

b) dentre *brasileiros*, com *mais de 35 e menos de 65 anos*;

c) nomeados pelo *Presidente da República*;

d) após aprovação pela maioria absoluta do Senado Federal (*sabatina*).

2.4.1 Observações

1.ª) Deve ser respeitada a regra do *quinto constitucional* (conforme art. 94 da CF/1988), ou seja, um quinto dos lugares são ocupados por:

a) *advogados*: com mais de dez anos de efetiva atividade profissional, notório saber jurídico e reputação ilibada; e

b) *membros do Ministério Público do Trabalho*: com mais de dez anos de efetivo exercício da atividade.

2.ª) os *demais* lugares são ocupados dentre juízes dos Tribunais Regionais do Trabalho, oriundos da magistratura da carreira, indicados pelo próprio Tribunal Superior.

3.ª) vale ressaltar que, diferentemente dos Tribunais Regionais do Trabalho, no Tribunal Superior do Trabalho há a necessidade de realização da *sabatina*, ou seja, a aprovação pela maioria absoluta do Senado Federal.

2.4.2 Órgãos

Segundo o art. 59 do Regimento Interno do TST, os órgãos que compõem este Tribunal são os seguintes:

a) Tribunal Pleno;
b) Órgão Especial;
c) Seção Especializada em Dissídios Coletivos (SDC);
d) Seção Especializada em Dissídios Individuais (SDI), esta dividida em Subseção I e Subseção II; e
e) Turmas, que são oito.

Ademais, temos as Comissões Permanentes (de Regimento Interno; de Jurisprudência e Precedentes Normativos; e de Documentação).

2.4.3 Novidades trazidas pela reforma do Judiciário

São órgãos que funcionam junto ao TST:

a) Escola Nacional de Formação e Aperfeiçoamento de Magistrados do Trabalho – ENAMAT, cabendo-lhe, dentre outras funções, regulamentar os cursos oficiais para ingresso e promoção na carreira).

b) Conselho Superior da Justiça do Trabalho, cabendo-lhe exercer, na forma da lei, a supervisão administrativa, orçamentária, financeira e patrimonial da Justiça do Trabalho de primeiro e segundo graus, como órgão central do sistema, cujas decisões terão efeito vinculante.

Comissão de Conciliação Prévia (CCP)

A *Comissão de Conciliação Prévia (CCP)* foi criada com o advento da Lei 9.958/2000, que incluiu na CLT os arts. 625-A a 625-H, *in verbis*:

> Art. 625-A. As empresas e os sindicatos podem instituir Comissões de Conciliação Prévia, de composição paritária, com representante dos empregados e dos empregadores, com a atribuição de tentar conciliar os conflitos individuais do trabalho.
>
> Parágrafo único. As Comissões referidas no *caput* deste artigo poderão ser constituídas por grupos de empresas ou ter caráter intersindical.
>
> Art. 625-B. A Comissão instituída no âmbito da empresa será composta de, no mínimo, dois e, no máximo, dez membros, e observará as seguintes normas:
>
> I – a metade de seus membros será indicada pelo empregador e outra metade eleita pelos empregados, em escrutínio, secreto, fiscalizado pelo sindicato de categoria profissional;
>
> II – haverá na Comissão tantos suplentes quantos forem os representantes titulares;
>
> III – o mandato dos seus membros, titulares e suplentes, é de um ano, permitida uma recondução.
>
> § 1.º É vedada a dispensa dos representantes dos empregados membros da Comissão de Conciliação Prévia, titulares e suplentes, até um ano após o final do mandato, salvo se cometerem falta, nos termos da lei.
>
> § 2.º O representante dos empregados desenvolverá seu trabalho normal na empresa afastando-se de suas atividades apenas quando convocado para atuar como conciliador, sendo computado como tempo de trabalho efetivo o despendido nessa atividade.
>
> Art. 625-C. A Comissão instituída no âmbito do sindicato terá sua constituição e normas de funcionamento definidas em convenção ou acordo coletivo.

Art. 625-D. Qualquer demanda de natureza trabalhista será submetida à Comissão de Conciliação Prévia se, na localidade da prestação de serviços, houver sido instituída a Comissão no âmbito da empresa ou do sindicato da categoria.

§ 1.º A demanda será formulada por escrito ou reduzida a termo por qualquer dos membros da Comissão, sendo entregue cópia datada e assinada pelo membro aos interessados.

§ 2.º Não prosperando a conciliação, será fornecida ao empregado e ao empregador declaração da tentativa conciliatória frustrada com a descrição de seu objeto, firmada pelos membros da Comissão, que deverá ser juntada à eventual reclamação trabalhista.

§ 3.º Em caso de motivo relevante que impossibilite a observância do procedimento previsto no *caput* deste artigo, será a circunstância declarada na petição da ação intentada perante a Justiça do Trabalho.

§ 4.º Caso exista, na mesma localidade e para a mesma categoria, Comissão de empresa e Comissão sindical, o interessado optará por uma delas submeter a sua demanda, sendo competente aquela que primeiro conhecer do pedido.

Art. 625-E. Aceita a conciliação, será lavrado termo assinado pelo empregado, pelo empregador ou seu proposto e pelos membros da Comissão, fornecendo-se cópia às partes.

Parágrafo único. O termo de conciliação é título executivo extrajudicial e terá eficácia liberatória geral, exceto quanto às parcelas expressamente ressalvadas.

Art. 625-F. As Comissões de Conciliação Prévia têm prazo de dez dias para a realização da sessão de tentativa de conciliação a partir da provocação do interessado.

Parágrafo único. Esgotado o prazo sem a realização da sessão, será fornecida, no último dia do prazo, a declaração a que se refere o § 2.º do art. 625-D.

Art. 625-G. O prazo prescricional será suspenso a partir da provocação da Comissão de Conciliação Prévia, recomeçando a fluir, pelo que lhe resta, a partir da tentativa frustrada de conciliação ou do esgotamento do prazo previsto no art. 625-F.

Art. 625-H. Aplicam-se aos Núcleos Intersindicais de Conciliação Trabalhista em funcionamento ou que vierem a ser criados, no que couber, as disposições previstas neste Título, desde que observados os princípios da paridade e da negociação coletiva na sua constituição.

Tem por *objetivo* tentar desafogar o grande número de ações trabalhistas ajuizadas diariamente e as que já tramitam no Judiciário Trabalhista. Com efeito, a grande atribuição da CCP é a *tentativa de conciliação dos conflitos individuais de trabalho*, sendo uma salutar modificação em consonância com o ideário da festejada *autocomposição* dos conflitos trabalhistas. As *principais características* a serem memorizadas para as provas são as seguintes:

1.ª) A tentativa de conciliação extrajudicial somente é possível quando envolver *conflitos individuais* do trabalho, e não conflitos coletivos.

2.ª) Um dos pontos mais importantes é a *composição paritária* dessas comissões, ou seja, idêntico número de representantes dos empregados e empregadores.

3.ª) A *instituição (criação)* das comissões é *facultativa*, e não obrigatória.

4.ª) Poderão ser criadas no âmbito das *empresas* (ou *grupos de empresas*) ou na seara dos *sindicatos* (ou *ter caráter intersindical*).

note BEM

É comum *grandes empresas* ou *grupos econômicos* criarem as aludidas comissões, pois apresentam alta rotatividade de empregados, e o elevado número de reclamações trabalhistas na Justiça do Trabalho prejudica a imagem que essas empresas têm no mercado de trabalho.

cuidado

Caso exista, na *mesma localidade* e para a *mesma categoria*, comissão *de empresa* e comissão *sindical*, o interessado *optará* por uma delas para submeter a sua demanda, sendo competente aquela que *primeiro conhecer* do pedido.

5.ª) A comissão instituída no âmbito do *sindicato* terá sua *constituição* e as *normas de funcionamento* definidas em *convenção ou acordo coletivo*.

atenção

Tome cuidado com a *clássica pegadinha* de que a constituição e normas de funcionamento da comissão instituída no âmbito do sindicato serão definidas em *lei ordinária específica*. Essa definição se dará em negociação coletiva (convenção ou acordo coletivo de trabalho).

6.ª) A comissão instituída no âmbito da *empresa* tem as suas *regras* definidas na própria *CLT*. Vamos a elas:

i) *composição*: no *mínimo dois* e, no *máximo, dez membros*, visto que *metade* deles será *indicada* pelo empregador e a *outra metade* será *eleita* pelos empregados;

ii) *eleição*: será feita em *escrutínio secreto*, com a *fiscalização do sindicato* da categoria profissional respectivo;

iii) *suplentes*: *tantos* quantos forem os representantes *titulares*;

iv) *mandato*: de *um ano*, permitida *uma recondução*, tanto para os membros *titulares* quanto para os *suplentes*;

v) outra regra de fundamental importância é a *estabilidade provisória* (ou garantia no emprego) dos membros da CCP. *Características* dessa estabilidade:

a) somente gozam dela os *representantes dos empregados*, que passam por um *processo eletivo*;

b) abrange tanto os membros *titulares* quanto os *suplentes*;

c) *termo final*: um ano após o fim do mandato;

d) nesse interregno, somente poderão ser dispensados se cometerem *falta grave*.

importante

A *CLT* é omissa sobre qual o *termo inicial* dessa estabilidade provisória, ou seja, quando realmente começa essa garantia no emprego. *Há quem sustente* que o *dies a quo* é a *eleição*, justamente pela lacuna no Diploma Consolidado. Com o devido respeito a esse entendimento, não é o mais correto, tendo em vista que a hermenêutica jurídica preleciona como forma de integração do sistema jurídico a *analogia*, ou seja, ao caso concreto não regulado por lei aplica-se a norma que regulamenta caso semelhante. Analisando o ordenamento jurídico trabalhista, aplicam-se o *art. 8.º, VIII, da CF/1988* e o *art. 543, § 3.º, da CLT*, que delimitam a estabilidade provisória do *dirigente sindical*, qual seja, do *registro da candidatura* e, se eleito, até 1 (um) ano após o final do mandato. Portanto, o *termo inicial* correto para a estabilidade provisória do membro da CCP é o registro da candidatura, até porque isso lhe garantirá maior proteção contra represálias do empregador.

> **dica**
> Em decorrência da controvérsia mencionada, há dúvida sobre a necessidade ou não de *inquérito judicial* para apuração de falta grave para o membro da CCP. Embora não seja pacífica, a linha de pensamento mais acertada é a *necessidade*, por *aplicação analógica* do disposto ao *dirigente sindical* na *Súmula 379 do TST*.

vi) o *representante dos empregados* desenvolverá seu trabalho normal na empresa, afastando-se de suas atividades apenas quando convocado para atuar como conciliador, sendo computado como tempo de trabalho efetivo o despendido nessa atividade.

> **note BEM**
> Portanto, o tempo dedicado a essa *atividade de conciliador* consubstancia *interrupção do contrato de trabalho*, computando-se como tempo de trabalho efetivo.

7.ª) Sem dúvida nenhuma, a *questão mais polêmica* do tema Comissão de Conciliação Prévia é a *passagem obrigatória ou facultativa do empregado por essa comissão antes do ajuizamento da reclamatória trabalhista*. Explicitando melhor, será que o empregado, na hipótese de não pagamento de haveres trabalhistas por parte do empregador, terá que passar pela CCP antes do ajuizamento de eventual reclamação trabalhista, ou poderá ingressar com ação diretamente no Poder Judiciário? *Duas grandes correntes* formaram-se sobre a indagação:

1.ª corrente: a passagem pela CCP é *obrigatória*. Fundamentos:

a) interpretação gramatical ou literal do *caput* do art. 625-D da CLT. Esse dispositivo consolidado aduz que qualquer demanda de natureza trabalhista será submetida à CCP se, na localidade da prestação de serviços, houver sido instituída a comissão no âmbito da empresa ou do sindicato da categoria. O verbo está no imperativo;

b) esse requisito configura condição da ação (interesse de agir) ou pressuposto processual, cuja não observância acarretará extinção do processo sem resolução do mérito, com fulcro no art. 267, incs. IV e VI, do CPC;

c) o escopo da CCP é desafogar o Poder Judiciário Trabalhista, que já tem inúmeras lides trabalhistas tramitando em sua estrutura funcional;

d) a autocomposição é a melhor forma de solução dos conflitos trabalhistas; e

e) não há limitação do exercício do direito de ação. Caso reste infrutífera a tentativa de conciliação, nada impede o ajuizamento da exordial trabalhista. Ademais, o prazo fixado por lei é exíguo para que a CCP realize a sessão de tentativa de conciliação a partir da provocação do interessado, sendo de 10 dias.

2.ª Corrente: a passagem pela CCP é *facultativa*. Fundamentos:

a) a obrigatoriedade viola inexoravelmente o exercício do direito de ação (princípio da inafastabilidade da jurisdição) insculpido no art. 5.º, XXXV, da CF/1988. Qualquer lesão ou ameaça de lesão a direito fundamental não poderá ser excluída de apreciação do Poder Judiciário por uma lei;

b) a passagem pela CCP não consubstancia condição da ação ou pressuposto processual de existência ou de validade do processo;

c) a Súmula 2 do TRT da 2.ª Região defende a ideia da facultatividade da passagem pela CCP, não sendo uma condição da ação ou um pressuposto processual.

> **atenção**
>
> No dia *13 de maio de 2009*, por maioria de votos, o Supremo Tribunal Federal (STF) determinou que *demandas trabalhistas podem ser submetidas ao Poder Judiciário antes que tenham sido analisadas por uma Comissão de Conciliação Prévia*. Para os ministros, esse entendimento preserva o *direito universal dos cidadãos de acesso à Justiça (princípio da inafastabilidade da jurisdição/princípio do amplo acesso ao Poder Judiciário/princípio do direito de ação/acesso à ordem jurídica justa – art. 5.º, XXXV, da CF/1988)*.
>
> A decisão é *liminar* e vale até o julgamento final da matéria, contestada em duas Ações Diretas de Inconstitucionalidade *(ADIs 2139 e 2160)* ajuizadas por quatro partidos políticos e pela Confederação Nacional dos Trabalhadores do Comércio (CNTC). Tanto a confederação quanto o PC do B, o PSB, o PT e o PDT argumentaram que a regra da CLT representava um limite à liberdade de escolha da via mais conveniente para submeter eventuais demandas trabalhistas.
>
> Sete ministros deferiram o pedido de liminar feito nas ações para dar *interpretação conforme a Constituição Federal ao art. 625-D da CLT (Consolidação das Leis do Trabalho)*, que obrigava o trabalhador a primeiro procurar a conciliação no caso de a demanda trabalhista ocorrer em local que conte com uma comissão de conciliação, seja na empresa ou no sindicato da categoria. Com isso, o empregado pode escolher entre a conciliação e ingressar com reclamação trabalhista no Judiciário.

8.ª) A demanda será formulada *por escrito* ou *reduzida a termo* por qualquer dos membros da comissão, sendo entregue cópia datada e assinada pelo membro aos interessados.

9.ª) Em caso de *motivo relevante* que *impossibilite* a observância da passagem obrigatória pela CCP (partindo da premissa de que isso é o que deseja a CLT), será a circunstância *declarada na reclamação trabalhista* ajuizada perante a Justiça do Trabalho.

10.ª) As CCP têm o prazo de *10 dias* para a realização de *sessão de tentativa de conciliação* a partir da *provocação* do interessado. *Dois caminhos* são possíveis na referida sessão:

a) Sucesso no acordo: aceita a conciliação, será lavrado termo de conciliação, assinado pelo empregado, pelo empregador ou seu preposto e pelos membros da comissão, fornecendo-se cópia às partes. Esse termo de conciliação é um título executivo extrajudicial e terá eficácia liberatória geral, exceto quanto às parcelas expressamente ressalvadas.

> **cuidado**
>
> Essas *características do termo de conciliação* lavrado na CCP são muito cobradas nas provas. Portanto, atenção a elas: *título executivo extrajudicial* e *eficácia liberatória geral, exceto quanto às parcelas expressamente ressalvadas*. Nesse sentido, *alguns doutrinadores* sustentam o *não cabimento da eficácia liberatória geral* com quitação ao extinto contrato de trabalho, pois isso seria prejudicial ao empregado, impedindo-o de ajuizar reclamação trabalhista para pleitear eventuais diferenças de parcelas pagas ou títulos trabalhistas não quitados, máxime quando não for deficiente a assistência ao trabalhador. Assim, ainda que tenha realizado acordo na CCP, o empregado poderia ajuizar *reclamação trabalhista* para discutir na Justiça do Trabalho tanto o *aspecto formal* (higidez na manifestação de vontade) quanto o *aspecto de fundo ou mérito* (outras parcelas trabalhistas e eventuais diferenças).

b) Fracasso na tentativa de conciliação: não prosperando a conciliação, será fornecida ao empregado e ao empregador declaração da tentativa conciliatória frustrada (também chamada de carta de malogro), com a descrição de seu objeto, firmada pelos membros da comissão, que deverá ser juntada à eventual reclamação trabalhista.

11.ª) *Esgotado* o mencionado *prazo* de 10 dias sem a realização da sessão de tentativa de conciliação, será fornecida a *declaração da tentativa conciliatória frustrada* no último dia do prazo.

12.ª) No que concerne ao *prazo prescricional*, se o empregado provoca a CCP é porque não está inerte na busca de reparação de lesão ao seu direito trabalhista, e isso gera reflexos indubitáveis à prescrição, que é a perda da pretensão de reparação do direito violado pela inércia do titular no decurso do tempo (o direito não socorre quem dorme). Por conseguinte, o *prazo prescricional* será *suspenso* a partir da provocação da CCP, recomeçando a fluir, pelo que lhe resta, a partir da tentativa frustrada de conciliação ou do esgotamento do prazo de 10 dias.

13.ª) Por derradeiro, aplicam-se aos *Núcleos Intersindicais de Conciliação Trabalhista* em funcionamento ou que vierem a ser criados as regras mencionadas, desde que observados os princípios da paridade e da negociação coletiva na sua constituição.

Competência da Justiça do Trabalho

4.1 NOÇÕES GERAIS DE JURISDIÇÃO

A análise etimológica (origem) da expressão *jurisdição* indica a presença de duas palavras unidas: *juris* (direito); *dictio* (dizer).

Um conceito singelo de jurisdição é: *dizer o direito*.

A jurisdição é o poder, o dever, a função, a atividade do Estado de, imparcialmente, substituindo a vontade das partes, dizer o direito, aplicar o direito ao caso concreto para resolver a lide.

Com efeito, a *jurisdição* é una e indivisível.

4.1.1 Objetivos

São *objetivos* da jurisdição:

a) a justa composição da lide; e
b) a pacificação social.

4.1.2 Características

São *características* da jurisdição:

a) *definitividade*: os atos jurisdicionais são revestidos pelo manto da coisa julgada, o que não ocorre com os atos administrativos;
b) *substitutividade*: na análise das formas de solução dos conflitos de interesse, a jurisdição consubstancia heterocomposição, caracterizada pela presença de um terceiro com poder de decisão sobre as partes (nesse caso, o Poder Judiciário);
c) *inércia*: o magistrado somente atua mediante provocação (arts. 2.º e 262 do CPC); e

d) *imparcialidade*: na aplicação do direito material ao caso concreto, o juiz deverá ser equidistante das partes; e

e) *juiz natural*: o exercício da função jurisdicional é realizado por normas previamente estipuladas no ordenamento jurídico vigente, segundo regras previamente definidas, não podendo haver a criação de um juízo ou tribunal após a ocorrência do fato – juízo ou tribunal *ad hoc* (art. 5.º, XXXVII e LIII, da CF/1988).

4.2 NOÇÕES GERAIS DE COMPETÊNCIA

Dizemos que é *a medida, o limite, o fracionamento, a parcela da jurisdição*.

Assim, a competência é a *divisão dos trabalhos perante os órgãos encarregados do exercício da função jurisdicional*. Para melhor prestar a jurisdição, tendo em vista a natural burocracia e a efetividade do processo, o Estado estabelece regras de competência na Constituição Federal e nas leis infraconstitucionais.

Logo, todo juiz está investido de jurisdição, mas apenas um magistrado será o competente para o caso concreto.

Importante destacar que a EC 45/2004, que promoveu a *Reforma do Poder Judiciário*, resultou em um veemente impacto na seara da competência da Justiça do Trabalho, visto que esta foi ampliada de forma significativa, sendo um dos temas de maior destaque da atualidade no Direito Processual do Trabalho.

4.3 COMPETÊNCIA EM RAZÃO DA MATÉRIA (*RATIONE MATERIAE*) E EM RAZÃO DA PESSOA (*RATIONE PERSONAE*) DA JUSTIÇA DO TRABALHO

Tais competências absolutas da Justiça Laboral estão delineadas na nova redação do art. 114 da CF/1988, fruto da EC 45/2004:

> Art. 114. Compete à Justiça do Trabalho processar e julgar:
> I – as ações oriundas da relação de trabalho, abrangidos os entes de direito público externo e da administração pública direta e indireta da União, dos Estados, do Distrito Federal e dos Municípios;
> II – as ações que envolvam exercício do direito de greve;
> III – as ações sobre representação sindical, entre sindicatos, entre sindicatos e trabalhadores, e entre sindicatos e empregadores;
> IV – os mandados de segurança, *habeas corpus* e *habeas data*, quando o ato questionado envolver matéria sujeita à sua jurisdição;

V – os conflitos de competência entre órgãos com jurisdição trabalhista, ressalvado o disposto no art. 102, I, *o*;

VI – as ações de indenização por dano moral ou patrimonial, decorrentes da relação de trabalho;

VII – as ações relativas às penalidades administrativas impostas aos empregadores pelos órgãos de fiscalização das relações de trabalho;

VIII – a execução, de ofício, das contribuições sociais previstas no art. 195, I, *a*, e II, e seus acréscimos legais, decorrentes das sentenças que proferir;

IX – outras controvérsias decorrentes da relação de trabalho, na forma da lei.

§ 1.º Frustrada a negociação coletiva, as partes poderão eleger árbitros.

§ 2.º Recusando-se qualquer das partes à negociação coletiva ou à arbitragem, é facultado às mesmas, de comum acordo, ajuizar dissídio coletivo de natureza econômica, podendo a Justiça do Trabalho decidir o conflito, respeitadas as disposições mínimas legais de proteção ao trabalho, bem como as convencionadas anteriormente.

§ 3.º Em caso de greve em atividade essencial, com possibilidade de lesão do interesse público, o Ministério Público do Trabalho poderá ajuizar dissídio coletivo, competindo à Justiça do Trabalho decidir o conflito.

Vamos ao estudo detalhado do art. 114 da CF/1988.

4.3.1 Ações oriundas da relação de trabalho (inc. I)

Cumpre frisar que esta foi a mais importante inovação nesta temática.

Desenvolvendo o tema, *relação de trabalho* é o gênero, traduzindo *qualquer relação jurídica por meio do qual uma pessoa natural (física) presta um serviço ou realiza uma obra para outrem (pessoa natural, jurídica ou ente despersonalizado)*.

Assim, são *espécies de relação de trabalho*:

a) relação de emprego (a mais importante);

b) trabalho autônomo;

c) trabalho avulso;

d) trabalho eventual;

e) trabalho voluntário;

f) trabalho institucional (ou estatutário);

g) estágio etc.

Portanto, *toda relação de emprego é uma relação de trabalho, mas nem toda relação de trabalho é uma relação de emprego*. O que diferencia a relação de emprego das demais relações de trabalho são os 5 (cinco) requisitos caracterizadores da relação de emprego (elementos fático-jurídicos), plasmados nos arts. 2.º, *caput*, e 3.º, *caput*, da CLT:

a) pessoa física (natural);

b) pessoalidade (infungibilidade/*intuitu personae*);

c) não eventualidade (habitualidade);

d) onerosidade (salário); e

e) subordinação (jurídica).

Com a Reforma do Judiciário, a Justiça do Trabalho passou realmente a ser a Justiça do Trabalho, tendo competência para processar e julgar relação de trabalho *lato sensu* (em sentido amplo). Antes, era de sua competência apenas relação de emprego e algumas relações de trabalho, se a lei assim dispusesse, como era o caso do trabalho avulso.

Caro estudioso, no árduo caminho rumo a aprovação, *temos duas questões polêmicas* (na doutrina e na jurisprudência) interessantes a serem ventiladas:

a) A Justiça do Trabalho tem competência para processar e julgar ação de cobrança de honorários advocatícios?

Embora haja uma linha de entendimento favorável à competência da Justiça do Trabalho, tem prevalecido o entendimento da competência da *Justiça Comum Estadual*. A aludida corrente encontra respaldo na Súmula 363 do STJ, que compete à Justiça estadual processar e julgar a ação de cobrança ajuizada por profissional liberal contra cliente.

b) A Justiça do Trabalho tem competência para processar e julgar ações penais?

Embora haja uma linha de entendimento favorável à competência da Justiça do Trabalho, com supedâneo em interpretação sistemático-teleológica nos incs. I, IV e IX do art. 114 da CF/1988, prevalece o entendimento de que a *Justiça do Trabalho não tem competência criminal*, nem mesmo nos casos de crimes contra a organização do trabalho (exemplo: trabalho escravo), bem como nos crimes praticados contra a administração da Justiça do Trabalho (exemplo: crime de falso testemunho).

Essa corrente majoritária é pautada na *liminar* concedida no julgamento da *ADI 3.684* pelo *Ministro do STF Cezar Peluso*. Sobre o tema, veja o teor da notícia veiculada no *site* do STF abaixo consignada:

Notícia STF – Quinta-feira, 01 de fevereiro de 2007
Justiça do Trabalho não tem competência para julgar ações penais

O plenário do Supremo Tribunal Federal (STF) deferiu, por unanimidade, liminar na Ação Direta de Inconstitucionalidade (ADI) 3684, ajuizada pelo procurador-geral da República contra os incs. I, IV e IX do art. 114 da Constituição Federal, introduzidos pela EC 45/2004. Esses dispositivos, ao tratarem da competência da Justiça do Trabalho para solucionar conflitos entre trabalhadores e empregadores, teriam atribuído jurisdição em matéria criminal à Justiça do Trabalho.

De acordo com a ADI, o texto da Reforma do Judiciário aprovado pela Câmara foi alterado posteriormente no Senado. O procurador-geral sustenta que, após a alteração feita no Senado, a matéria deveria ter retornado a Câmara dos Deputados, o que não teria ocorrido, configurando a inconstitucionalidade formal do inc. I do art. 114. Aponta ainda que o dispositivo afronta os arts. 60, §§ 2.º e 4.º, inc. IV, e o art. 5.º, *caput,* e inc. LIII da CF/1988.

O PGR alega que, em decorrência da EC 45, o Ministério Público do Trabalho e a Justiça do Trabalho estão praticando atos relativos a matéria penal. Diante dos argumentos, o Procurador-geral requer, na ADI, a suspensão da eficácia do inc. I do art. 114 ou que seja dada interpretação conforme a Constituição. Pede também o afastamento de qualquer entendimento que reconheça a competência penal da Justiça do Trabalho e a interpretação conforme o texto constitucional dos incs. IV e IX do art. 114, acrescentado pela EC 45/2004. No mérito, que seja declarada a inconstitucionalidade dos dispositivos impugnados.

Voto

Em seu voto, o relator da ação, ministro Cezar Peluso, afirmou que o inc. IV do art. 114 determina a competência da justiça do trabalho para julgar *Habeas Corpus, Habeas Data* e Mandados de Segurança, 'quando o ato questionado envolver matéria sujeita a sua jurisdição'. Ele lembra, porém, que o pedido de *habeas* pode ser usado "contra atos ou omissões praticados no curso de processos de qualquer natureza", e não apenas em ações penais. Se fosse a intenção da Constituição outorgar à justiça trabalhista competência criminal ampla e inespecífica, não seria preciso prever, textualmente, competência para apreciar *habeas.*

O relator ressalta que a Constituição "circunscreve o objeto inequívoco da competência penal genérica", mediante o uso dos vocábulos 'infrações penais' e 'crimes'. No entanto, a competência da Justiça do Trabalho para o processo e julgamento de ações oriundas da relação trabalhista se restringe apenas às ações destituídas de natureza penal. Ele diz que a aplicação do entendimento que se pretende alterar violaria frontalmente o princípio do juiz natural, uma vez que, segundo a norma constitucional, cabe à justiça comum – estadual ou federal, dentro de suas respectivas competências, julgar e processar matéria criminal.

Quanto à alegada inconstitucionalidade formal, Peluso argumenta que a alteração no texto da EC 45, durante sua tramitação no Legislativo, "em nada alterou o âmbito semântico do texto definitivo", por isso não haveria a violação ao § 2.º do art. 60 da CF/1988.

Assim, por unanimidade, foi deferida a liminar na ADI, com efeitos ex tunc (retroativo), para atribuir interpretação conforme a Constituição, aos incs. I, IV e IX de seu art. 114, declarando que, no âmbito da jurisdição da Justiça do Trabalho, não está incluída competência para processar e julgar ações penais.

4.3.2 Entes de direito público externo (inc. I)

Na relação *empregado/ente de direito público externo*, *dois pontos* devem ser destacados, com os respectivos entendimentos da Suprema Corte:

1.º) *imunidade de jurisdição*: não gozam de privilégio diplomático em processo trabalhista, por se tratar de *ato de gestão* e não ato de império, sendo a Justiça laboral competente. A imunidade em destaque representaria:

   a) indevido enriquecimento sem causa do Estado Estrangeiro;

   b) censurável desvio ético-jurídico;

   c) incompatível com o princípio da boa-fé; e

   d) inconciliável com os grandes postulados do direito internacional.

2.º) *imunidade de execução*: *gozam* dessa prerrogativa institucional por questões de *soberania*. A solução seria os apelos diplomáticos e as cartas rogatórias.

Em *duas hipóteses* seria possível a *penhora de bens* do ente de direito público externo:

   a) renúncia por parte do Estado Estrangeiro à prerrogativa da intangibilidade dos seus próprios bens; ou

   b) existência em território brasileiro de bens que, embora pertencentes ao ente externo, não tenham qualquer vinculação com as finalidades essenciais inerentes às legações diplomáticas ou representações consulares mantidas no Brasil.

Nesse contexto, convém pontuar a recente OJ 416 da SDI-1/TST:

OJ 416 da SDI-1/TST. Imunidade de jurisdição. Organização ou organismo internacional. (*DEJT* 14, 15 e 16.02.2012)

As organizações ou organismos internacionais gozam de imunidade absoluta de jurisdição quando amparados por norma internacional incorporada ao ordenamento jurídico brasileiro, não se lhes aplicando a regra do Direito Consuetudinário relativa à natureza dos atos praticados. Excepcionalmente, prevalecerá a jurisdição brasileira na hipótese de renúncia expressa à cláusula de imunidade jurisdicional.

4.3.3 Entes da administração pública direta e indireta da União, dos Estados, do Distrito Federal e dos Municípios (inc. I)

Analisando o texto trazido pela EC 45/2004, nenhuma ressalva foi consignada, o que levou ao entendimento de que a nova competência abrangeria tanto os servidores públicos (no caso, os estatutários, em que o regime é institucional, perfazendo relação de ordem estatutária ou de caráter jurídico-administrativo) quanto os empregados públicos (os celetistas sob regime contratual).

A *AJUFE – Associação dos Juízes Federais do Brasil*, no dia 25 de janeiro de 2005, ajuizou *ADI* perante o *STF, Processo 3.395-6*, em virtude da redação contida no inc. I do art. 114 da Carta Maior.

Na época, o Ministro Nelson Jobim concedeu liminar, que posteriormente foi referendada pelo *Plenário do STF* em 05 de abril de 2006, no sentido de que *a Justiça do Trabalho é incompetente para processar e julgar as ações envolvendo servidores públicos estatutários*.

Dessa forma, são *competentes*:

a) a Justiça Federal: no caso de servidores públicos federais;

b) a Justiça Estadual: no caso servidores públicos estaduais ou municipais.

Sobre o tema, veja o teor da *notícia* veiculada no *site* do STF abaixo apontada:

Notícia STF – Quarta-feira, 05 de abril de 2006

Plenário confirma liminar que mantém competência da Justiça Federal para julgar estatutários

Causas instauradas entre o poder público e servidores com vínculo estatutário, ou seja, regidos pela Lei 8.112/1990, continuam sob competência da Justiça Federal. Essa foi a decisão dos ministros do STF que referendaram a liminar concedida na Ação Direta de Inconstitucionalidade (ADI) 3395, pelo presidente da Corte à época, Ministro Nelson Jobim (aposentado).

A ação foi protocolada, com pedido de liminar, pela Associação dos Juízes Federais do Brasil (Ajufe) em janeiro de 2005. Nela, a entidade contestou artigo da reforma do Judiciário (EC 45/2004) que suprimiu a autonomia da Justiça Federal para julgar ações envolvendo as relações de trabalho de servidores estatutários. Para a Ajufe, a matéria é de direito administrativo, sem vínculo trabalhista, por isso a Justiça do Trabalho não poderia ter competência para julgar estatutários.

De acordo com a decisão, continua suspensa interpretação do inc. I do art. 114 da CF/1988 – com a redação atualizada pela emenda – que atribua à Justiça do Trabalho competência para julgar. Para esses casos, mantém-se a competência da Justiça Federal.

O ministro-relator, Cezar Peluso, lembrou que o Supremo já decidiu, no julgamento da ADI 492, que a inclusão no âmbito de competência da Justiça do Trabalho das causas que envolvam o poder público e seus servidores estatutários seria inconstitucional. "A razão é porque entendeu alheio, ao conceito de relação de trabalho, o vínculo jurídico de natureza estatutária vigente entre servidores públicos e a administração", disse Cezar Peluso.

Para Peluso, "é pertinente a interpretação conforme à Constituição emprestada pela decisão liminar diante do caráter polissêmico da norma e, à sua luz, perde força o argumento da inconstitucionalidade formal". Segundo ele, "ao atribuir competência à Justiça do Trabalho para apreciar as ações oriundas da relação de trabalho, abrangidos os entes de direito público externo da administração pública direta e indireta da União, dos Estados, dos municípios e do Distrito Federal, o art. 114, I, da CF/1988, não incluiu em seu âmbito material de validade as relações de natureza jurídico-administrativa dos servidores públicos".

Conforme o relator, não se pode entender que, a partir do texto promulgado, a justiça trabalhista possa analisar questões relativas a servidores públicos. "Essas demandas vinculadas às questões funcionais à elas pertinentes, regidas pela Lei 8.112/1990 e pelo Direito Administrativo, são diversas dos contratos de trabalhos regidos pela CLT", declarou Peluso. A maioria dos ministros votou do mesmo modo, vencido o Ministro Marco Aurélio.

Nessa linha de raciocínio, nos casos de *contratação por tempo determinado para atender necessidade temporária de excepcional interesse público* prevista no *art. 37, IX, da CF/1988*, o *TST* decidiu cancelar a sua *OJ 205 da SDI-1*, que advogava a tese da competência da Justiça do Trabalho nos casos de desvirtuamento da mencionada contratação (falsos temporários):

> Art. 37 da CF. A administração pública direta e indireta de qualquer dos Poderes da União, dos Estados, do Distrito Federal e dos Municípios

obedecerá aos princípios de legalidade, impessoalidade, moralidade, publicidade e eficiência e, também, ao seguinte: (...)

IX – a lei estabelecerá os casos de contratação por tempo determinado para atender a necessidade temporária de excepcional interesse público;

(...)

OJ 205 da SDI-1/TST. Competência material. Justiça do Trabalho. Ente público. Contratação irregular. Regime especial. Desvirtuamento (cancelada) – Res. 156/2009, DEJT divulgado em 27, 28 e 29.04.2009

I – Inscreve-se na competência material da Justiça do Trabalho dirimir dissídio individual entre trabalhador e ente público se há controvérsia acerca do vínculo empregatício.

II – A simples presença de lei que disciplina a contratação por tempo determinado para atender a necessidade temporária de excepcional interesse público (art. 37, inc. IX, da CF/1988) não é o bastante para deslocar a competência da Justiça do Trabalho se se alega desvirtuamento em tal contratação, mediante a prestação de serviços à Administração para atendimento de necessidade permanente e não para acudir a situação transitória e emergencial.

Nesses casos, a competência para processar e julgar essas ações será da *Justiça Comum*.

4.3.4 Ações que envolvam exercício do direito de greve (inc. II)

Ações *individuais* ou *coletivas* que envolvam o exercício do direito de greve são da competência da Justiça do Trabalho, podendo ser *partes*: empregados, empregadores, sindicatos, Ministério Público do Trabalho, dirigentes sindicais, usuários do serviço paralisado etc.

Com efeito, segundo o art. 114, § 3.º, da CF/1988, em caso de greve em atividade essencial, com possibilidade de lesão do interesse público, o Ministério Público do Trabalho poderá ajuizar dissídio coletivo, competindo à Justiça do Trabalho decidir o conflito.

Caro leitor, consoante recente *Súmula Vinculante 23*, a Justiça do Trabalho é competente para processar e julgar *ação possessória* ajuizada em decorrência do exercício do direito de greve pelos trabalhadores da iniciativa privada:

> Súmula Vinculante 23. A Justiça do Trabalho é competente para processar e julgar ação possessória ajuizada em decorrência do exercício do direito de greve pelos trabalhadores da iniciativa privada.

Por fim, vem prevalecendo o entendimento na doutrina e na jurisprudência de que a *Justiça do Trabalho não* é competente para processar e julgar as ações envolvendo *greve de servidores públicos estatutários*, e sim a Justiça Comum Estadual.

4.3.5 Ações sobre representação sindical, entre sindicatos, entre sindicatos e trabalhadores e entre sindicatos e empregadores (inc. III)

Inicialmente, vale destacar que a expressão "sindicatos" deve merecer *interpretação ampliativa*, abrangendo federações, confederações e, atualmente, centrais sindicais, por estarem atualmente reconhecidas de modo formal pela Lei 11.648, de 31 de março de 2008.

Neste tópico, podemos apontar os seguintes *exemplos*:

a) dois sindicatos disputando a representatividade na base territorial da categoria (antes era da competência da Justiça Estadual);

b) ações relativas à eleição de dirigente sindical e aos seus respectivos direitos;

c) ações envolvendo contribuição sindical, confederativa, assistencial e mensalidade sindical etc.

Por fim, é oportuno consignar entendimentos jurisprudenciais consolidados sobre o tema:

> Súmula 666 do STF. A contribuição confederativa de que trata o art. 8.º, IV, da Constituição, só é exigível dos filiados ao sindicato respectivo.
>
> Precedente Normativo 119 do TST. Contribuições sindicais – Inobservância de preceitos constitucionais – (nova redação dada pela SDC em sessão de 02.06.1998 – homologação Res. 82/1998, *DJ* 20.08.1998)
>
> "A Constituição da República, em seus arts. 5.º, XX e 8.º, V, assegura o direito de livre associação e sindicalização. É ofensiva a essa modalidade de liberdade cláusula constante de acordo, convenção coletiva ou sentença normativa estabelecendo contribuição em favor de entidade sindical a título de taxa para custeio do sistema confederativo, assistencial, revigoramento ou fortalecimento sindical e outras da mesma espécie, obrigando trabalhadores não sindicalizados. Sendo nulas as estipulações que inobservem tal restrição, tornam-se passíveis de devolução os valores irregularmente descontados."

4.3.6 Mandado de segurança, habeas corpus e habeas data, *quando o ato questionado envolver matéria sujeita à sua jurisdição (inc. IV)*

4.3.6.1 Mandado de segurança

Antes da EC 45/2004, somente era possível a impetração de mandado de segurança para questionar a ilegalidade ou o abuso de poder de atos de autoridades judiciárias trabalhistas (Juízes das Varas do Trabalho, Desembargadores dos Tribunais Regionais do Trabalho e Ministros do Tribunal Superior do Trabalho). Por corolário, afirmávamos que o Mandado de Segurança era de competência originária dos Tribunais Trabalhistas (TRT ou TST).

Não obstante, *um das grandes novidades da Reforma do Judiciário é a possibilidade de impetração de mandado de segurança perante a Vara do Trabalho (primeiro grau de jurisdição)*.

Com a ampliação da competência material da Justiça do Trabalho, a ilegalidade ou o abuso de poder de atos de *outras autoridades além das judiciárias trabalhistas* passaram a ser suscetíveis de mandado de segurança impetrados na Justiça do Trabalho, no primeiro grau de jurisdição. Podemos *exemplificar* o raciocínio esposado:

a) ato de auditor fiscal do trabalho (antes era da competência da Justiça Federal);

b) ato de Delegado do Trabalho;

c) ato de Procurador do Trabalho;

d) ato de Oficial de Cartório etc.

Assim, se um *Auditor-fiscal do trabalho* interdita ou embarga um estabelecimento ou máquina por motivo concernente à relação de trabalho, por meio de um ato eivado de ilegalidade ou abuso de poder, exsurge a possibilidade de impetração do remédio constitucional na Justiça do Trabalho, de competência funcional da Vara do Trabalho.

Da mesma forma, se um *procurador do trabalho*, no curso de um inquérito civil público, pratica um ato viciado de ilegalidade ou abuso de poder, surge a possibilidade de impetração do Mandado de Segurança na Vara do Trabalho.

Por fim, se um *Oficial de Cartório* nega o registro a um Sindicato com ilegalidade ou abuso de poder, há a viabilidade jurídica de se aviar o *mandamus* para combater esse ato.

4.3.6.2 Habeas corpus

Outro ponto relevante é o *habeas corpus*, que passa a ser julgado pela Justiça Especializada. Anteriormente, havia muita controvérsia doutrinária e jurisprudencial, e o STF entendia que era da competência do Tribunal Regional Federal – TRF, processar e julgar o *habeas corpus* em face de ato praticado por juiz do trabalho.

Nessa linha de raciocínio, o grande exemplo era a prisão civil do depositário infiel, determinada pelo magistrado do trabalho, na execução trabalhista, de acordo com o art. 5.º, inc. LXVII, da CF/1988:

Art. 5.º (...)
LXVII – não haverá prisão civil por dívida, salvo a do responsável pelo inadimplemento voluntário e inescusável de obrigação alimentícia e a do depositário infiel;
(...)

Todavia, a recente Súmula Vinculante 25 estabelece ser *ilícita a prisão civil do depositário infiel, qualquer que seja a modalidade do depósito.*

Essa linha de raciocínio é pautada no *caráter supralegal* atribuído aos tratados internacionais sobre direitos humanos ratificados pela República Federativa do Brasil antes do advento da EC 45/2004, em especial o *Pacto de São José da Costa Rica (Convenção Americana sobre Direitos Humanos).*

Dessa forma, será cabível o referido remédio constitucional na Justiça do Trabalho sempre quando houver restrição da liberdade de locomoção do empregado ou trabalhador por parte do empregador ou tomador dos serviços, como nos casos de servidão por dívida e movimento grevista.

4.3.6.3 Habeas data

Quanto ao *habeas data,* os doutrinadores justrabalhistas vêm sustentando a possibilidade da impetração desse remédio constitucional para permitir ao trabalhador, empregado, tomador dos serviços ou empregador, o conhecimento de informações ou a retificação de dados, constantes de registros ou bancos de dados de entidades governamentais ou de caráter público, como é o caso do banco de dados do Ministério do Trabalho e Emprego.

Por exemplo, o empregador poderá impetrar *habeas data* na Justiça do Trabalho para obter ou retificar informações constantes na "Lista de Maus Empregadores" do Ministério do Trabalho e Emprego, formada por tomadores de serviços que possuem trabalho em condições análogas à de escravo.

4.3.7 Conflitos de competência entre órgãos com jurisdição trabalhista, ressalvado o disposto no art. 102, inc. I, alínea o, da CF/1988 (inc. V)

As *espécies de conflito de competência,* segundo os arts. 804 da CLT e 115 do CPC são:

a) dois ou mais juízes se declaram competentes (conflito positivo de competência);

b) dois ou mais juízes se consideram incompetentes (conflito negativo de competência);

c) entre dois ou mais juízes surge controvérsia acerca da reunião ou separação de processos.

Na seara trabalhista, de acordo com o art. 805 da CLT, o conflito de competência pode ser suscitado pelos juízes e tribunais do trabalho, pelo Ministério Público do Trabalho ou pela parte interessada.

Não pode suscitar conflito a parte que, no processo, ofereceu exceção de incompetência. Segundo o art. 117 do CPC, o conflito de competência não obsta, porém, que a parte, que o não suscitou, ofereça exceção declinatória de foro.

Para a solução do conflito de competência entre órgãos com jurisdição trabalhista, devemos observar *4 regras*. Logo será competente:

1.ª regra – os TRT (art. 808, alínea *a*, da CLT), nos casos de conflito de competência:

a) entre Varas do Trabalho da mesma região;

> **dica** Lembre-se de que são expressões sinônimas Vara do Trabalho, juiz do trabalho e juiz de direito investido de jurisdição trabalhista.

2.ª regra – o TST (art. 808, alínea *b*, da CLT), nos casos de conflito de competência:

a) entre TRT;
b) entre Varas do Trabalho de regiões diversas; e
c) entre TRT e Vara do Trabalho a ele não vinculada.

3.ª regra – o STJ (art. 105, I, alínea *d*, da CF/1988), nos casos de conflito de competência:

a) entre TRT e TJ;
b) entre TRT e TRF;
c) entre juiz do trabalho e juiz de direito não investido na jurisdição trabalhista (juiz estadual ou juiz federal);
d) entre juiz do trabalho e TJ;
e) entre juiz do trabalho e TRF;
f) entre juiz estadual e TRT; e
g) entre juiz federal e TRT.

4.ª regra – o STF (art. 102, I, alínea *o*, da CF/1988), havendo conflito entre o TST e qualquer tribunal.

> **note BEM**
>
> Nos termos da Súmula 420 do TST, não se configura conflito de competência entre TRT e Vara do Trabalho a ele vinculada (idêntica região); por tratar-se de competência funcional ou hierárquica.

4.3.8 Ações de indenização por dano moral ou patrimonial, decorrentes da relação de trabalho (inc. VI)

Essa também foi uma importante inovação, resolvendo principalmente qual a Justiça competente para processar e julgar dano moral decorrente da relação de trabalho, se era a Justiça Laboral ou a Justiça Comum. Doravante, é a Justiça do Trabalho. Nos mesmos termos é o teor da Súmula 392 do TST:

> Súmula 392 do TST. Dano moral. Competência da justiça do trabalho (conversão da OJ 327 da SBDI-1) – Res. 129/2005, *DJ* 20, 22 e 25.04.2005
>
> Nos termos do art. 114 da CF/1988, a Justiça do Trabalho é competente para dirimir controvérsias referentes à indenização por dano moral, quando decorrente da relação de trabalho. (ex-OJ 327 da SBDI-1 – *DJ* 09.12.2003)

Questão controvertida é a competência de ações envolvendo *acidente de trabalho*. Encontramos 2 regras:

1.ª) *Nas ações acidentárias (lides previdenciárias – auxílio-doença acidentário) derivadas de acidente de trabalho promovidas pelo trabalhador segurado em face da seguradora INSS*, será competente a *Justiça Comum Estadual*, nos termos do art. 109, inc. I, da CF/1988; do art. 643, § 2.º, da CLT, e Súmulas 235 e 501 do STF e 15 do STJ:

> Art. 109 da CF. Aos juízes federais compete processar e julgar:
> I – as causas em que a União, entidade autárquica ou empresa pública federal forem interessadas na condição de autoras, rés, assistentes ou oponentes, exceto as de falência, as de acidentes de trabalho e as sujeitas à Justiça Eleitoral e à Justiça do Trabalho;
> (...)
> Art. 643 da CLT. (...)
> § 2.º As questões referentes a acidentes do trabalho continuam sujeitas a Justiça Ordinária, na forma do Dec. 24.637, de 10 de julho de 1934, e legislação subsequente.
> (...)

> Súmula 235 do STF. É competente para a ação de acidente do trabalho a Justiça Cível Comum, inclusive em segunda instância, ainda que seja parte autarquia seguradora.
>
> Súmula 501 do STF. Compete à Justiça Ordinária Estadual o processo e o julgamento, em ambas as instâncias, das causas de acidente do trabalho, ainda que promovidas contra a União, suas autarquias, empresas públicas ou sociedades de economia mista.
>
> Súmula 15 do STJ. Compete a Justiça Estadual processar e julgar os litígios decorrentes de acidente do trabalho.

2.ª) *Nas ações promovidas pelo empregado em face do empregador, postulando indenização pelos danos morais e materiais sofridos em decorrência do acidente de trabalho*, será competente a *Justiça do Trabalho*, segundo Súmula Vinculante 22 do STF:

> Súmula Vinculante 22 STF. A Justiça do Trabalho é competente para processar e julgar as ações de indenização por danos morais e patrimoniais decorrentes de acidente de trabalho propostas por empregado contra empregador, inclusive aquelas que ainda não possuíam sentença de mérito em primeiro grau quando da promulgação da EC 45/2004.

Questão polêmica surge na seguinte situação – *o empregado falece vítima de acidente de trabalho*. A respectiva ação de indenização por danos materiais e morais será ajuizada pela *viúva ou filho (dano em ricochete, reflexo ou indireto)*. Pergunta-se: qual é a justiça competente para processar e julgar essa ação?

Com o cancelamento da Súmula 366 do STJ, em setembro de 2009, que defendia a competência da Justiça Comum Estadual, vem prevalecendo o entendimento da competência da Justiça do Trabalho:

> Súmula 366. Compete à Justiça estadual processar e julgar ação indenizatória proposta por viúva e filhos de empregado falecido em acidente de trabalho. (*)
>
> (*) – Julgando o CC 101.977-SP, na sessão de 16.09.2009, a Corte Especial deliberou pelo *cancelamento* da Súmula 366.

importante

A competência estabelecida pela EC 45/2004 não alcança os processos já sentenciados (Súmula 367 do STJ). A Justiça do Trabalho é competente para processar e julgar as ações de indenização por danos morais e patrimoniais decorrentes de acidente de trabalho propostas por empregado contra empregador, inclusive aquelas que ainda não possuíam sentença de mérito em primeiro grau quando da promulgação da EC 45/2004 (Súmula Vinculante 22).

4.3.9 Ações relativas às penalidades administrativas impostas aos empregadores pelos órgãos de fiscalização das relações de trabalho (inc. VII)

Os órgãos de fiscalização das relações de trabalho são do *Ministério do Trabalho e Emprego (MTE)*.

Antes do advento da Reforma do Judiciário, a competência era da Justiça Federal.

Como exemplo, as ações que envolvam as multas aplicadas pelos auditores fiscais do trabalho.

É oportuno ressaltar uma importante inovação: o *novo título executivo extrajudicial* executável na Justiça do Trabalho, decorrente de multa aplicada pelo auditor fiscal do trabalho inscrita na certidão da Dívida Ativa da União.

4.3.10 Execução, de ofício, das contribuições sociais previstas no art. 195, incs. I, alínea a, e II, e seus acréscimos legais, decorrentes das sentenças que proferir (inc. VIII)

> Art. 195. A seguridade social será financiada por toda a sociedade, de forma direta e indireta, nos termos da lei, mediante recursos provenientes dos orçamentos da União, dos Estados, do Distrito Federal e dos Municípios, e das seguintes contribuições sociais:
> I – do empregador, da empresa e da entidade a ela equiparada na forma da lei, incidentes sobre:
> a) a folha de salários e demais rendimentos do trabalho pagos ou creditados, a qualquer título, à pessoa física que lhe preste serviço, mesmo sem vínculo empregatício;
> (...)
> II – do trabalhador e dos demais segurados da previdência social, não incidindo contribuição sobre aposentadoria e pensão concedidas pelo regime geral de previdência social de que trata o art. 201;
> (...)

Não se trata de novidade da EC 45/2004, uma vez que a EC 20/1998, já havia ampliado a competência material nesse sentido, no antigo § 3.º do art. 114 da CF/1988.

Nessa seara, a Lei 10.035/2000, acrescentou diversos artigos à Consolidação das Leis do Trabalho.

Com efeito, serão *executadas* ex officio, *as contribuições sociais devidas em decorrência de decisão proferida pelos juízes e tribunais do trabalho, resultante de condenação ou homologação de acordo*.

Vale destacar a *alteração do parágrafo único do art. 876 da CLT, fruto da Lei 11.457, de 16 de março de 2007,* de modo que também serão executadas de ofício as contribuições sociais *sobre os salários pagos durante o período contratual reconhecido:*

> Art. 876. (...)
> Parágrafo único. Serão executadas *ex officio* as contribuições sociais devidas em decorrência de decisão proferida pelos Juízes e Tribunais do Trabalho, resultantes de condenação ou homologação de acordo, inclusive sobre os salários pagos durante o período contratual reconhecido.

Por consequência, além das *decisões condenatórias e homologatórias de acordo*, a aludida execução de ofício da Justiça do Trabalho também abrange *decisões meramente declaratórias*, como as de reconhecimento de vínculo de emprego.

Interessante lembrar que, com essa inovação, há um *conflito entre a nova redação do comentado dispositivo legal e a Súmula 368 do TST*, que aduz no sentido da competência da Justiça do Trabalho quanto à execução das contribuições previdenciárias, limitada às *sentenças condenatórias* em pecúnia que proferir e sobre os valores objeto de *acordo homologado* que integrem o salário de contribuição:

> Súmula 368 do TST. Descontos previdenciários e fiscais. Competência. Responsabilidade pelo pagamento. Forma de cálculo (redação do item II alterada na sessão do Tribunal Pleno realizada em 16.04.2012) – Res. 181/2012, *DEJT* 19, 20 e 23.04.2012
> I. A Justiça do Trabalho é competente para determinar o recolhimento das contribuições fiscais. A competência da Justiça do Trabalho, quanto à execução das contribuições previdenciárias, limita-se às sentenças condenatórias em pecúnia que proferir e aos valores, objeto de acordo homologado, que integrem o salário de contribuição. (ex-OJ 141 da SBDI-1 – inserida em 27.11.1998)
> II. É do empregador a responsabilidade pelo recolhimento das contribuições previdenciárias e fiscais, resultante de crédito do empregado oriundo de condenação judicial, devendo ser calculadas, em relação à incidência dos descontos fiscais, mês a mês, nos termos

do art. 12-A da Lei 7.713, de 22.12.1988, com a redação dada pela Lei 12.350/2010.

III. Em se tratando de descontos previdenciários, o critério de apuração encontra-se disciplinado no art. 276, § 4.º, do Decreto 3.048/1999 que regulamentou a Lei 8.212/1991 e determina que a contribuição do empregado, no caso de ações trabalhistas, seja calculada mês a mês, aplicando-se as alíquotas previstas no art. 198, observado o limite máximo do salário de contribuição. (ex- OJs nos 32 e 228 da SBDI-1 – inseridas, respectivamente, em 14.03.1994 e 20.06.2001)

Por fim, vale ressaltar que, conforme *decisão do STF, do dia 11 de setembro de 2008, no julgamento do RE 568056*, preconizou a *incompetência material da Justiça do Trabalho para execução, de ofício, das contribuições sociais no caso de decisões meramente declaratórias*. Entendeu o Guardião da nossa Constituição Cidadã de 1988 que toda execução apresenta como requisito indispensável a existência de um *título executivo*, que não existe no caso de decisão meramente declaratória. Veja o teor da *notícia* veiculada no site do STF, *in verbis*:

Notícia STF – Quinta-feira, 11 de setembro de 2008

Súmula Vinculante limitará competência da Justiça do Trabalho para cobrança de contribuição previdenciária

Por unanimidade, o Plenário do Supremo Tribunal Federal (STF) decidiu, nesta quinta-feira (11), editar uma Súmula Vinculante determinando que não cabe à Justiça do Trabalho estabelecer, de ofício, débito de contribuição social para com o Instituto Nacional do Seguro Social (INSS) com base em decisão que apenas declare a existência de vínculo empregatício. Pela decisão, essa cobrança somente pode incidir sobre o valor pecuniário já definido em condenação trabalhista ou em acordo quanto ao pagamento de verbas salariais que possam servir como base de cálculo para a contribuição previdenciária.

A decisão foi tomada no julgamento do Recurso Extraordinário (RE) 569056, interposto pelo INSS contra decisão do Tribunal Superior do Trabalho (TST), que negou pretensão do INSS para que também houvesse a incidência automática da contribuição previdenciária referente a decisões que reconhecessem a existência de vínculo trabalhista. Por unanimidade, aquele colegiado adotou o entendimento constante do item I, da Súmula 368 do TST, que disciplina o assunto. Com isso, negou recurso lá interposto pelo INSS.

O TST entendeu que a competência atribuída à Justiça do Trabalho pelo inc. VIII do art. 114, da Constituição Federal (CF/1988), quanto à execução das contribuições previdenciárias, "limita-se às sentenças condenatórias em pecúnia que proferir e aos valores objeto de acordo homologado, que integrem o salário de contribuição", excluída "a cobrança das parcelas previdenciárias decorrentes de todo período laboral".

Alegações

O INSS alegava ofensa ao art. 114, § 3.º (atual inc. VIII), da CF/1988. Sustentava, entre outros, que o inc. VIII do art. 114 da CF/1988 visa "emprestar maior celeridade à execução das contribuições previdenciárias, atribuindo-se ao juízo trabalhista, após as sentenças que proferir (sejam homologatórias, condenatórias ou declaratórias), o prosseguimento da execução. Alegava, também, que "a obrigação de recolher contribuições previdenciárias se apresenta, na Justiça do Trabalho, não apenas quando há efetivo pagamento de remunerações, mas também quando há o reconhecimento de serviços prestados, com ou sem vínculo trabalhista".

Em seu voto, no entanto, o relator do RE, Ministro Carlos Alberto Menezes Direito, afirmou que "o que se executa não é a contribuição social, mas o título que a corporifica ou representa, assim como o que se executa, no juízo comum, não é o crédito representado no cheque, mas o próprio cheque". Ainda segundo ele, "o requisito primordial de toda a execução é a existência de um título judicial ou extrajudicial". Assim, observou o ministro, "no caso da contribuição social atrelada ao salário objeto da condenação, é fácil perceber que o título que a corporifica é a própria sentença cuja execução, uma vez que contém o comando para o pagamento do salário, envolve o cumprimento do dever legal específico de retenção das parcelas devidas ao sistema previdenciário".

De outro lado, ainda conforme o Ministro Menezes Direito, "entender possível a execução de contribuição social desvinculada de qualquer condenação, de qualquer transação, seria consentir com uma execução sem título executivo, já que a sentença de reconhecimento do vínculo, de carga predominantemente declaratória (no caso, de existência de vínculo trabalhista), não comporá execução que origine o seu recolhimento".

"No caso, a decisão trabalhista que não dispõe sobre o pagamento de salários, mas apenas se limita a reconhecer a existência do vínculo, não constitui título executivo judicial no que se refere ao crédito de contribuições previdenciárias", sustentou.

Ele lembrou que a própria Constituição Federal (CF/1988) indica que a causa para execução, de ofício, das contribuições previdenciárias, é a decisão da Justiça do Trabalho, ao se referir a contribuições decorrentes da sentença que proferir. "O comando constitucional que se tem de interpretar é muito claro no sentido de impor que isso se faça de ofício, sim, mas considerando as sentenças que a própria Justiça do Trabalho proferir", afirmou Menezes Direito.

Por isso, ele votou pelo indeferimento do Recurso Extraordinário interposto pelo INSS. "Pelas razões que acabo de deduzir, eu entendo que não merece reparo a decisão apresentada pelo TST no sentido de que a execução das contribuições previdenciárias está, de fato, ao alcance da Justiça do Trabalho, quando relativas ao objeto da condenação constante de suas sentenças, não podendo abranger a execução de contribuições previdenciárias atinentes ao vínculo de trabalho reconhecido na decisão, mas sem condenação ou acordo quanto ao pagamento das verbas salariais que lhe possam servir como base de cálculo", concluiu o ministro.

Por fim, apontaremos importantes jurisprudências consolidadas do TST sobre o tema:

> OJ 368 da SDI-1/TST. Descontos previdenciários. Acordo homologado em juízo. Inexistência de vínculo empregatício. Parcelas indenizatórias. Ausência de discriminação. Incidência sobre o valor total (DEJT divulgado em 03, 04 e 05.12.2008)
> É devida a incidência das contribuições para a Previdência Social sobre o valor total do acordo homologado em juízo, independentemente do reconhecimento de vínculo de emprego, desde que não haja discriminação das parcelas sujeitas à incidência da contribuição previdenciária, conforme parágrafo único do art. 43 da Lei 8.212, de 24.07.1991, e do art. 195, I, "a", da CF/1988.
> OJ-SDI1-376. Contribuição previdenciária. Acordo homologado em juízo após o trânsito em julgado da sentença condenatória. Incidência sobre o valor homologado (DEJT divulgado em 19, 20 e 22.04.2010)
> É devida a contribuição previdenciária sobre o valor do acordo celebrado e homologado após o trânsito em julgado de decisão judicial, respeitada a proporcionalidade de valores entre as parcelas de natureza salarial e indenizatória deferidas na decisão condenatória e as parcelas objeto do acordo.
> OJ 414 da SDI-I/TST. Competência da justiça do trabalho. Execução de ofício. Contribuição social referente ao seguro de acidente de tra-

balho (SAT). Arts. 114, VIII, e 195, I, "a", da Constituição da República. (*DEJT* 14, 15 e 16.02.2012)

Compete à Justiça do Trabalho a execução, de ofício, da contribuição referente ao Seguro de Acidente de Trabalho (SAT), que tem natureza de contribuição para a seguridade social (arts. 114, VIII, e 195, I, "a", da CF), pois se destina ao financiamento de benefícios relativos à incapacidade do empregado decorrente de infortúnio no trabalho (arts. 11 e 22 da Lei 8.212/1991).

4.3.11 Outras controvérsias decorrentes da relação de trabalho, na forma da lei

Vem prevalecendo o entendimento de que o inc. IX é *mera repetição do inc. I*, o que demonstra a clara intenção do legislador em ampliar a competência da Justiça do Trabalho para processar e julgar tanto as ações oriundas quanto as controvérsias decorrentes das relações de trabalho em sentido amplo.

4.4 COMPETÊNCIA TERRITORIAL (*RATIONE LOCI*) DA JUSTIÇA DO TRABALHO

4.4.1 Noções gerais

Em primeiro lugar, é importante consignar que a competência territorial é *relativa*, de modo que deve ser alegada pelo reclamado em momento processual oportuno (prazo de defesa – em audiência), por meio da *exceção de incompetência relativa (exceção declinatória de foro)*, sob pena de *prorrogação da competência*, ou seja, o juiz inicialmente incompetente torna-se competente.

A competência territorial das Varas do Trabalho está plasmada no art. 651 da CLT:

> Art. 651 da CLT. A competência das Varas do Trabalho [na redação oficial do artigo consta "Juntas de Conciliação e Julgamento", mas a EC 24/1999 substituiu as "Juntas" por "Varas". é determinada pela localidade onde o empregado, reclamante ou reclamado, prestar serviços ao empregador, ainda que tenha sido contratado noutro local ou no estrangeiro.
>
> § 1.º Quando for parte de dissídio agente ou viajante comercial, a competência será da Vara da localidade em que a empresa tenha agência ou filial e a esta o empregado esteja subordinado e, na falta,

será competente a Vara da localização em que o empregado tenha domicílio ou a localidade mais próxima.

§ 2.º A competência das Varas do Trabalho, estabelecida neste artigo, estende-se aos dissídios ocorridos em agência ou filial no estrangeiro, desde que o empregado seja brasileiro e não haja convenção internacional dispondo em contrário.

§ 3.º Em se tratando de empregador que promova realização de atividades fora do lugar do contrato de trabalho, é assegurado ao empregado apresentar reclamação no foro da celebração do contrato ou no da prestação dos respectivos serviços.

4.4.2 Regra da localidade da prestação dos serviços, independentemente do local da contratação (caput)

A *regra* está prevista no *caput*, de forma que a ação trabalhista deverá ser ajuizada na *localidade* onde o empregado, reclamante ou reclamado, *prestar serviços* ao empregador, ainda que tenha sido contratado noutro local ou no estrangeiro.

Exemplo: se o empregado é contratado em São Paulo (local da contratação) para prestar serviços em Campinas (local da prestação dos serviços), a reclamação trabalhista deve ser ajuizada em Campinas.

Fundamentos:

a) facilitar o acesso do empregado à Justiça do Trabalho;

b) auxiliar a produção de provas;

c) contribuir para a redução de gastos no comparecimento ao Judiciário.

atenção

Se o empregado prestou serviços em *mais de um local*, a CLT não previu essa hipótese, o que tem gerado controvérsia doutrinária e jurisprudencial. Para as provas, tem prevalecido o entendimento de que a reclamatória deverá ser ajuizada no *último local* de prestação de serviços, embora haja uma parcela minoritária da doutrina que sustenta a competência concorrente das Varas do Trabalho, de modo que a ação trabalhista poderá ser ajuizada em qualquer local de prestação dos serviços.

dica

A regra da ação trabalhista ser ajuizada no local da prestação dos serviços tem prevalecido para as *relações de trabalho*. O fundamento é a *Instrução Normativa 27/2005 do TST*, que trouxe normas procedimentais aplicáveis ao Processo do Trabalho em decorrência da ampliação da competência da Justiça do Trabalho pela EC 45/2004 na Justiça do Trabalho, cujo art. 1.º estabelece que as ações ajuizadas na Justiça do Trabalho tramitarão pelo rito ordinário ou sumaríssimo, conforme previsto na CLT, excepcionando-se, apenas, as que, por disciplina legal expressa, estejam sujeitas a rito especial, tais como o Mandado de Segurança, *Habeas Corpus*, *Habeas Data*, Ação Rescisória, Ação Cautelar e Ação de Consignação em Pagamento.

A seguir veremos as exceções, que estão previstas nos parágrafos do art. 651 da CLT.

4.4.3 *A exceção do empregado agente ou viajante comercial prevista no § 1.º*

Quando for parte do dissídio *agente ou viajante comercial*, a CLT trouxe uma *ordem* a ser observada. A ação deverá ser ajuizada:

a) na localidade em que a empresa tenha *agência* ou *filial* e a esta o empregado esteja *subordinado*; e,

Na falta (na falta de agência, filial ou de subordinação):

b) na localização em que o empregado tenha *domicílio* ou a *localidade mais próxima*.

4.4.4 *A exceção do empregador que promova realização de atividades fora do lugar do contrato de trabalho ("empregador viajante") prevista no § 3.º*

Nesse caso, a CLT traz uma *faculdade* ao empregado, que poderá ajuizar a reclamação trabalhista:

a) no foro da *celebração do contrato*; ou

b) no local da *prestação* dos respectivos *serviços*.

Exemplos: empregados que trabalhos em circos, feiras agropecuárias, feiras de exposição, empresas de eventos etc.

Vale destacar que a OJ 149 da SDI-2, do TST, estabelece que não cabe declaração de ofício de incompetência territorial no caso do uso, pelo trabalhador, da faculdade prevista no art. 651, § 3.º, da CLT. Nessa hipótese, resolve-se o conflito pelo reconhecimento da competência do juízo do local onde a ação foi proposta:

> OJ 149 da SDI-2/TST. Conflito de competência. Incompetência territorial. Hipótese do art. 651, § 3.º, da CLT. Impossibilidade de declaração de ofício de incompetência relativa. (DEJT divulgado em 03, 04 e 05.12.2008)
> Não cabe declaração de ofício de incompetência territorial no caso do uso, pelo trabalhador, da faculdade prevista no art. 651, § 3.º, da CLT. Nessa hipótese, resolve-se o conflito pelo reconhecimento da competência do juízo do local onde a ação foi proposta.

4.4.5 *A exceção da competência das Varas do Trabalho para processar e julgar os dissídios ocorridos em agência ou filial no estrangeiro prevista no § 2.º (competência internacional da justiça do trabalho)*

A CLT, no § 2.º do art. 651, trata da Competência Internacional da Justiça do Trabalho. O referido dispositivo legal aduz que a competência territorial das Varas do Trabalho estende-se aos dissídios ocorridos em agência ou filial no estrangeiro, desde que o empregado seja brasileiro e não haja convenção internacional dispondo em contrário.

Nesse caso:

a) *regras de direito processual aplicáveis*: **brasileiras**, porque a demanda tramitará perante a Justiça do Trabalho;

b) *regras de direito material aplicáveis*: era a do *local da prestação de serviços no estrangeiro* – princípio da *lex loci executionis*, previsto no Código de Bustamante, que resolve o conflito de leis trabalhistas no espaço. Assim, a relação jurídica trabalhista era regida pelas leis vigentes no país da prestação de serviço e não por aquelas do local da contratação. Esse era o teor da Súmula 207 do TST:

> Súmula 207 do TST. Conflitos de leis trabalhistas no espaço. Princípio da "lex loci executionis" (mantida) – Res. 121/2003, *DJ* 19, 20 e 21.11.2003

A relação jurídica trabalhista é regida pelas leis vigentes no país da prestação de serviço e não por aquelas do local da contratação.

Não obstante, a mencionada Súmula foi cancelada pela Res. TST 185/2012.

Diante desse novo cenário, vem prevalecendo o entendimento da aplicação da lei brasileira quando mais benéfica (princípio da norma mais favorável), tomando-se por base a unidade do instituto ou da matéria (teoria do conglobamento mitigado, orgânico, por instituto ou intermediária). Assim aduz o art. 3.º, II, da Lei 7.064/1982 (dispõe sobre a situação de trabalhadores contratados ou transferidos para prestar serviços no exterior):

> Art. 3.º A empresa responsável pelo contrato de trabalho do empregado transferido assegurar-lhe-á, independentemente da observância da legislação do local da execução dos serviços:
> I – os direitos previstos nesta Lei;
> II – a aplicação da legislação brasileira de proteção ao trabalho, naquilo que não for incompatível com o disposto nesta Lei, quando mais favorável do que a legislação territorial, no conjunto de normas e em relação a cada matéria.
> Parágrafo único. Respeitadas as disposições especiais desta Lei, aplicar-se-á a legislação brasileira sobre Previdência Social, Fundo de Garantia por Tempo de Serviço – FGTS e Programa de Integração Social – PIS/Pasep.

4.4.6 Cláusula de eleição de foro (foro de eleição)

O *foro de eleição* pode ser conceituado com *o local escolhido pelas partes para dirimir futuras lides.*

O foro de eleição constitui hipótese de *modificação da competência*, disciplinada no art. 111 do CPC, somente sendo possível em *competência relativa* (isto é, em razão do valor ou território):

> Art. 111. A competência em razão da matéria e da hierarquia é inderrogável por convenção das partes; mas estas podem modificar a competência em razão do valor e do território, elegendo foro onde serão propostas as ações oriundas de direitos e obrigações.
> § 1.º O acordo, porém, só produz efeito, quando constar de contrato escrito e aludir expressamente a determinado negócio jurídico.
> § 2.º O foro contratual obriga os herdeiros e sucessores das partes.

Tal instituto, embora não exista expressa vedação no ordenamento processual trabalhista, é *incompatível* com o Direito Processual do Trabalho, pelos seguintes *fundamentos*:

a) as normas processuais trabalhistas de competência territorial são imperativas, cogentes ou de ordem pública, isto é, de observância obrigatória;

b) o claro objetivo dessas normas foi o de facilitar o acesso do empregado ao Poder Judiciário Trabalhista; e

c) a hipossuficiência e o estado de subordinação do empregado, que fatalmente aceitaria a cláusula de eleição de foro. O foro de eleição seria escolhido pelo empregador em localidade que dificultaria o acesso à Justiça do Trabalho.

Das Partes e dos Procuradores   5

5.1 PARTES

As partes no processo são o *autor* e o *réu*.

O autor é aquele que pede a tutela jurisdicional do Estado.

O réu é aquele contra quem é pleiteada a respectiva tutela.

No processo do trabalho, encontramos *denominações específicas* para autor e réu, como: reclamante e reclamado, em se tratando de reclamação trabalhista; requerente e requerido, no caso de inquérito judicial para apuração de falta grave; e suscitante e suscitado, quando se tratar de dissídio coletivo.

5.2 CAPACIDADES

A doutrina processual costuma dividir a capacidade em 3 *modalidades*:

a) Capacidade de ser parte – é a aptidão genérica para figurar no processo como *autor ou como réu, ou seja, é a aptidão para ser parte*. São possuidores dessa capacidade qualquer pessoa física ou natural, qualquer pessoa jurídica e alguns entes despersonalizados (massa falida, espólio etc).

b) Capacidade processual ou para estar em juízo, também chamada de *legitimatio ad processum* – é a aptidão para praticar atos processuais sem a necessidade de *representação ou assistência*. *É a aptidão para atuar no âmbito processual sozinho, pessoalmente.*

Com efeito, no direito do trabalho, considera-se *maior* a partir dos 18 anos, segundo o art. 402 da CLT. Ademais, será considerado *menor*, para os efeitos da CLT, o trabalhador com idade entre 14 e 18 anos:

> Art. 402. Considera-se menor para os efeitos desta Consolidação o trabalhador de quatorze até dezoito anos.

No mesmo sentido é o teor do inc. XXXIII da CF/1988:

> Art. 7.º. São direitos dos trabalhadores urbanos e rurais, além de outros que visem à melhoria de sua condição social:
> (...)
> XXXIII – proibição de trabalho noturno, perigoso ou insalubre a menores de dezoito e de qualquer trabalho a menores de dezesseis anos, salvo na condição de aprendiz, a partir de quatorze anos;
> (...)

Nesse sentido, na *reclamação trabalhista ajuizada pelo menor*, conforme estabelece o art. 793 da CLT, será ele *representado*:

- por seus representantes legais; e, na falta destes,
- pela Procuradoria da Justiça do Trabalho (ou seja, pelo Ministério Público do Trabalho);
- pelo sindicato;
- pelo Ministério Público estadual; ou
- pelo curador nomeado em juízo.

Aliás, como sempre fazemos em nossas aulas, ao falarmos sobre a reclamação ajuizada pelo menor, é também importante fazermos algumas considerações sobre o *instituto da emancipação do direito civil e seus reflexos no direito processual do trabalho*. Muito bem, há *duas correntes*:

1.ª corrente: a emancipação *não* gera reflexos. São fundamentos dessa linha de pensamento:

- as normas processuais trabalhistas são cogentes, imperativas e de ordem pública, ou seja, de observância obrigatória;
- o princípio da proteção, que produz efeitos tanto no âmbito material quanto na seara processual;
- a CLT é norma especial, e o Código Civil é norma geral. Na hermenêutica jurídica, uma norma especial prevalece sobre uma norma geral, e não o inverso.

2.ª corrente: a emancipação *gera* reflexos. Fundamenta essa posição:

- seria incoerente no ordenamento jurídico a ideia de que o menor emancipado estivesse apto a praticar todos os atos da vida civil sozinho e, no momento de ajuizar a reclamação trabalhista, necessitasse da assistência de seus pais. Nesse caso, estaria apto a ajuizar a exordial trabalhista sem assistência, e os prazos prescricionais correriam normalmente, não sendo aplicável o art. 440 da CLT.

> **note BEM**
>
> Embora a segunda corrente sustente o cabimento dos reflexos da emancipação, sua ressalva é de que as *normas referentes a segurança e saúde do trabalhador* devem ser inexoravelmente respeitadas.

Voltando à terceira espécie de capacidade, temos:

c) Capacidade postulatória: é a aptidão para postular em juízo, sendo privativa de advogado, segundo o *Estatuto da OAB*, em seu art. 1.º:

> Art. 1.º. São atividades privativas de advocacia:
> I – a postulação a órgão do Poder Judiciário e aos juizados especiais;
> II – as atividades de consultoria, assessoria e direção jurídicas.
> § 1.º Não se inclui na atividade privativa de advocacia a impetração de *habeas corpus* em qualquer instância ou tribunal.
> § 2.º Os atos e contratos constitutivos de pessoas jurídicas, sob pena de nulidade, só podem ser admitidos a registro, nos órgãos competentes, quando visados por advogados.
> § 3.º É vedada a divulgação de advocacia em conjunto com outra atividade.

Todavia, o sistema processual elenca *hipóteses de capacidade postulatória* conferida às próprias *partes*, até porque a capacidade postulatória é privativa de advogado, mas não exclusiva:

- *habeas corpus*;
- Juizado Especial Cível (procedimento sumaríssimo), quando o valor da causa não exceder 20 (vinte) salários mínimos;
- *jus postulandi* no Processo do Trabalho.

5.3 JUS POSTULANDI

Segundo o *art. 791 da CLT, os empregados e os empregadores poderão reclamar pessoalmente perante a Justiça do Trabalho e acompanhar as suas reclamações até o final.*

> **atenção**
> É comum a falsa ideia de que somente os empregados gozam da prerrogativa processual do *jus postulandi*. Tanto os *empregados* quanto os *empregadores* gozam dessa prerrogativa.

O significado da expressão contida no referido art. 791 da CLT, "até o final", é uma *questão controvertida* na doutrina e na jurisprudência. Tínhamos os seguintes *entendimentos:*

a) *fora da Justiça do Trabalho*, ou seja, em sede de recurso extraordinário a ser julgado pelo STF, ou conflito de competência a ser analisado pelo STJ, a presença do *advogado* é indispensável, não sendo aplicável o *jus postulandi*. Aqui, não há controvérsia;

b) *no âmbito da justiça do trabalho*, a divergência se manifesta. A posição majoritária advogava a tese de que o *jus postulandi* poderia ser exercido em *todas as instâncias*, isto é, nos três graus de jurisdição trabalhista (Varas do Trabalho, TRT, e TST). A fundamentação era seguinte: quando a CLT assevera "até o final", significa até o esgotamento da Justiça do Trabalho, sem qualquer ressalva (interpretação gramatical ou literal).

Entretanto, já vinha ganhando força no TST e na doutrina a linha de entendimento de que o *jus postulandi* somente pode ser exercitado no primeiro grau de jurisdição e em sede de recurso ordinário ou agravo de petição, não sendo possível nos recursos de natureza extraordinária, como é o caso do recurso de revista e dos embargos de divergência e infringentes, em que não se admite o reexame de fatos e provas, conforme estabelece a Súmula 126 do TST.

Com efeito, esse último entendimento foi corroborado por *recente decisão do Pleno do TST, do dia 13 de outubro de 2009, em incidente de uniformização de jurisprudência*. Tratava-se de um caso de recurso de revista interposto pela parte sem a presença de advogado. *Por maioria de votos (17 a 7), o Tribunal Pleno (órgão colegiado que reúne todos os Ministros do Tribunal Superior do Trabalho) negou a prática do* jus postulandi *em matéria que se encontram tramitando na Corte Superior.* O fundamento dessa decisão encontra-se na ideia que no âmbito do TST não se discute mais matéria fática e probatórias, mas apenas questões jurídicas e de direito. Veja *notícia do TST* sobre o tema:

> *Notícia TST – 13.10.2009*
> *Ação no TST não é permitida sem advogado*
> Terminou agora há pouco, em torno das 15h30, o julgamento do recurso em que o autor de uma ação pretendia continuar no processo, no âmbito do Tribunal Superior do Trabalho, sem a intermediação de advogado. Por maioria de votos – 17 a 7 – o Tribunal Pleno (órgão colegiado que reúne todos os ministros do TST) negou a prática do "jus postulandi" em matérias que se encontram tramitando na Corte superior.
> Essa prática tem sido corrente na Justiça do Trabalho, mas apenas nas instâncias anteriores – ou seja, nas Varas do Trabalho, onde se dá o início do processo, e nos Tribunal Regionais do Trabalho, onde são apreciados os recursos ordinários. A partir daí, quando há recurso ao TST, não mais estão em discussão aspectos relacionados com os fatos e provas da ação, mas sim questões técnicas e jurídicas do processo. O que esteve em discussão hoje foi exatamente a possibilidade de a parte continuar a atuar em causa própria no TST.
> A matéria já havia sido votada pela Seção Especializada em Dissídios Individuais (SDI-1), quando o então relator, Ministro Milton de Moura França, atual presidente do Tribunal [hoje, o atual presidente do Tribunal Superior do Trabalho é o Min. João Oreste Dalazen], manifestou-se pela impossibilidade de adotar o "jus postulandi" no âmbito do TST. O Ministro Brito Pereira abriu divergência, sendo seguido por outros membros da SDI-1. Com isso, a discussão acabou sendo remetida ao Pleno, por sugestão do Ministro Vantuil Abdala, que propôs a votação de um incidente de uniformização de jurisprudência, instrumento pelo qual o TST adota um posicionamento único sobre determinado tema.
> No Pleno, coube ao Ministro Brito Pereira assumir a relatoria, mantendo, portanto, o entendimento adotado na SDI-1, ou seja, a favor do "jus postulandi" no TST. Prevaleceu, entretanto, o voto em sentido contrário, do Ministro João Oreste Dalazen, vice-presidente do TST [atualmente, o Min. João Oreste Dalazen é o presidente do Tribunal Superior do Trabalho], com 17 votos favoráveis e 7 contra. (E-AIRR e RR 85581/03-900.02.00-5)

Nesta toada, para resolver qualquer cizânia, o TST editou a recente Súmula 425, *in verbis*:

> Súmula 425 do TST. *Jus postulandi* na Justiça do Trabalho. Alcance – Res. 165/2010, DEJT divulgado em 30.04.2010 e 03 e 04.05.2010

O *jus postulandi* das partes, estabelecido no art. 791 da CLT, limita-se às Varas do Trabalho e aos Tribunais Regionais do Trabalho, não alcançando a ação rescisória, a ação cautelar, o mandado de segurança e os recursos de competência do Tribunal Superior do Trabalho.

> **atenção**
>
> Com o advento da Constituição de 1988, em especial do art. 133, no sentido de o advogado ser indispensável à administração da justiça, surgiu uma linha de pensamento sustentando a inconstitucionalidade do art. 791 da CLT, ou até mesmo a sua não recepção. A Associação dos Magistrados do Brasil ingressou com a Ação Direta de Inconstitucionalidade 1.127-8 no STF. E o Supremo decidiu pela recepção, constitucionalidade e manutenção do *jus postulandi* no processo do trabalho, alegando que a capacidade postulatória é apenas privativa de advogado, comportando exceções, como: *habeas corpus*; Juizados Especiais Cíveis; e Justiça de Paz.

Sobre a *constitucionalidade da atuação pela própria parte no Poder Judiciário sem a necessidade de advogado*, veja a notícia do STF abaixo relacionada:

Notícia STF – Quinta-feira, 08.06.2006

Declarada constitucional lei que dispensa a atuação de advogados nos Juizados Especiais

Nas causas de competência dos Juizados Especiais Cíveis da Justiça Federal, as partes poderão atuar sem a constituição de advogados. Essa foi a decisão dos Ministros do Supremo Tribunal Federal (STF) que, ao julgarem a Ação Direta de Inconstitucionalidade (ADI) 3168, consideraram constitucional o art. 10 da Lei Federal 10.259/2001, norma que criou os Juizados Especiais Cíveis e Criminais no âmbito da Justiça Federal. A ação foi ajuizada, com pedido de liminar, pelo Conselho Federal da Ordem dos Advogados do Brasil (OAB).

Segundo a ADI, o dispositivo questionado possibilita a faculdade de que a pessoa pleiteie seus direitos pessoalmente ou por meio de representante, seja este advogado ou não, em matérias que tramitam nos Juizados Especiais Federais. O conselho justificava, no entanto, que o art. 133 da CF/1988 estabelece a indispensabilidade do advogado, ao prever que "o advogado é indispensável à administração da justiça, sendo inviolável por seus atos e manifestações no exercício da profissão, nos limites da lei".

Ao iniciar o voto, o Ministro relator, Joaquim Barbosa, observou que a Lei 10.259/2001 tem a finalidade de ampliar o acesso à Justiça e agilizar a prestação jurisdicional no país na linha do que foi estabelecido pela Lei 9.099/1995, homenageando, dentre outros princípios, a oralidade, a publicidade, a simplicidade e a economia processual. Barbosa ressaltou que o *caput* do art. 10 se encontra entre os dispositivos que tratam dos Juizados Especiais Federais Cíveis, isto é, "o artigo está relacionado ao prisma da necessidade ou dispensabilidade do advogado em causas cíveis".

Entre outros julgados, o Ministro citou que o Supremo, ao apreciar a medida cautelar na ADI 1127 [ajuizada contra artigos do Estatuto da OAB] entendeu, por unanimidade, que não se aplica aos Juizados de Pequenas Causas, à Justiça do Trabalho e à Justiça de Paz, dispositivos que determinavam serem privativas do advogado as postulações perante os Juizados Especiais.

"Entendo que a faculdade conferida aos litigantes de constituir ou não um advogado para representá-los, em juízo, nas causas de competência dos Juizados Especiais Federais Cíveis, não ofende a Constituição de 1988, seja porque se trata de exceção à regra da indispensabilidade – reconhecida em lei –, seja porque tal dispositivo tem por finalidade efetivamente ampliar o acesso à Justiça", declarou Joaquim Barbosa.

Ao analisar a questão referente aos Juizados Especiais Criminais, o relator entendeu que o dispositivo contestado [art. 10] não se destina a regulamentar os processos criminais. "Nessas causas, em homenagem ao princípio da ampla defesa, é imperativo que o réu compareça ao processo devidamente acompanhado de profissional habilitado a oferecer-lhe defesa técnica de qualidade", afirmou Barbosa. Ele lembrou, ainda, que o art. 3.º da Lei 9.099/1995 determina expressamente a obrigatoriedade da presença do advogado nos processos criminais de competência dos Juizados Especiais.

Divergentes, os Ministros Carlos Ayres Britto, Celso de Mello e Sepúlveda Pertence entenderam que os advogados podem intervir a pedido da parte interessada, mas sem praticar atos postulatórios.

Dessa forma, por maioria dos votos, o Tribunal afastou a inconstitucionalidade do art. 10 da Lei 10.259/2001 "desde que, excluídos os feitos criminais, respeitado o teto estabelecido no art. 3.º e sem prejuízo da aplicação subsidiária integral dos §§ do art. 9.º da Lei 9.099/1995. Vencidos, parcialmente, os Ministros Carlos Ayres Britto, Celso de Mello e Sepúlveda Pertence que especificam, ainda, que o representante não poderia exercer atos postulatórios".

Sobre os JEC

A Lei Federal 10.259/2001 prevê que os Juizados Especiais Cíveis e Criminais no âmbito da Justiça Federal detêm competência para julgarem crimes cuja pena não seja superior a dois anos e que, nesses juizados, serão julgadas causas de até 60 salários mínimos.

Atualmente, há uma *grande discussão* sobre o cabimento ou não do *jus postulandi* quando a ação envolver *relação de trabalho em sentido amplo*, tendo em vista a ampliação da competência da Justiça do trabalho. Temos 2 *correntes*:

1.ª corrente: o *advogado* é indispensável. Fundamento:
- interpretação gramatical ou literal do art. 791 da CLT, que menciona as palavras empregados e empregadores, e, portanto, abrangendo apenas a relação de emprego. A relação de trabalho estaria excluída, não contemplando os trabalhadores e os tomadores de serviço.

2.ª corrente: o *jus postulandi* também pode ser exercido na relação de trabalho. Fundamentos:
- interpretação analógica, ou seja, se o dispositivo é aplicável à relação de emprego, por analogia, também o será para relação de trabalho;
- princípio da isonomia processual, isto é, fere a igualdade de tratamento das partes na Justiça do Trabalho o exercício do *jus postulandi* somente para relação de emprego;
- Instrução Normativa 27/2005 do TST, que estabelece normas procedimentais aplicáveis ao Processo do Trabalho em decorrência da ampliação da competência da Justiça do Trabalho pela EC 45/2004, estabelecendo em seu art. 1.º que as ações que tramitaram na Justiça do Trabalho seguirão as regras gerais dos procedimentos ordinário e sumaríssimo trabalhistas previstas na CLT, ressalvadas apenas as ações de rito especial determinado expressamente pela legislação;
- Enunciado 67 da 1.ª Jornada de Direito Material e Processual do Trabalho:

    Enunciado 67 da 1.ª Jornada. *Jus postulandi*. Art. 791 da CLT. Relação de trabalho. Possibilidade. A faculdade de as partes reclamarem, pessoalmente, seus direitos perante a Justiça do Trabalho e de acompanharem suas reclamações até o final, contida no art. 791 da CLT, deve ser aplicada às lides decorrentes da relação de trabalho.

5.4 MANDATO TÁCITO

Conforme aduz o art. 791 da CLT, já estudado, a *regra* no Processo do Trabalho é o *jus postulandi*, consubstanciando a possibilidade do empregado ou do empregador postular perante a Justiça do Trabalho sem a necessidade de advogado.

Todavia, é muito comum na *praxe forense* a presença do advogado regularmente constituído com procuração nos autos *(mandato expresso)*.

Nesse contexto, o *mandato tácito representa uma situação processual intermediária, na qual o advogado, sem procuração nos autos, comparece em audiência representando a parte, pratica atos processuais e seu nome consta na ata de audiência*.

Vale ressaltar que o *Tribunal Superior do Trabalho* reconhece a *validade* do mandato tácito, estando o advogado dali para frente apto a defender os interesses de seu cliente, consoante o teor da Súmula 164 e a OJ 286 da SDI-1, *in verbis*:

> Súmula 164 do TST. Procuração. Juntada (nova redação) – Res. 121/2003, *DJ* 19, 20 e 21.11.2003
> O não cumprimento das determinações dos §§ 1.º e 2.º do art. 5.º da Lei 8.906, de 04.07.1994 e do art. 37, parágrafo único, do Código de Processo Civil importa o não conhecimento de recurso, por inexistente, exceto na hipótese de mandato tácito.
> OJ-SDI1-286 Agravo de instrumento. Traslado. Mandato tácito. Ata de audiência. Configuração (alterada) – Res. 167/2010, DEJT divulgado em 30.04.2010 e 03 e 04.05.2010
> I – A juntada da ata de audiência, em que consignada a presença do advogado, desde que não estivesse atuando com mandato expresso, torna dispensável a procuração deste, porque demonstrada a existência de mandato tácito.
> II – Configurada a existência de mandato tácito fica suprida a irregularidade detectada no mandato expresso.

Com efeito, a doutrina e a jurisprudência reconhecem que a amplitude de atuação do advogado munido de mandato tácito limita aos *poderes para o foro em geral*, não abarcando os atos processuais que exigem a presença nos poderes específicos, nos termos do art. 38 do CPC:

> Art. 38. A procuração geral para o foro, conferida por instrumento público, ou particular assinado pela parte, habilita o advogado a praticar todos os atos do processo, salvo para receber citação inicial,

confessar, reconhecer a procedência do pedido, transigir, desistir, renunciar ao direito sobre que se funda a ação, receber, dar quitação e firmar compromisso.

Parágrafo único. A procuração pode ser assinada digitalmente com base em certificado emitido por Autoridade Certificadora credenciada, na forma da lei específica.

Ademais, o *TST não* admite a possibilidade do advogado munido de mandato tácito *substabelecer*, ou seja, outorgar poderes de atuação a outro patrono. Esse é o teor da OJ 200 da SDI-1/TST:

OJ-SDI1-200 Mandato tácito. Substabelecimento inválido (inserido dispositivo) – *DJ* 20.04.2005
É inválido o substabelecimento de advogado investido de mandato tácito.

Por fim, o advento da *recente Lei 12.437, de 6 de julho de 2011*, trouxe o *reconhecimento legal do mandato tácito*, acrescentando o § 3.º ao art. 791 da CLT, *in verbis*:

Art. 791. (...)
§ 3.º A constituição de procurador com poderes para o foro em geral poderá ser efetivada, mediante simples registro em ata de audiência, a requerimento verbal do advogado interessado, com anuência da parte representada.

5.5 ASSISTÊNCIA JUDICIÁRIA E BENEFÍCIO DA JUSTIÇA GRATUITA

Neste tópico, a ideia é diferenciar os conceitos de assistência judiciária gratuita em relação ao benefício da justiça gratuita.

A assistência judiciária gratuita é o patrocínio gratuito da causa por um advogado custeado pelo Estado, que abrange o benefício da justiça gratuita também.

De outra sorte, o benefício da justiça gratuita representa um *conceito mais restrito, limitado à isenção das custas e despesas processuais*.

5.5.1 *Assistência judiciária gratuita*

A assistência judiciária gratuita encontra amparo legal nos arts. 14 e ss. da Lei 5.584/1970, *in verbis*:

Art. 14. Na Justiça do Trabalho, a assistência judiciária a que se refere a Lei 1.060, de 5 de fevereiro de 1950, será prestada pelo Sindicato da categoria profissional a que pertencer o trabalhador.

§ 1.º A assistência é devida a todo aquele que perceber salário igual ou inferior ao dobro do mínimo legal, ficando assegurado igual benefício ao trabalhador de maior salário, uma vez provado que sua situação econômica não lhe permite demandar, sem prejuízo do sustento próprio ou da família.

§ 2.º A situação econômica do trabalhador será comprovada em atestado fornecido pela autoridade local do Ministério do Trabalho e Previdência Social, mediante diligência sumária, que não poderá exceder de 48 (quarenta e oito) horas.

§ 3.º Não havendo no local a autoridade referida no parágrafo anterior, o atestado deverá ser expedido pelo Delegado de Polícia da circunscrição onde resida o empregado.

Art. 15. Para auxiliar no patrocínio das causas, observados os arts. 50 e 72 da Lei 4.215, de 27 de abril de 1963, poderão ser designados pelas Diretorias dos Sindicatos Acadêmicos, de Direito, a partir da 4.ª série, comprovadamente, matriculados em estabelecimento de ensino oficial ou sob fiscalização do Governo Federal.

Art. 16. Os honorários do advogado pagos pelo vencido reverterão em favor do Sindicato assistente.

Art. 17. Quando, nas respectivas comarcas, não houver Varas do Trabalho ou não existir Sindicato da categoria profissional do trabalhador, é atribuído aos Promotores Públicos ou Defensores Públicos o encargo de prestar assistência judiciária prevista nesta lei.

Parágrafo único. Na hipótese prevista neste artigo, a importância proveniente da condenação nas despesas processuais será recolhida ao Tesouro do respectivo Estado.

Art. 18. A assistência judiciária, nos termos da presente lei, será prestada ao trabalhador ainda que não seja associado do respectivo Sindicato.

Assim, são *características* da *assistência judiciária* no processo do trabalho:

1.ª) a assistência judiciária a que se refere a Lei 1.060/1950, que estabelece normas para a concessão de assistência judiciária aos necessitados será prestada pelo *sindicato* da categoria profissional a que pertencer o trabalhador;

2.ª) a assistência judiciária será prestada ao trabalhador, *ainda que não seja associado* do respectivo Sindicato;

> **note BEM**
>
> O *empregador* não tem direito à assistência judiciária prestada pelo sindicato representativo da categoria profissional. Ademais, é ilegal o comportamento de alguns sindicatos de exigirem a associação sindical do obreiro como condição *sine qua non* da assistência judiciária.

3.ª) a assistência é devida a todo aquele que perceber *salário igual ou inferior ao dobro do mínimo legal*, ficando assegurado igual benefício ao trabalhador de *maior salário*, uma vez provado que sua situação econômica não lhe permite demandar sem prejuízo do sustento próprio ou da família;

4.ª) os *honorários do advogado*, pagos pelo vencido, reverterão em favor do *Sindicato* assistente;

5.ª) de acordo com art. 1.º da Lei 7.115/1983, combinado com o art. 4.º da Lei 1.060/1950, e a OJ 304 da Seção de Dissídios Individuais I do TST, o *atestado de pobreza não* é mais obrigatório para a comprovação de miserabilidade do empregado, bastando a *simples afirmação*, pelo próprio empregado ou seu advogado, na própria petição inicial, de que não está em condições de pagar as custas do processo e os honorários de advogados, sem prejuízo próprio ou de sua família:

> Art. 1.º da Lei 7.115/1983. A declaração destinada a fazer prova de vida, residência, pobreza, dependência econômica, homonímia ou bons antecedentes, quando firmada pelo próprio interesse ou por procurador bastante, e sob as penas da Lei, presume-se verdadeira.
>
> Art. 4.º da Lei 1.060/1950. A parte gozará dos benefícios da assistência judiciária, mediante simples afirmação, na própria petição inicial, de que não está em condições de pagar as custas do processo e os honorários de advogado, sem prejuízo próprio ou de sua família.
>
> OJ-SDI1-304 Honorários advocatícios. Assistência judiciária. Declaração de pobreza. Comprovação (DJ 11.08.2003)
>
> Atendidos os requisitos da Lei 5.584/1970 (art. 14, § 2.º), para a concessão da assistência judiciária, basta a simples afirmação do declarante ou de seu advogado, na petição inicial, para se considerar configurada a sua situação econômica (art. 4.º, § 1.º, da Lei 7.510/1986, que deu nova redação à Lei 1.060/1950).

5.5.2 Benefício da justiça gratuita

No que concerne ao *benefício da justiça gratuita*, ele está previsto no art. 790, § 3.º, da CLT, *in verbis*:

> Art. 790. (...)
> § 3.º É facultado aos juízes, órgãos julgadores e presidentes dos tribunais do trabalho de qualquer instância conceder, a requerimento ou de ofício, o benefício da justiça gratuita, inclusive quanto a traslados e instrumentos, àqueles que perceberem salário igual ou inferior ao dobro do mínimo legal, ou declararem, sob as penas da lei, que não estão em condições de pagar as custas do processo sem prejuízo do sustento próprio ou de sua família.

Dessa forma, são *características* da concessão benefício pela Justiça do Trabalho:

a) é *facultativa*;
b) poderá ser feita pelos *juízes e tribunais do trabalho de qualquer instância*;
c) *de ofício* ou *a requerimento da parte*;
d) os empregados deverão perceber *salário igual ou inferior ao dobro do mínimo legal*, ou receber *salário maior*, declarando, sob as penas da lei, que não estão em condições de pagar as custas do processo sem prejuízo do sustento próprio ou de sua família.

importante

Os tribunais trabalhistas vêm reconhecendo paulatinamente a possibilidade de *concessão do benefício da justiça gratuita ao empregador*, em algumas hipóteses, como nos casos de empregador doméstico, empregador pessoa física e micro ou pequeno empresário. A fundamentação é o *inc. LXXIV do art. 5.º da CF/1988*, na qual se afirma que o Estado prestará assistência jurídica integral e gratuita aos que comprovarem insuficiência de recursos, sem qualquer ressalva. Assim, o Texto Constitucional, mencionando *aos que comprovarem insuficiência de recursos*, não restringe o polo da relação jurídica processual, sendo possível a concessão do benefício da justiça gratuita tanto ao *empregado* quanto ao *empregador*.

5.6 HONORÁRIOS ADVOCATÍCIOS

Outro tema que gera *muita controvérsia doutrinária e jurisprudencial* é a *condenação ou não na Justiça do Trabalho em honorários advocatícios pela mera sucumbência*.

A primeira parte do estudo será feita tomando-se por base a *relação de emprego*. Nesse viés, temos 2 *correntes*:

1.ª corrente: os honorários advocatícios *não* são devidos pela mera sucumbência. Esse é o entendimento adotado pelo TST, em suas Súmulas 219 e 329, bem como na OJ 305 da SDI-I, *in verbis*:

> Súmula 219 do TST. Honorários advocatícios. Hipótese de cabimento (nova redação do item II e inserido o item III à redação) – Res. 174/2011, DEJT divulgado em 27, 30 e 31.05.2011
>
> I – Na Justiça do Trabalho, a condenação ao pagamento de honorários advocatícios, nunca superiores a 15% (quinze por cento), não decorre pura e simplesmente da sucumbência, devendo a parte estar assistida por sindicato da categoria profissional e comprovar a percepção de salário inferior ao dobro do salário mínimo ou encontrar-se em situação econômica que não lhe permita demandar sem prejuízo do próprio sustento ou da respectiva família. (ex-Súmula 219 – Res. 14/1985, *DJ* 26.09.1985)
>
> II – É cabível a condenação ao pagamento de honorários advocatícios em ação rescisória no processo trabalhista.
>
> III – São devidos os honorários advocatícios nas causas em que o ente sindical figure como substituto processual e nas lides que não derivem da relação de emprego.
>
> Súmula 329 do TST. Honorários advocatícios. Art. 133 da CF/1988 (mantida) – Res. 121/2003, *DJ* 19, 20 e 21.11.2003
>
> Mesmo após a promulgação da CF/1988, permanece válido o entendimento consubstanciado na Súmula 219 do Tribunal Superior do Trabalho.
>
> OJ 305 da SDI-I/TST. Honorários advocatícios. Requisitos. Justiça do trabalho (DJ 11.08.2003)
>
> Na Justiça do Trabalho, o deferimento de honorários advocatícios sujeita-se à constatação da ocorrência concomitante de dois requisitos: o benefício da justiça gratuita e a assistência por sindicato.

Dessa forma, são *características* desse entendimento do TST:

a) os honorários advocatícios *não decorrem pura e simplesmente da sucumbência;*

b) para a condenação em honorários advocatícios, há a necessidade da presença de 2 *requisitos cumulativos: assistência por sindicato + benefício da justiça gratuita;*

c) a condenação *limita-se a 15%;*

d) nesse caso, os honorários advocatícios pagos pelo vencido *reverterão em favor do sindicato assistente*, nos termos do art. 16 da Lei 5.584/1970.

2.ª corrente: os honorários advocatícios *são* devidos pela mera sucumbência. São *fundamentos* dessa linha de pensamento o art. 133 da CF/1988, art. 20 do CPC e art. 22 da Lei 8.906/1994, *in verbis*:

> Art. 133 da CF/1988 – O advogado é indispensável à administração da justiça, sendo inviolável por seus atos e manifestações no exercício da profissão, nos limites da lei.
>
> Art. 20 do CPC – A sentença condenará o vencido a pagar ao vencedor as despesas que antecipou e os honorários advocatícios. Esta verba honorária será devida, também, nos casos em que o advogado funcionar em causa própria.
>
> Art. 22 da Lei 8.906/1994 – A prestação de serviço profissional assegura aos inscritos na OAB o direito aos honorários convencionados, aos fixados por arbitramento judicial e aos de sucumbência.

A segunda parte do estudo partirá da premissa da *relação de trabalho*, na qual o TST se posicionou de forma diferenciada, asseverando que exceto nas lides decorrentes da relação de emprego, *os honorários advocatícios são devidos pela mera sucumbência (art. 5.º da IN 27/2005 do TST).*

É oportuno consignar uma nova tese que vem sendo defendida no Judiciário Trabalhista no sentido de se pleitear *os honorários contratuais de advogado como reparação de danos.* Realmente, a posição do TST de que os honorários advocatícios não são devidos pela mera sucumbência quando a ação envolver relação de emprego faz com que os advogados, na praxe forense, cobrem em torno de 30% do êxito de seus clientes, o que prejudica a integral condenação em favor dos empregados. Assim, a tese dos honorários advocatícios como reparação de danos que o cliente teve ao contratar o advogado para acionar o Judiciário Trabalhista, tem por escopo preservar a integralidade da condenação em favor do empregado. Nesse sentido é o teor do Enunciado 53 da 1.ª Jornada:

Enunciado 53 da 1.ª Jornada. Reparação de danos. Honorários contratuais de advogado.

Os arts. 389 e 404 do CC/2002 autorizam o Juiz do Trabalho a condenar o vencido em honorários contratuais de advogado, a fim de assegurar ao vencedor a inteira reparação do dano.

Por derradeiro, vale consignar a nova OJ 421 da SDI-1/TST:

OJ-SDI 1-421 Honorários advocatícios. Ação de indenização por danos morais e materiais decorrentes de acidente de trabalho ou de doença profissional. Ajuizamento perante a justiça comum antes da promulgação da EC 45/2004. Posterior remessa dos autos à justiça do trabalho. Art. 20 do CPC. Incidência. (*DEJT* 01, 04 e 05.02.2013)

A condenação em honorários advocatícios nos autos de ação de indenização por danos morais e materiais decorrentes de acidente de trabalho ou de doença profissional, remetida à Justiça do Trabalho após ajuizamento na Justiça comum, antes da vigência da EC 45/2004, decorre da mera sucumbência, nos termos do art. 20 do CPC, não se sujeitando aos requisitos da Lei 5.584/1970.

5.7 ATUAÇÃO DO SINDICATO COMO SUBSTITUTO PROCESSUAL

Em primeiro lugar, a expressão *substituição processual* é utilizada como sinônimo de *legitimidade extraordinária*, que é uma das classificações de legitimidade das partes, na qual a parte está em nome próprio defendendo direito alheio.

A legitimidade das partes é uma das *condições da ação* à luz da *Teoria Eclética de Enrico Tullio Liebman*, adotada pelo Código de Processo Civil de 1973 de Alfredo Buzaid, cuja ausência acarretará a extinção do processo sem resolução do mérito por carência de ação (art. 267, VI, do CPC).

Vale ressaltar que o substituto processual tem a possibilidade de praticar a *maioria dos atos processuais*, como ajuizar petição inicial, apresentar defesa, produzir provas, interpor recursos etc. Todavia, *não* poderá praticar *atos de disposição do direito material*, como desistir, renunciar, transacionar, confessar etc., tendo em vista o fato de o titular do direito material ser o substituído processual e não o substituto.

Questão de suma importância no processo do trabalho é a abordagem da *atuação do sindicato como substituto processual*. Esse estudo passa por *3 fases distintas*, abaixo comentadas:

1.ª fase (até o advento do Texto Maior de 1988): a atuação do sindicato como substituto processual era *restrita e limitada*, somente nas hipóteses expressamente previstas em lei. Podemos citar como exemplos os arts. 195, § 2.º e 872, parágrafo único, da CLT, *in verbis*:

> Art. 195. (...)
> § 2.º. Arguida em juízo insalubridade ou periculosidade, seja por empregado, seja por Sindicato em favor de grupo de associado, o juiz designará perito habilitado na forma deste artigo, e, onde não houver, requisitará perícia ao órgão competente do Ministério do Trabalho.
> Art. 872. Celebrado o acordo, ou transitada em julgado a decisão, seguir-se-á o seu cumprimento, sob as penas estabelecidas neste Título.
> Parágrafo único. Quando os empregadores deixarem de satisfazer o pagamento de salários, na conformidade da decisão proferida, poderão os empregados ou seus sindicatos, independentes de outorga de poderes de seus associados, juntando certidão de tal decisão, apresentar reclamação à Junta ou Juízo competente, observado o processo previsto no Capítulo II deste Título, sendo vedado, porém, questionar sobre a matéria de fato e de direito já apreciada na decisão.

2.ª fase (com o advento da Carta Magna de 1988): o seu art. 8.º, inc. III, aduz que ao Sindicato cabe a defesa dos direitos e interesses coletivos ou individuais da categoria, inclusive em questões judiciais ou administrativas:

> Art. 8.º. É livre a associação profissional ou sindical, observado o seguinte:
> (...)
> III – ao Sindicato cabe a defesa dos direitos e interesses coletivos ou individuais da categoria, inclusive em questões judiciais ou administrativas;
> (...)

Dessa assertiva surgiram *duas correntes* na doutrina e na jurisprudência:

1.ª corrente: adotada pelo *STF*, no sentido da atuação *ampla e irrestrita* do Sindicato como substituto processual.

2.ª corrente: adotada pelo *TST*, em seu antigo *Enunciado 310*, sustentando a atuação *restrita e limitada* nas hipóteses expressamente previstas em lei. Além disso, haveria a necessidade da petição inicial fazer a menção do *rol dos substituídos*.

Súmula 310 do TST. Substituição processual. Sindicato (cancelamento mantido) – Res. 121/2003, *DJ* 19, 20 e 21.11.2003 e republicada *DJ* 25.11.2003

I – O art. 8.º, inc. III, da Constituição da República não assegura a substituição processual pelo sindicato.

II – A substituição processual autorizada ao sindicato pelas Leis 6.708, de 30.10.1979, e 7.238, de 29.10.1984, limitada aos associados, restringe-se às demandas que visem aos reajuste salariais previstos em lei, ajuizadas até 03.07.1989, data em que entrou em vigor a Lei 7.788/1989.

III – A Lei 7.788/1989, em seu art. 8.º, assegurou, durante sua vigência, a legitimidade do Sindicato como substituto processual da categoria.

IV – A substituição processual autorizada pela Lei 8.073, de 30.07.1990, ao Sindicato alcança todos os integrantes da categoria e é restrita às demandas que visem à satisfação de reajustes salariais específicos resultantes de disposição prevista em lei de política salarial.

V – Em qualquer ação proposta pelo Sindicato como substituto processual, todos os substituídos serão individualizados na petição inicial e, para o início da execução, devidamente identificados pelo número da Carteira de Trabalho e Previdência Social ou de qualquer documento de identidade.

VI – É lícito aos substituídos integrar a lide como assistente litisconsorcial, acordar, transigir e renunciar, independentemente de autorização ou anuência do substituto.

VII – Na liquidação da sentença exequenda, promovida pelo substituto, serão individualizados os valores devidos a cada substituído, cujos depósitos para quitação serão levantados através de guias expedidas em seu nome ou de procurador com poderes especiais para esse fim, inclusive nas ações de cumprimento.

VIII – Quando o sindicato for o autor da ação na condição de substituto processual, não serão devidos honorários advocatícios.

3.ª fase (posição atual e majoritária): o Sindicato detém legitimidade extraordinária *ampla e irrestrita* para atuar como substituto processual na defesa de quaisquer direitos e interesses coletivos ou individuais da categoria, inclusive em questões judiciais ou administrativas. Essa atuação ampla e irrestrita poderá ser exercida nas fases de conhecimento, liquidação ou execução.

Vale ressaltar que o *TST* adotou o entendimento sustentado pela Suprema Corte, *cancelando* a sua Súmula 310.

Ademais, *não* há mais a necessidade da menção do *rol dos substituídos processuais* na petição inicial. Nesse sentido, aduz o Enunciado 77 da 1.ª Jornada de Direito Material e Processual do Trabalho:

> Enunciado 77 da 1.ª Jornada. Ação civil pública. Interesses individuais homogêneos. Legitimação dos sindicatos. Desnecessidade de apresentação de rol dos substituídos.
> I – Os sindicatos, nos termos do art. 8.º, III, da CF/1988, possuem legitimidade extraordinária para a defesa dos direitos e interesses – individuais e metaindividuais – da categoria respectiva em sede de ação civil pública ou outra ação coletiva, sendo desnecessária a autorização e indicação nominal dos substituídos.
> II – Cabe aos sindicatos a defesa dos interesses e direitos metaindividuais (difusos, coletivos e individuais homogêneos) da categoria, tanto judicialmente quanto extrajudicialmente.
> III – Na ausência de Sindicato, é da federação respectiva a legitimidade extraordinária para a defesa dos direitos e interesses da categoria e, na falta de ambos, da confederação.
> IV – O art. 16 da Lei da ação civil pública contraria toda a filosofia e sistemática das ações coletivas. A decisão proferida nas ações coletivas deve ter alcance, abrangência e eficácia em toda área geográfica afetada, seja em todo o território nacional (âmbito nacional) ou em apenas parte dele (âmbito suprarregional), conforme a extensão do ato ilícito e/ou do dano causado ou a ser reparado.

5.7.1 *Entendimentos jurisprudenciais relevantes*

1.º) De acordo com a Súmula 406, II, do TST, o Sindicato, substituto processual e autor da reclamação trabalhista, em cujos autos fora proferida a decisão rescindenda, possui legitimidade para figurar como réu na ação rescisória, sendo descabida a exigência de citação de todos os empregados substituídos, porquanto inexistente litisconsórcio passivo necessário.

> Súmula 406 do TST. Ação rescisória. Litisconsórcio. Necessário no polo passivo e facultativo no ativo. Inexistente quanto aos substituídos pelo sindicato (conversão das OJ 82 e 110 da SBDI-2) – Res. 137/2005, *DJ* 22, 23 e 24.08.2005
> I – O litisconsórcio, na ação rescisória, é necessário em relação ao polo passivo da demanda, porque supõe uma comunidade de direitos ou de obrigações que não admite solução díspar para os litisconsortes, em face da indivisibilidade do objeto. Já em relação ao polo ativo, o

litisconsórcio é facultativo, uma vez que a aglutinação de autores se faz por conveniência e não pela necessidade decorrente da natureza do litígio, pois não se pode condicionar o exercício do direito individual de um dos litigantes no processo originário à anuência dos demais para retomar a lide. (ex-OJ 82 da SBDI-2 – inserida em 13.03.2002)

II – O Sindicato, substituto processual e autor da reclamação trabalhista, em cujos autos fora proferida a decisão rescindenda, possui legitimidade para figurar como réu na ação rescisória, sendo descabida a exigência de citação de todos os empregados substituídos, porquanto inexistente litisconsórcio passivo necessário. (ex-OJ 110 da SBDI-2 – *DJ* 29.04.2003)

2.º) Segundo a OJ 359, da Seção de Dissídios Individuais 1 do TST, a ação movida por Sindicato, na qualidade de substituto processual, interrompe a prescrição, ainda que tenha sido considerado parte ilegítima *ad causam*:

OJ-SDI1-359 Substituição processual. Sindicato. Legitimidade. Prescrição. Interrupção (*DJ* 14.03.2008)

A ação movida por Sindicato, na qualidade de substituto processual, interrompe a prescrição, ainda que tenha sido considerado parte ilegítima "ad causam".

Atos, Termos e Prazos Processuais Trabalhistas

6.1 INTRODUÇÃO

Para chegarmos ao conceito de atos processuais, precisamos definir o que é o processo, e sua diferença em relação ao procedimento.

Processo é o *conjunto de atos processuais coordenados, que se sucedem no tempo, objetivando a entrega da prestação jurisdicional.* É o instrumento da jurisdição *(caráter instrumental do processo).* Dessa forma, o processo não é um fim em si mesmo, é o instrumento pelo qual o Estado aplica o direito material ao caso concreto para resolver a lide.

Procedimento é a forma pela qual o processo se desenvolve.

Assim, *ato processual* constitui-se em *uma espécie de ato jurídico que visa a criação, a modificação ou a extinção da relação processual.*

6.2 FORMAS DE COMUNICAÇÃO DOS ATOS PROCESSUAIS TRABALHISTAS

O *Código de Processo Civil* apresenta como formas tradicionais de comunicação dos atos processuais a *citação* e a *intimação*.

De acordo com o art. 213 deste Código, *citação* é o ato pelo qual se chama a juízo o *réu ou o interessado a fim de se defender.*

Já a *intimação*, nos termos do art. 234 do CPC, é o ato pelo qual se dá *ciência a alguém dos atos e termos do processo, para que faça ou deixe de fazer alguma coisa.*

Em contrapartida, a *CLT* utilizou indistintamente a nomenclatura *notificação* ora como intimação, ora como citação. A opção do legislador foi demonstrar a autonomia do processo do trabalho em relação o processo civil. Outra justificativa é a origem da Justiça do Trabalho, que era um órgão administrativo vinculado ao Poder Judiciário.

> **atenção**
>
> A *CLT* utiliza os termos *citação* e *intimação* em hipóteses pontuais. Por exemplo, o art. 880 da CLT estabelece que a execução trabalhista tem início com o mandado de citação a ser cumprido pelo oficial de justiça. E o art. 825 da CLT menciona que as testemunhas comparecerão em audiência independentemente de intimação.

Nesse passo, conforme dispõe o art. 841, *caput*, da CLT, recebida e protocolada a reclamação, o escrivão ou chefe de Secretaria, dentro de 48 horas, remeterá a segunda via da petição ou do termo ao reclamado, notificando-o, ao mesmo tempo, para comparecer à audiência de julgamento, que será a primeira desimpedida, depois de cinco dias:

> Art. 841 da CLT. Recebida e protocolada a reclamação, o escrivão ou secretário, dentro de 48 (quarenta e oito) horas, remeterá a segunda via da petição, ou do termo, ao reclamado, notificando-o ao mesmo tempo, para comparecer à audiência do julgamento, que será a primeira desimpedida, depois de 5 (cinco) dias.
>
> § 1.º A notificação será feita em registro postal com franquia. Se o reclamado criar embaraços ao seu recebimento ou não for encontrado, far-se-á a notificação por edital, inserto no jornal oficial ou no que publicar o expediente forense, ou, na falta, afixado na sede da Junta ou Juízo.
>
> § 2.º O reclamante será notificado no ato da apresentação da reclamação ou na forma do parágrafo anterior.

Assim, a *regra* da CLT é a *notificação inicial postal (por correio) automática do reclamado*. O servidor da secretaria da Vara, no prazo de 48 horas do recebimento e protocolo da reclamação, remeterá a cópia da exordial ao reclamado, via postal. Este será notificado para comparecimento em audiência, que será a primeira desimpedida na pauta do juiz, depois de cinco dias. Nessa audiência, o reclamado terá a oportunidade de apresentar a sua defesa.

Trata-se de uma *remessa automática*, de forma que o magistrado trabalhista somente tem contato com a inicial em audiência, diferentemente da sistemática do processo civil.

> **cuidado**
>
> Não confundir o procedimento comum ordinário do processo do trabalho com o do processo civil. Na *seara processual trabalhista*, o *magistrado* laboral somente tem contato *com a exordial em audiência* (que, segundo a CLT, é una). Em contrapartida, no *âmbito processual civil*, o *juiz* analisa a petição inicial antes da audiência, podendo adotar *três comportamentos*: indeferi-la (segundo o art. 295 do CPC); dar prazo de 10 dias para emendá-la (de acordo com o art. 284 do CPC); ou providenciar o despacho positivo de citação.

Importante destacar que entre o *recebimento da inicial* e a *data da realização da audiência* deverá decorrer um *prazo mínimo de cinco dias*, segundo o posicionamento majoritário da doutrina e da jurisprudência, observando-se os postulados constitucionais do contraditório e da ampla defesa (art. 5.º, inc. LV, da CF/1988), respeitando um prazo razoável para a elaboração da defesa.

Com efeito, segundo o art. 774, parágrafo único, da CLT, no caso de não ser encontrado o destinatário ou de recusa de recebimento, o Correio ficará obrigado, sob pena de responsabilidade do servidor, a devolver a notificação ao tribunal de origem, no prazo de 48 horas:

> Art. 774. (...)
> Parágrafo único. Tratando-se de notificação postal, no caso de não ser encontrado o destinatário ou no de recusa de recebimento, o Correio ficará obrigado, sob pena de responsabilidade do servidor, a devolvê-la, no prazo de 48 (quarenta e oito) horas, ao Tribunal de origem.

Quanto à Fazenda Pública, de acordo com o art. 1.º, inc. II, do Dec.-lei 779/1969, esta goza da prerrogativa processual do prazo em quádruplo entre o recebimento da notificação postal e a data da audiência, ou seja, o prazo mínimo de 20 dias. Essa assertiva se coaduna com o disposto no art. 188 do CPC, que estabelece o prazo em quádruplo para contestação, sendo ré a Fazenda Pública:

> Art. 1.º do Dec.-lei 779/1969 – Nos processos perante a Justiça do Trabalho, constituem privilégio da União, dos Estados, do Distrito Federal, dos Municípios e das autarquias ou fundações de direito público federais, estaduais ou municipais que não explorem atividade econômica:

(...)

II – o quádruplo do prazo fixado no art. 841, *in fine*, da Consolidação das Leis do Trabalho;

(...)

Art. 188 do CPC. Computar-se-á em quádruplo o prazo para contestar e em dobro para recorrer quando a parte for a Fazenda Pública ou o Ministério Público.

> **note BEM**
> Entenda-se *Fazenda Pública* as pessoas jurídicas de direito público, a exemplo da União, dos Estados, dos Municípios, do Distrito Federal, das Autarquias e das Fundações Públicas.

Nessa linha de raciocínio, a doutrina majoritária sustenta a *notificação postal da Fazenda Pública*, não sendo aplicáveis os arts. 222, alínea *c*, e 224 do CPC. Os aludidos dispositivos legais preconizam a citação por oficial de justiça, vedando a citação pelo correio quando for ré pessoa jurídica de direito público:

Art. 222. A citação será feita pelo correio, para qualquer comarca do País, exceto:

(...)

c) quando for ré pessoa de direito público;

(...)

Art. 224. Far-se-á a citação por meio de oficial de justiça nos casos ressalvados no art. 222, ou quando frustrada a citação pelo correio.

Com efeito, a posição majoritária é favorável à notificação postal da Fazenda Pública tendo em vista não haver regra específica na Consolidação das Leis do Trabalho e também no Decreto-Lei 779/1969, que alinhava prerrogativas processuais conferidas à Fazenda Pública na Justiça do Trabalho. Assim, na ausência de regra específica, aplicar-se-á a regra geral, que é a notificação pelo Correio.

Voltando à regra, o *reclamado* será notificado de forma postal (pelo Correio). Já o *reclamante*, conforme o art. 841, § 2.º, da CLT, será notificado da data marcada para a audiência no *ato da apresentação da reclamação ou de forma postal*.

> **importante**
>
> Segundo a Súmula 16 do TST, *presume-se recebida a notificação postal 48 horas depois de sua postagem*. Trata-se de presunção relativa (*juris tantum*). O seu *não recebimento* ou a *entrega após o decurso* desse prazo constitui ônus de prova do destinatário. Assim, o aviso de recebimento da notificação postal torna-se um importante meio de prova.
>
> *Uma controvérsia doutrinária e jurisprudencial é a seguinte: a notificação postal deve ser pessoal ou é considerada válida pela entrega a qualquer empregado da empresa?* Tem prevalecido o entendimento de que a *CLT não exige a pessoalidade na notificação postal*, de forma que é *válida a notificação postal* entregue a qualquer empregado da empresa ou até mesmo depositada na caixa de correio da empresa, não sendo aplicado o art. 223, parágrafo único, do CPC, que determina, na hipótese de ré pessoa jurídica, a citação entregue a pessoa com poderes de gerência geral ou de administração.

Para finalizar, segundo prevê o art. 841, § 1.º, da CLT, se o *reclamado* criar embaraços ao recebimento da notificação postal, ou não for encontrado, far-se-á a *notificação por edital (editalícia)*, mediante jornal oficial ou aquele que publicar o expediente forense, ou, na falta, afixando-se na sede da Vara ou Juízo.

> **atenção**
>
> Resumindo: formas de notificação ao reclamado para comparecimento em audiência para apresentação da defesa – "citação":
>
> - regra: notificação postal ao reclamado;
> - exceção: notificação por edital ao reclamado – se criar embaraços ao recebimento ou não for encontrado.

6.3 PUBLICIDADE DOS ATOS PROCESSUAIS TRABALHISTAS

A *regra* é a *publicidade dos atos processuais*, característica fundamental de um *Estado Democrático de Direito Moderno*, mas, segundo o art. 5.º, inc. LX, da CF/1988, a *lei* só poderá *restringir a publicidade* dos atos processuais em 2 (duas) hipóteses:

a) na defesa da intimidade;

b) no interesse social (interesse público).

Na medida em que essa regra não é absoluta, mas apresenta exceções, podemos mencionar como exemplos de *processos trabalhistas que correm em segredo de justiça*: assédio moral ou sexual; atos de improbidade praticados pelo obreiro; discriminação de qualquer natureza no ambiente do trabalho, trabalho escravo etc.

Com efeito, segundo o art. 770, *caput*, da CLT, na seara processual trabalhista, os atos processuais serão *públicos*, salvo quando o contrário determinar o interesse social, e realizar-se-ão nos *dias úteis*, das *6 às 20 horas*:

> Art. 770. Os atos processuais serão públicos salvo quando o contrário determinar o interesse social, e realizar-se-ão nos dias úteis das 6 (seis) às 20 (vinte) horas.
> Parágrafo único. A penhora poderá realizar-se em domingo ou dia feriado, mediante autorização expressa do juiz ou presidente.

Sob outra perspectiva, o respectivo parágrafo único do dispositivo em análise estabelece que a *penhora* poderá realizar-se em domingo ou dia feriado, mediante autorização expressa do juiz do trabalho.

Com efeito, não se pode esquecer da *regra da inviolabilidade domiciliar* do art. 5.º, inc. XI, da CF/1988, segundo a qual a casa é asilo inviolável do indivíduo, ninguém nela podendo penetrar sem o consentimento do morador, salvo em caso de flagrante delito ou desastre, ou para prestar socorro, ou, durante o dia, por determinação judicial. Assim, se for preciso a realização da penhora na casa do executado sem o consentimento do morador, por envolver determinação judicial, a entrada somente será constitucional durante o dia, adotando-se o critério físico-astronômico (da aurora ao crepúsculo).

dica
- Dia útil: é o dia em que há expediente forense.
- Dia não útil: é o dia em que não há expediente forense.

- Feriado: corresponde a domingo e dia declarado por lei.
- Sábado: de natureza híbrida ou mista, trata-se de dia útil para a prática de atos externos, não constituindo dia útil para efeito de contagem de prazo processual.

6.4 CONTAGEM DE PRAZOS PROCESSUAIS TRABALHISTAS

As regras de *contagem dos prazos processuais trabalhistas* estão delineadas nos arts. 774 e 775 da CLT, bem como nas Súmulas 1 e 262 do TST:

> Art. 774 da CLT – Salvo disposição em contrário, os prazos previstos neste Título contam-se, conforme o caso, a partir da data em que for feita pessoalmente, ou recebida a notificação, daquela em que for publicado o edital no jornal oficial ou no que publicar o expediente da Justiça do Trabalho, ou, ainda, daquela em que for afixado o edital na sede da Junta, Juízo ou Tribunal.
>
> Parágrafo único. Tratando-se de notificação postal, no caso de não ser encontrado o destinatário ou no de recusa de recebimento, o Correio ficará obrigado, sob pena de responsabilidade do servidor, a devolvê-la, no prazo de 48 (quarenta e oito) horas, ao Tribunal de origem.
>
> Art. 775. Os prazos estabelecidos neste Título contam-se com exclusão do dia do começo e inclusão do dia do vencimento, e são contínuos e irreleváveis, podendo, entretanto, ser prorrogados pelo tempo estritamente necessário pelo juiz ou tribunal, ou em virtude de força maior, devidamente comprovada.
>
> Parágrafo único. Os prazos que se vencerem em sábado, domingo ou dia feriado, terminarão no primeiro dia útil seguinte.
>
> Súmula 1 do TST. Prazo judicial (mantida) – Res. 121/2003, *DJ* 19, 20 e 21.11.2003.
>
> Quando a intimação tiver lugar na sexta-feira, ou a publicação com efeito de intimação for feita nesse dia, o prazo judicial será contado da segunda-feira imediata, inclusive, salvo se não houver expediente, caso em que fluirá no dia útil que se seguir.
>
> Súmula 262 do TST. Prazo judicial. Notificação ou intimação em sábado. Recesso forense (incorporada a OJ 209 da SBDI-1) – Res. 129/2005, *DJ* 20, 22 e 25.04.2005
>
> I – Intimada ou notificada a parte no sábado, o início do prazo se dará no primeiro dia útil imediato e a contagem, no subseqüente. (ex-Súmula 262 – Res. 10/1986, *DJ* 31.10.1986)

II – O recesso forense e as férias coletivas dos Ministros do Tribunal Superior do Trabalho (art. 177, § 1.º, do RITST) suspendem os prazos recursais. (ex-OJ 209 da SBDI-1 – inserida em 08.11.2000)

Assim, salvo disposição em contrário, os prazos previstos na CLT contam--se, conforme o caso, a partir da data em que for feita ou recebida pessoalmente a notificação, ou da data em que for publicado o edital no jornal oficial ou no que publicar o expediente da Justiça do Trabalho, ou, ainda, da data em que for afixado o edital, na sede da Vara, Juízo ou Tribunal.

Os prazos estabelecidos na CLT contam-se com *exclusão do dia do começo e inclusão do dia do vencimento*, e são contínuos e irreleváveis, podendo, entretanto, ser prorrogados pelo tempo estritamente necessário pelo juiz ou Tribunal, ou em virtude de força maior, devidamente comprovada.

Os prazos que se vencerem em sábado, domingo ou dia feriado, terminarão no primeiro dia útil seguinte.

Para facilitar o estudo, reuniremos a matéria nos seguintes pontos principais:

1.º) Dia do início do prazo processual: dia da *ciência ou conhecimento* do ato processual a ser praticado, dia este em que a notificação será feita pessoalmente; além disso, inicia-se também o prazo a partir do dia do recebimento da notificação, ou do dia da publicação da notificação.

2.º) Dia do início da contagem do prazo processual: dá-se a partir do *primeiro dia útil seguinte ao dia do início do prazo*; portanto, não se esqueça de que os prazos estabelecidos na CLT contam-se com *exclusão do dia do começo e inclusão do dia do vencimento*. Para não esquecer, faça a correlação com esta frase: "o dia do susto não conta".

3.º) Se o *dia do início do prazo*, ou o *dia do início da contagem do prazo* cair em *dia não útil*, também haverá a *prorrogação* para o primeiro dia útil subsequente.

4.º) Se o *vencimento* cair em dia não útil, haverá a *prorrogação* para o primeiro dia útil subsequente.

5.º) Segundo o art. 184, § 1.º, do CPC, considera-se prorrogado o prazo até o primeiro dia útil se o vencimento cair em dia em que for determinado o fechamento do fórum ou o expediente forense for encerrado antes da hora normal.

6.º) Em contrapartida, se o expediente forense for iniciado depois da hora normal, mas encerrado no horário de praxe, é considerado dia útil normal.

7.º) De acordo com as Súmulas 1 do TST e 310 do STF, quando a intimação tiver lugar na sexta-feira, ou a publicação com efeito de intimação for feita nesse dia, o prazo judicial será contado da segunda-feira imediata.

8.º) Prorroga-se até o primeiro dia útil imediatamente subsequente o prazo decadencial para ajuizamento de ação rescisória quando este expira em férias forenses, feriados, finais de semana ou em dia em que não houver expediente forense. É a aplicação conjunta do art. 775 da CLT e Súmula 100, inc. IX, do TST.

9.º) Intimada ou notificada a parte no sábado, o início do prazo dar-se-á no primeiro dia útil imediato e a contagem, no subsequente, segundo prevê a Súmula 262, inc. I, do TST.

10.º) De acordo com a Súmula 385 do TST, cabe à parte comprovar, ao interpor recurso, a existência de feriado local ou de dia útil em que não haja expediente forense, que justifique a prorrogação do prazo recursal.

>Súmula 385 do TST. Feriado local. Ausência de expediente forense. Prazo recursal. Prorrogação. Comprovação. Necessidade. Ato administrativo do juízo *a quo* (redação alterada na sessão do Tribunal Pleno realizada em 14.09.2012) - Res. 185/2012 – *DEJT* 25, 26 e 27.09.2012
>I – Incumbe à parte o ônus de provar, quando da interposição do recurso, a existência de feriado local que autorize a prorrogação do prazo recursal.
>II – Na hipótese de feriado forense, incumbirá à autoridade que proferir a decisão de admissibilidade certificar o expediente nos autos.
>III – Na hipótese do inc. II, admite-se a reconsideração da análise da tempestividade do recurso, mediante prova documental superveniente, em Agravo Regimental, Agravo de Instrumento ou Embargos de Declaração.

11.º) Nos termos do art. 177 do CPC, os atos processuais realizar-se-ão nos prazos prescritos em lei. Quando esta for omissa, o juiz determinará os prazos, tendo em conta a complexidade da causa.

12.º) Segundo o art. 178 do CPC, o prazo, estabelecido pela lei ou pelo juiz, é contínuo, não se interrompendo nos feriados.

13.º) Não havendo preceito legal nem assinalação pelo juiz, de acordo com o art. 185 do CPC, será de *cinco dias* o prazo para a prática de ato processual a cargo da parte.

note BEM

Lei de Informatização do Processo Judicial – "Processo Virtual" – de acordo com a Lei 11.419/2006, que disciplina o uso de meio eletrônico na tramitação de processos judiciais, comunicação de atos e transmissão de peças processuais:

a) segundo o art. 3.º dessa Lei, consideram-se *realizados os atos processuais* por meio eletrônico no *dia e hora do seu envio ao sistema do Poder Judiciário*, devendo-se fornecer protocolo eletrônico;

b) nos termos do art. 3.º, parágrafo único, dessa lei, quando a petição eletrônica for enviada para atender *prazo processual*, serão consideradas tempestivas aquelas que forem transmitidas *até as 24 (vinte e quatro) horas do seu* último dia;

c) considera-se como *data de publicação* o *primeiro dia útil seguinte ao dia da disponibilização* da informação no *Diário de Justiça* eletrônico;

d) finalmente, os prazos processuais terão *início* no *primeiro dia útil que seguir* ao considerado como *data de publicação*.

6.4.1 Pontos interessantes do tema em questão

6.4.1.1 Férias

Conforme o art. 179 do CPC, *a superveniência de férias suspenderá o curso do prazo*; e o período que falta recomeçará a correr ou ser contado do primeiro dia útil seguinte ao termo das férias.

Apesar dessa disposição legal, com o advento da EC 45/2004, a atividade jurisdicional será ininterrupta, sendo *vedado férias coletivas nos juízos e tribunais de segundo grau*, funcionando, nos dias em que não houver expediente forense normal, juízes em plantão permanente, tal como dispõe o art. 93, inc. XII, da CF/1988 1988.

Nessa linha de raciocínio, com uma interpretação gramatical ou literal do dispositivo constitucional em referência, o TST adotou o entendimento de que as *férias coletivas dos Ministros do Tribunal Superior do Trabalho*, segundo o art. 183, § 1.º, do Regimento Interno do TST, e Súmula 262, inc. II, do TST, *suspendem* os prazos recursais. O TST representa o terceiro grau de jurisdição trabalhista, e a vedação constitucional alcança apenas os dois primeiros graus de jurisdição, ao mencionar juízos e tribunais de segundo grau.

6.4.1.2 Recesso forense

De acordo com o art. 62 da Lei 5.010/1966, o recesso forense anual abrange os *dias compreendidos entre 20 de dezembro e 6 de janeiro:*

> Art. 62. Além dos fixados em lei, serão feriados na Justiça Federal, inclusive nos Tribunais Superiores:
> I – os dias compreendidos entre 20 de dezembro e 6 de janeiro, inclusive;
> II – os dias da Semana Santa, compreendidos entre a quarta-feira e o Domingo de Páscoa;
> III – os dias de segunda e terça-feira de Carnaval;
> IV – os dias 11 de agosto e 1.º e 2 de novembro.

Ocorre que há divergência doutrinária e jurisprudencial sobre a natureza jurídica do recesso forense à luz da contagem dos prazos processuais. Prevalece o entendimento que esse período é *equiparado às férias*, levando à *suspensão* dos prazos processuais. Esse é o entendimento da Súmula 262, II, do TST.

6.4.1.3 Outras hipóteses de suspensão do curso do prazo, segundo o art. 180 do CPC

a) obstáculo criado pela parte;

b) morte ou perda da capacidade processual de qualquer das partes, de seu representante legal ou de seu procurador.

c) oposição de exceção de incompetência relativa, a qual também é chamada de exceção declinatória de foro, além de exceção de suspeição ou de impedimento do magistrado.

Nesses casos que acabamos de relacionar, o prazo será restituído por tempo igual ao que faltava para a sua complementação.

6.4.1.4 Reflexo do litisconsórcio nos prazos processuais

Segundo o art. 191 do CPC, quando os *litisconsortes tiverem diferentes procuradores*, seus *prazos* serão contados *em dobro* para contestar, para recorrer, e, de modo geral, para falar nos autos. Todavia, tendo por fundamento a OJ 310 da SDI-1 do TST, é oportuno consignar que tal dispositivo legal é *inaplicável* ao processo do trabalho, por ser incompatível com o princípio da celeridade, este inerente ao processo trabalhista:

Art. 191 do CPC – Quando os litisconsortes tiverem diferentes procuradores, ser-lhes-ão contados em dobro os prazos para contestar, para recorrer e, de modo geral, para falar nos autos.

OJ-SDI1-310 Litisconsortes. Procuradores distintos. Prazo em dobro. Art. 191 do CPC. Inaplicável ao processo do trabalho (DJ 11.08.2003)

A regra contida no art. 191 do CPC é inaplicável ao processo do trabalho, em decorrência da sua incompatibilidade com o princípio da celeridade inerente ao processo trabalhista.

6.4.1.5 Sistema do fac-símile (fax)

Sobre a utilização de sistema de transmissão de dados e imagens tipo fac-símile (fax) para a prática de atos processuais que dependam de petição escrita, convém estudar a Súmula 387 do TST:

Súmula 387 do TST. Recurso. Fac-símile. Lei 9.800/1999 (inserido o item IV à redação) – Res. 174/2011, DEJT divulgado em 27, 30 e 31.05.2011

I – A Lei 9.800, de 26.05.1999, é aplicável somente a recursos interpostos após o início de sua vigência. (ex-OJ 194 da SBDI-1 – inserida em 08.11.2000)

II – A contagem do quinquídio para apresentação dos originais de recurso interposto por intermédio de fac-símile começa a fluir do dia subsequente ao término do prazo recursal, nos termos do art. 2.º da Lei 9.800, de 26.05.1999, e não do dia seguinte à interposição do recurso, se esta se deu antes do termo final do prazo. (ex-OJ 337 da SBDI-1 – primeira parte – *DJ* 04.05.2004)

III – Não se tratando a juntada dos originais de ato que dependa de notificação, pois a parte, ao interpor o recurso, já tem ciência de seu ônus processual, não se aplica a regra do art. 184 do CPC quanto ao "dies a quo", podendo coincidir com sábado, domingo ou feriado. (ex-OJ 337 da SBDI-1 – "in fine" – *DJ* 04.05.2004)

IV – A autorização para utilização do fac-símile, constante do art. 1.º da Lei 9.800, de 26.05.1999, somente alcança as hipóteses em que o documento é dirigido diretamente ao órgão jurisdicional, não se aplicando à transmissão ocorrida entre particulares.

Nulidades Processuais Trabalhistas 7

A nulidade processual pode ser conceituada como *a privação da produção de efeitos de um ato jurídico.*

A *Teoria das Invalidades ou Nulidades Processuais* é estudada no *Plano da Validade do Ato Jurídico*.

A doutrina classifica os *defeitos* ou vícios dos atos jurídicos em três espécies, a seguir comentadas:

1.ª) *Inexistência*: representa o *vício mais grave* que um ato jurídico poderá ter, de forma que ele sequer chega a existir no mundo jurídico. Exemplos: sentença prolatada por alguém não investido de jurisdição; art. 37 do CPC:

> Art. 37. Sem instrumento de mandato, o advogado não será admitido a procurar em juízo. Poderá, todavia, em nome da parte, intentar ação, a fim de evitar decadência ou prescrição, bem como intervir, no processo, para praticar atos reputados urgentes. Nestes casos, o advogado se obrigará, independentemente de caução, a exibir o instrumento de mandato no prazo de 15 (quinze) dias, prorrogável até outros 15 (quinze), por despacho do juiz.
>
> Parágrafo único. Os atos, não ratificados no prazo, serão havidos por inexistentes, respondendo o advogado por despesas e perdas e danos.

2.ª) *Invalidade processual*: representa a *nulidade absoluta* ou *relativa* que poderá eivar um ato jurídico. Nesse contexto, convém diferenciar as espécies de nulidades:

a) *Nulidade absoluta*: ocorre na hipótese em que uma *norma processual de ordem pública* for violada. Por ser uma *objeção processual*, ou seja, *matéria de ordem pública*, deverá ser declarada de ofício pelo juiz do trabalho e poderá ser alegada em qualquer tempo e grau de jurisdição, não ocorrendo preclusão temporal. Exemplo: incompetência absoluta (art. 113 do CPC);

> Art. 113. A incompetência absoluta deve ser declarada de ofício e pode ser alegada, em qualquer tempo e grau de jurisdição, independentemente de exceção.
>
> § 1.º Não sendo, porém, deduzida no prazo da contestação, ou na primeira oportunidade em que lhe couber falar nos autos, a parte responderá integralmente pelas custas.
>
> § 2.º Declarada a incompetência absoluta, somente os atos decisórios serão nulos, remetendo-se os autos ao juiz competente.

b) *Nulidade relativa (anulabilidade)*: ocorre quando uma *norma processual de interesse privado* for violada. *Não* poderá ser reconhecida *ex officio*, dependendo de alegação da parte interessada. Exemplo: incompetência relativa (arts. 112 e 114 do CPC):

> Art. 112. Argui-se, por meio de exceção, a incompetência relativa.
>
> Parágrafo único. A nulidade da cláusula de eleição de foro, em contrato de adesão, pode ser declarada de ofício pelo juiz, que declinará de competência para o juízo de domicílio do réu.
>
> Art. 114. Prorrogar-se-á a competência se dela o juiz não declinar na forma do parágrafo único do art. 112 desta Lei ou o réu não opuser exceção declinatória nos casos e prazos legais.

c) *Mera irregularidade*: representa o *vício de menor gravidade*, podendo ser corrigido de ofício ou a requerimento da parte, como inexatidão material ou erro de cálculo, à luz dos arts. 833 e 897-A, parágrafo único, da CLT, *in verbis*:

> Art. 833. Existindo na decisão evidentes erros ou enganos de escrita, de datilografia ou de cálculo, poderão os mesmos, antes da execução, ser corrigidos, *ex officio*, ou a requerimento dos interessados ou da Procuradoria da Justiça do Trabalho.
>
> Art. 897 (...)
>
> Parágrafo único. Os erros materiais poderão ser corrigidos de ofício ou a requerimento de qualquer das partes.

As nulidades processuais trabalhistas encontram seu delineamento legal nos arts. 794 a 798 da CLT:

> Art. 794. Nos processos sujeitos à apreciação da Justiça do Trabalho só haverá nulidade quando resultar dos atos inquinados manifesto prejuízo às partes litigantes.
>
> Art. 795. As nulidades não serão declaradas senão mediante provocação das partes, as quais deverão argui-las à primeira vez em que tiverem de falar em audiência ou nos autos.
>
> § 1.º Deverá, entretanto, ser declarada *ex officio* a nulidade fundada em incompetência de foro. Nesse caso, serão considerados nulos os atos decisórios.
>
> § 2.º O juiz ou Tribunal que se julgar incompetente determinará, na mesma ocasião, que se faça remessa do processo, com urgência, à autoridade competente, fundamentando sua decisão.
>
> Art. 796. A nulidade não será pronunciada:
>
> a) quando for possível suprir-se a falta ou repetir-se o ato;
>
> b) quando arguida por quem lhe tiver dado causa.
>
> Art. 797. O juiz ou Tribunal que pronunciar a nulidade declarará os atos a que ela se estende.
>
> Art. 798. A nulidade do ato não prejudicará senão os posteriores que dele dependam ou sejam consequência.

Da análise desses artigos, extraímos os seguintes princípios, que passamos agora a tratar.

7.1 PRINCÍPIO DA INSTRUMENTALIDADE DAS FORMAS OU DA FINALIDADE

O *processo* é o instrumento da jurisdição. É o conjunto de atos processuais coordenados que se sucedem no tempo, objetivando a entrega da prestação jurisdicional. Portanto, não é um fim em si mesmo, mas um instrumento ou meio para a aplicação do direito material ao caso concreto. O processo somente tem razão de ser para essa finalidade. Para o jurisdicionado, não há dúvida de que o mais importante é a prestação jurisdicional com a entrega do bem da vida, e não a burocracia processual.

O princípio em comento encontra amparo legal nos arts. 154 e 244 do CPC, *in verbis*:

> Art. 154. Os atos e termos processuais não dependem de forma determinada senão quando a lei expressamente a exigir, reputando-se válidos os que, realizados de outro modo, lhe preencham a finalidade essencial.

Parágrafo único. Os tribunais, no âmbito da respectiva jurisdição, poderão disciplinar a prática e a comunicação oficial dos atos processuais por meios eletrônicos, atendidos os requisitos de autenticidade, integridade, validade jurídica e interoperabilidade da Infraestrutura de Chaves Públicas Brasileira – ICP – Brasil.

Art. 244. Quando a lei prescrever determinada forma, sem cominação de nulidade, o juiz considerará válido o ato se, realizado de outro modo, lhe alcançar a finalidade.

Assim, os atos e termos processuais não dependem de *forma determinada*, senão quando a *lei* expressamente a exigir, reputando-se válidos os que, realizados de outro modo, lhe preencham a finalidade essencial.

Da mesma forma, quando a lei prescrever determinada forma, sem cominação de nulidade, *o juiz considerará válido o ato se realizado de outro modo alcançar a finalidade*.

Podemos citar como exemplo a hipótese de o reclamado ser indevidamente notificado por edital, o que afronta a regra da notificação postal. Mesmo assim, observamos que o reclamado tomou ciência de que contra ele corria o processo, de forma que compareceu em audiência e apresentou defesa. Vejam, o ato processual foi praticado de outra forma, mas atingiu a sua finalidade, sendo considerado válido.

7.2 PRINCÍPIO DO PREJUÍZO OU DA TRANSCENDÊNCIA

O princípio do prejuízo é inspirado no sistema francês *pas de nullité sans grief*, oriundo do art. 114, 2.ª parte, do Código de Processo Civil francês. Significa que não haverá nulidade sem manifesto prejuízo às partes interessadas.

Com efeito, de acordo com a redação do art. 794 da CLT, *nos processos sujeitos à apreciação da Justiça do Trabalho só haverá nulidade quando resultar dos atos inquinados manifesto prejuízo às partes litigantes.*

Vale ressaltar que o *prejuízo* deverá ser *processual*, não sendo suficiente o prejuízo meramente econômico ou moral.

7.3 PRINCÍPIO DA PRECLUSÃO OU DA CONVALIDAÇÃO

Preclusão é a perda da faculdade de praticar um ato processual, apresentando três espécies:

a) *temporal* – dá-se pela perda do prazo processual;

b) *consumativa* – ocorre pela prática e consumação do ato processual;

c) *lógica* – efetiva-se pela incompatibilidade entre um ato processual já praticado e um ato a ser praticado.

Nessa linha de entendimento, *as nulidades não serão declaradas, a não ser mediante provocação das partes, que deverão argui-las à primeira vez em que tiverem de falar em audiência ou nos autos*. Dessa forma, se as nulidades não forem invocadas no momento processual oportuno, haverá a convalidação do ato inválido, também chamada pela doutrina de preclusão de se invocar a nulidade.

Daí surge a figura do "protesto nos autos" ("protesto em audiência"), ou seja, a consignação na ata de audiência da nulidade processual, evitando-se a preclusão da alegação.

Importante destacar que o princípio da convalidação ou da preclusão somente é considerado para as *nulidades relativas*, que não podem ser conhecidas de ofício pelo magistrado, pois dependem de provocação do interessado. A partir dessa assertiva pode-se deduzir que as nulidades absolutas são objeções processuais, matérias de ordem pública, que devem ser conhecidas de ofício pelo juiz em qualquer tempo e grau de jurisdição.

atenção

O art. 795, § 1.º, da CLT estabelece que a nulidade fundada em incompetência de foro deverá, entretanto, ser declarada *ex officio*. Nesse caso, serão considerados nulos os atos decisórios, por tratar-se de nulidade absoluta. Parcela da doutrina justrabalhista *critica* esse dispositivo, dizendo que a referida incompetência de foro é a territorial, constituindo assim *nulidade relativa*, e não absoluta, como prevê o dispositivo legal em referência. Aliás, segundo a Súmula 33 do STJ, a incompetência relativa não pode ser declarada de ofício. O correto seria o Diploma Consolidado fazer alusão à incompetência absoluta, que envolve matéria ou hierarquia, segundo o art. 111 do CPC. Concluindo, a incompetência a que alude o § 1.º do art. 795 da CLT é a incompetência em razão da matéria e não do lugar.

Para que o dispositivo legal em comento traga regra processual correta, a palavra foro está sendo utilizada como o foro *cível, criminal, trabalhista* etc., consubstanciando *incompetência absoluta*.

> Conforme o § 2.º do art. 795 da CLT, o Juiz incompetente em razão da matéria deverá remeter os atos ao Juiz competente, em atenção aos princípios da economia processual e efetividade da jurisdição.

7.4 PRINCÍPIO DA ECONOMIA PROCESSUAL

O princípio da economia processual deve ser o objetivo de todo processo, buscando-se a comentada *efetividade processual*.

Destarte, a nulidade do ato processual não será pronunciada quando for possível suprir-se a falta ou repetir-se o ato. Tal ideário consubstancia o *princípio do saneamento das nulidades* ou *da renovação dos atos processuais viciados*, visando o aproveitamento ao máximo da relação jurídica processual, renovando os atos processuais defeituosos, sem a necessidade de extinção prematura do processo.

Ainda, nos termos do art. 797 da CLT, o juiz ou tribunal que pronunciar a nulidade declarará os atos a que ela se estende. É o *princípio do aproveitamento dos atos processuais praticados* ou *da conservação dos atos processuais úteis*, de modo que a declaração da nulidade não pode se estender, tampouco retroagir aos atos validamente praticados.

Da análise desses artigos, verificamos um sistema processual de *aproveitamento dos atos processuais*.

A título de ilustração, o CPC, em seus arts. 113, § 2.º, e 249, rezam que, declarada a incompetência absoluta, somente os atos decisórios serão nulos, remetendo-se os autos ao juiz competente. Também, o juiz, ao pronunciar a nulidade, declarará quais atos são atingidos, ordenando as providências necessárias, a fim de que sejam repetidos, ou retificados:

> Art. 113 (...)
> § 2.º Declarada a incompetência absoluta, somente os atos decisórios serão nulos, remetendo-se os autos ao juiz competente.
> Art. 249. O juiz, ao pronunciar a nulidade, declarará que atos são atingidos, ordenando as providências necessárias, a fim de que sejam repetidos, ou retificados.
> § 1.º O ato não se repetirá nem se lhe suprirá a falta quando não prejudicar a parte.
> § 2.º Quando puder decidir do mérito a favor da parte a quem aproveite a declaração da nulidade, o juiz não a pronunciará nem mandará repetir o ato, ou suprir-lhe a falta.

7.5 PRINCÍPIO DO INTERESSE (A NINGUÉM É LÍCITO ALEGAR A PRÓPRIA TORPEZA EM JUÍZO)

O princípio do interesse tem estreita relação com o *princípio geral de direito de que ninguém poderá se beneficiar da própria torpeza em juízo*, rechaçando-se a má-fé. Consubstancia um meio de moralização da relação jurídica processual, destacando-se o caráter publicista do processo, a lealdade e a boa-fé na prática de atos processuais.

Com efeito, o art. 796, *b*, da CLT, estabelece que *a nulidade do ato processual não será pronunciada quando arguida por quem lhe tiver dado causa.*

O art. 243 do CPC aduz que quando a lei prescrever determinada forma, sob pena de nulidade, a decretação desta não pode ser requerida pela parte que lhe deu causa.

Exemplificando, uma parte, no trâmite da audiência, ao perceber que poderá ter um pronunciamento jurisdicional desfavorável, não poderá "brigar" com o juiz de forma propositada, para se beneficiar de futura alegação de nulidade baseada na suspeição do magistrado.

7.6 PRINCÍPIO DA UTILIDADE (DA CAUSALIDADE, DA CONCATENAÇÃO OU DA INTERDEPENDÊNCIA DOS ATOS PROCESSUAIS)

Conforme o disposto no art. 798 da CLT, *a nulidade do ato não prejudicará senão os posteriores que dele dependam ou sejam consequência.*

No mesmo sentido, o art. 248 do CPC vaticina que anulado o ato, reputam-se de nenhum efeito todos os subsequentes, que dele dependam; todavia, a nulidade de uma parte do ato não prejudicará as outras, que dela sejam independentes.

Por exemplo, podemos imaginar um processo que esteja em fase de execução trabalhista, e que sejam realizadas duas penhoras, uma efetivada sobre um bem de família (impenhorável), e outra que recaia sobre um bem impenhorável. A nulidade da primeira penhora não atingirá a segunda, por serem atos processuais independentes.

Procedimentos (Ritos) Trabalhistas

8.1 INTRODUÇÃO

À título de introdução do tema, não podemos confundir processo com procedimento.

Processo é o instrumento da jurisdição. É o conjunto de atos processuais coordenados que se sucedem no tempo objetivando a entrega da prestação jurisdicional. Representa o caráter instrumental do processo. Por meio de um processo, o Estado-Juiz aplicará o direito objetivo ao caso concreto para resolver a lide, que é o conflito de interesse qualificado por uma pretensão resistida.

Já o procedimento é a forma pela qual o processo se desenvolve. O rito é a forma do processo, mais complexa ou mais singela.

Com efeito, o *Processo do Trabalho* apresenta 4 *(quatro) procedimentos ou ritos trabalhistas*, abaixo comentados:

a) *Procedimento Comum (Ordinário)*: é o mais complexo, previsto na CLT, abrangendo as demandas trabalhista cujo *valor da causa supere 40 (quarenta) salários mínimos.*

b) *Procedimento Sumário (Dissídio de Alçada)*: é célere, previsto no art. 2.º, §§ 3.º e 4.º da Lei 5.584/1970, e abrangendo as demandas trabalhistas cujo *valor da causa não supere 2 (dois) salários mínimos.*

c) *Procedimento Sumaríssimo*: é célere, fruto do advento da Lei 9.957/2000, que incluiu os arts. 852-A a 852-I na CLT, abrangendo as demandas trabalhistas cujo valor da causa não supere 40 (quarenta) salários mínimos. Embora haja parcela da doutrina e da jurisprudência em sentido contrário, *prevalece o entendimento de que o advento do procedimento sumaríssimo não revogou o procedimento sumário*, que continua em vigor. Assim, temos dois procedimentos céleres trabalhistas, e o *procedimento sumaríssimo* abrange as demandas trabalhistas cujo *valor da causa exceda 2 (dois) salários mínimos e não supere 40 (quarenta) salários mínimos.*

d) Procedimentos Especiais: são os procedimentos que apresentam *regras especiais. Exemplos:* inquérito judicial para apuração de falta grave de empregado estável, dissídio coletivo, ação de cumprimento, ação de consignação em pagamento, ação possessória, ação de prestação de contas, ação rescisória, mandado de segurança, *habeas corpus, habeas data* etc.

Reclamação Trabalhista 9

A *petição inicial* pode ser conceituada como o ato processual praticado pelo autor de rompimento da inércia do Poder Judiciário, na qual pleiteia a tutela jurisdicional do seu direito com a entrega do bem da vida, trazendo os motivos fáticos e jurídicos que embasam essa pretensão e indicando em face de quem a atuação estatal é pretendida.

Assim, a exordial apresenta as seguintes características:

a) É uma peça formal: a formalidade da petição inicial é caracterizada pelos requisitos que deverão ser preenchidos pelo autor no momento da propositura da ação. Vale ressaltar que a Consolidação das Leis do Trabalho admite a reclamação trabalhista verbal, mas ainda assim haverá a necessidade de sua redução a termo.

b) *Define os limites objetivos da lide*: a petição inicial traz em seu bojo os fundamentos de fato e de direito que embasam a pretensão do autor, bem como os respectivos pedidos. Processualmente falando, a petição inicial define a causa de pedir e os pedidos da lide.

c) Define os limites subjetivos da lide: a petição inicial traz em seu bojo os sujeitos da lide, ou seja, aquele que pede a tutela jurisdicional do Estado e em face de quem a tutela jurisdicional é pretendida.

d) Quebra a inércia da Poder Judiciário: a legislação processual pátria tem como um dos seus grandes princípios da Inércia da Jurisdição, pelo qual o Estado-Juiz somente atuará mediante provocação da parte, em regra. Isso para preservar a imparcialidade do magistrado no julgamento da lide. Assim, a petição inicial representa o ato processual de rompimento da inércia da jurisdição.

A petição inicial trabalhista recebe o nome de *reclamação trabalhista*, com base nas origens históricas da Justiça do Trabalho, que era um órgão administrativo vinculado ao Poder Executivo.

Na exordial trabalhista, o autor é denominado *reclamante* e o réu *reclamado*.

Com efeito, a reclamação trabalhista poderá ser *verbal* ou *escrita*, conforme prevê o art. 840 da CLT, *in verbis*:

> Art. 840. A reclamação poderá ser escrita ou verbal.
>
> § 1.º Sendo escrita, a reclamação deverá conter a designação do Presidente da Junta, ou do juiz de direito a quem for dirigida, a qualificação do reclamante e do reclamado, uma breve exposição dos fatos de que resulte o dissídio, o pedido, a data e a assinatura do reclamante ou de seu representante.
>
> § 2.º Se verbal, a reclamação será reduzida a termo, em 2 (duas) vias datadas e assinadas pelo escrivão ou secretário, observado, no que couber, o disposto no parágrafo anterior.

Vamos ao estudo de cada uma delas.

9.1 RECLAMAÇÃO TRABALHISTA VERBAL

O art. 786 da CLT estabelece que a reclamação verbal será distribuída antes de sua redução a termo:

> Art. 786. A reclamação verbal será distribuída antes de sua redução a termo.
>
> Parágrafo único – Distribuída a reclamação verbal, o reclamante deverá, salvo motivo de força maior, apresentar-se no prazo de 5 (cinco) dias, ao cartório ou à secretaria, para reduzi-la a termo, sob a pena estabelecida no art. 731.
>
> Art. 731. Aquele que, tendo apresentado ao distribuidor reclamação verbal, não se apresentar, no prazo estabelecido no parágrafo único do art. 786, à Junta ou Juízo para fazê-lo tomar por termo, incorrerá na pena de perda, pelo prazo de 6 (seis) meses, do direito de reclamar perante a Justiça do Trabalho.

Assim, distribuída a reclamação verbal, o reclamante deverá, salvo motivo de força maior, apresentar-se no prazo de *5 dias*, ao cartório ou à secretaria, para *reduzi-la a termo*.

Nesse sentido, aquele que, tendo apresentado ao distribuidor reclamação verbal, não se apresentar, no aludido prazo de 5 dias, à Vara ou Juízo para fazê-lo tomar por termo, incorrerá na pena de perda, pelo prazo de 6 meses, do direito de reclamar perante a Justiça do Trabalho. É o que prevê o art. 731 da CLT.

Essa consequência processual é chamada pela doutrina de perempção trabalhista (provisória ou temporária), *que consiste na perda do direito de ação pelo prazo de 6 meses, ou seja, na perda do direito de mover reclamação trabalhista nesse interregno.*

> **atenção**
>
> Não confundir a *perempção* do *processo do trabalho* com a *perempção* do *processo civil*. Neste ramo do Direito, a perempção é caracterizada pela perda do direito de ação quando o autor, por 3 (três) vezes, der causa à extinção do processo sem resolução do mérito por abandono da causa por mais de 30 (trinta) dias, por não promover os atos e diligências que lhe competir. Assim, não poderá renovar a ação contra o mesmo réu tendo o mesmo objeto (pedido), mas terá a possibilidade de alegar em defesa o seu direito (art. 268, parágrafo único, do CPC).

A CLT, em seu art. 732, estabelece *outra hipótese de perempção no processo do trabalho*, quando o reclamante der causa ao *arquivamento da reclamação trabalhista* pelo não comparecimento na audiência (ou audiência inaugural ou de conciliação), por 2 *(duas) vezes seguidas.*

Portanto, temos 2 *espécies de perempção trabalhista*:

a) quando o autor ajuizar reclamação trabalhista verbal, e não comparecer na Secretaria da Vara do Trabalho para reduzi-la a termo, no prazo de 5 (cinco) dias;

b) quando o autor der causa a 2 arquivamentos seguidos pelo não comparecimento em audiência.

9.2 RECLAMAÇÃO TRABALHISTA ESCRITA

Segundo o art. 787 da CLT, a reclamação escrita deverá ser formulada em 2 *(duas) vias* e desde logo acompanhada dos *documentos* em que se fundar.

A reclamação trabalhista escrita deverá apresentar os seguintes *requisitos*, em obediência ao § 1.º do art. 840 da CLT:

a) o endereçamento;

b) a qualificação do reclamante e do reclamado;

c) uma breve exposição dos fatos de que resulte o dissídio;

d) o pedido;

e) a data e a assinatura do reclamante ou do seu representante.

Com efeito, comparando-se esses requisitos com os da petição inicial estabelecidos no art. 282 do CPC, conclui-se que a *exigência da CLT é menor*, em virtude dos princípios do *jus postulandi* e da simplicidade característicos do processo do trabalho:

> Art. 282. A petição inicial indicará:
> I – o juiz ou tribunal, a que é dirigida;
> II – os nomes, prenomes, estado civil, profissão, domicílio e residência do autor e do réu;
> III – o fato e os fundamentos jurídicos do pedido;
> IV – o pedido, com as suas especificações;
> V – o valor da causa;
> VI – as provas com que o autor pretende demonstrar a verdade dos fatos alegados;
> VII – o requerimento para a citação do réu.
>
> Art. 283. A petição inicial será instruída com os documentos indispensáveis à propositura da ação.

Não são exigidos os seguintes *requisitos*:

a) fundamentos jurídicos do pedido;

b) valor da causa;

c) protesto por provas; e

d) requerimento de citação do réu.

No que concerne aos *fundamentos jurídicos do pedido*, temos *duas linhas de raciocínio*:

1.ª corrente: sustenta a *desnecessidade* dos fundamentos jurídicos do pedido na reclamação trabalhista escrita. Fundamentos:

a) interpretação gramatical ou literal do art. 840, § 1.º, da CLT, que não exige a fundamentação;

b) *jus postulandi* – art. 791 da CLT e Súmula 425 do TST;

c) princípios da informalidade, da simplicidade, da oralidade e da celeridade que informam o Processo do Trabalho;

d) princípio da instrumentalidade das formas ou da finalidade.

2.ª corrente: advoga a tese da *necessidade* dos fundamentos jurídicos do pedido na reclamação trabalhista escrita. Fundamentos:

a) o Código de Processo Civil de 1973 (Alfredo Buzaid) adotou a *Teoria da Substanciação* na causa de pedir, com fulcro no art. 282, III, do estuário processual civil. Assim, exigem-se os fatos e os fundamentos jurídicos do pedido, consubstanciando a causa de pedir próxima e a causa de pedir remota;

b) observância dos princípios constitucionais do contraditório e da ampla defesa.

No que atine ao valor da causa, temos *duas linhas de raciocínio*:

1.ª corrente: sustenta a *desnecessidade* da causa de pedir na reclamação trabalhista escrita. Fundamentos:

a) interpretação gramatical ou literal do art. 840, § 1.º, da CLT, que não exige a fundamentação;

b) *jus postulandi* – art. 791 da CLT e Súmula 425 do TST;

c) princípios da informalidade, da simplicidade, da oralidade e da celeridade que informam o Processo do Trabalho;

d) princípio da instrumentalidade das formas ou da finalidade;

e) possibilidade do magistrado trabalhista fixar o valor da causa *ex officio*, com base no art. 2.º, *caput*, da Lei 5.584/1970, *in verbis*:

> Art. 2.º. Nos dissídios individuais, proposta a conciliação, e não havendo acordo, o Presidente, da Junta ou o Juiz, antes de passar à instrução da causa, fixar-lhe-á o valor para a determinação da alçada, se este for indeterminado no pedido.

2.ª corrente: advoga a tese da *necessidade* do valor da causa na reclamação trabalhista escrita. Fundamentos:

a) identificação do procedimento ou rito trabalhista;

b) utilização como base de cálculo para as custas e demais taxas judiciárias.

Em relação ao *protesto por provas*, embora seja muito comum a sua presença na *praxe forense,* não há a *necessidade* de sua menção na reclamação trabalhista escrita, pois a sistemática da Consolidação das Leis do Trabalho é a *produção das provas em audiência*, nos termos dos arts. 845 e 852-H, *caput*, da CLT, *in verbis*:

> Art. 845. O reclamante e o reclamado comparecerão à audiência acompanhados das suas testemunhas, apresentando, nessa ocasião, as demais provas.

Art. 852-H. Todas as provas serão produzidas na audiência de instrução e julgamento, ainda que não requeridas previamente.

Da mesma forma, não obstante o fato do *requerimento de notificação do reclamado* ser muito comum na *praxe forense*, não há a *necessidade* de sua menção na reclamação trabalhista escrita, pois a *Consolidação das Leis do Trabalho* traz a *notificação inicial postal automática do reclamado* no art. 841, *in verbis*:

> Art. 841. Recebida e protocolada a reclamação, o escrivão ou secretário, dentro de 48 (quarenta e oito) horas, remeterá a segunda via da petição, ou do termo, ao reclamado, notificando-o ao mesmo tempo, para comparecer à audiência do julgamento, que será a primeira desimpedida, depois de 5 (cinco) dias.
>
> § 1.º A notificação será feita em registro postal com franquia. Se o reclamado criar embaraços ao seu recebimento ou não for encontrado, far-se-á a notificação por edital, inserto no jornal oficial ou no que publicar o expediente forense, ou, na falta, afixado na sede da Junta ou Juízo.
>
> § 2.º O reclamante será notificado no ato da apresentação da reclamação ou na forma do parágrafo anterior.

Vale ressaltar que, na praxe forense, você deverá elaborar a reclamação trabalhista com *todos os requisitos*, incluindo os previstos no Código de Processo Civil.

> **importante**
>
> De acordo com o art. 837 da CLT, nas localidades em que houver apenas *uma Vara do Trabalho* ou Juízo, a reclamação será *apresentada diretamente à Secretaria da Vara, ou Cartório do Juízo*. Porém, nos termos do art. 838 da CLT, nas localidades em que houver *mais de uma Vara do Trabalho ou mais de um Juízo*, a reclamação trabalhista será, preliminarmente, submetida à *distribuição*. Finalmente, segundo o art. 783 da CLT, a distribuição das reclamações deverá obedecer à ordem rigorosa de sua apresentação ao distribuidor, quando houver.

Por fim, nesta obra, vamos apresenta as estruturas e os modelos das seguintes *espécies de reclamação trabalhista*:

a) Reclamação Trabalhista Tradicional.
b) Reclamação Trabalhista com Pedido de Tutelas de Urgência.
c) Reclamação Trabalhista com Pedido de Danos Morais.
d) Reclamação Trabalhista no Procedimento Sumaríssimo.
e) Reclamação Trabalhista no Procedimento Sumário (Dissídio de Alçada).

Segue régua processual para facilitar a compreensão da matéria estudada:

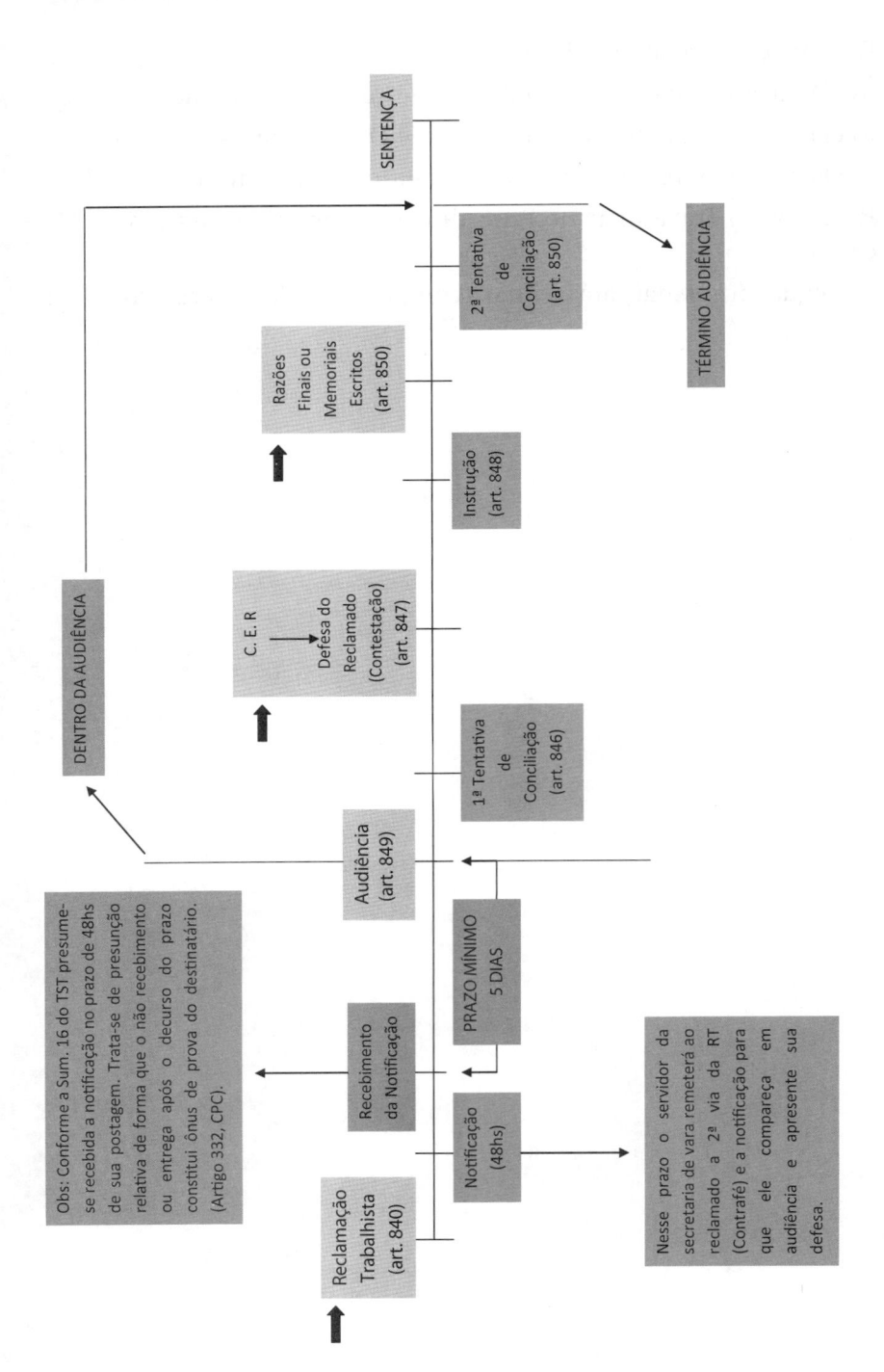

Fluxograma do Procedimento Ordinário

Reclamação Trabalhista (art. 840)
↓
Notificação (48hs)

Nesse prazo o servidor da secretaria de vara remeterá ao reclamado a 2ª via da RT (Contrafé) e a notificação para que ele compareça em audiência e apresente sua defesa.

↓
Recebimento da Notificação

Obs: Conforme a Sum. 16 do TST presume-se recebida a notificação no prazo de 48hs de sua postagem. Trata-se de presunção relativa de forma que o não recebimento ou entrega após o decurso do prazo constitui ônus de prova do destinatário. (Artigo 332, CPC).

↓
PRAZO MÍNIMO 5 DIAS
↓
Audiência (art. 849)

DENTRO DA AUDIÊNCIA:

- **1ª Tentativa de Conciliação (art. 846)**
- **C. E. R → Defesa do Reclamado (Contestação) (art. 847)**
- **Instrução (art. 848)**
- **Razões Finais ou Memoriais Escritos (art. 850)**
- **2ª Tentativa de Conciliação (art. 850)**
- **SENTENÇA**

→ **TÉRMINO AUDIÊNCIA**

Defesas (Respostas) do Reclamado

10.1 TEORIA GERAL

A apresentação de defesa processual encontra amparo nos princípios constitucionais do contraditório e da ampla defesa insculpidos no art. 5.º, LV, da CF/1988.

No processo do trabalho, a defesa do reclamado será apresentada *em audiência*, nos termos dos arts. 846 e 847 da CLT, *in verbis*:

> Art. 846. Aberta a audiência, o juiz ou presidente proporá a conciliação.
> § 1.º Se houver acordo lavrar-se-á termo, assinado pelo presidente e pelos litigantes, consignando-se o prazo e demais condições para seu cumprimento.
> § 2.º Entre as condições a que se refere o parágrafo anterior, poderá ser estabelecida a de ficar a parte que não cumprir o acordo obrigada a satisfazer integralmente o pedido ou pagar uma indenização convencionada, sem prejuízo do cumprimento do acordo.
> Art. 847. Não havendo acordo, o reclamado terá vinte minutos para aduzir sua defesa, após a leitura da reclamação, quando esta não for dispensada por ambas as partes.

Com efeito, aberta a audiência, o juiz proporá a conciliação.

Não havendo acordo, o reclamado terá *20 (vinte) minutos* para aduzir sua defesa, após a leitura da reclamação, quando esta não for dispensada por ambas as partes. Portanto, a CLT estabelece a *defesa oral*, tendo em vista os princípios da oralidade, da simplicidade e do *jus postulandi* inerentes ao processo do trabalho. Havendo mais de um reclamado no polo passivo, cada um deles terá 20 (vinte) minutos para aduzir a sua defesa.

Contudo, na *praxe forense*, é muito comum a *defesa escrita*.

Nesse sentido, o Código de Processo Civil, em seu art. 297, estabelece as seguintes *modalidades de defesa do réu*:

a) contestação;

b) exceção – exceções rituais (exceção de incompetência relativa ou exceção declinatória de foro/exceção de suspeição/exceção de impedimento); e

c) reconvenção.

Vale ressaltar que esse *rol é meramente exemplificativo* (*numerus apertus*), havendo *outras espécies* de defesa do réu espraiadas pelo ordenamento processual civil: impugnação ao valor da causa, ação declaratória incidental, reconhecimento da procedência do pedido, intervenções de terceiros provocados (nomeação à autoria, chamamento ao processo e denunciação da lide) e impugnação à concessão do benefício da justiça gratuita.

Conforme o art. 299 do CPC, a *contestação* e a *reconvenção* serão oferecidas simultaneamente, em peças autônomas. Já a *exceção* será processada em apenso aos autos principais.

Todavia, vale ressaltar que, no âmbito do Processo do Trabalho, embora seja aconselhável a elaboração de peças distintas, a doutrina e a jurisprudência admitem a apresentação da reconvenção no bojo da contestação, em uma única peça. Ademais, admitem a apresentação da exceção no bojo da contestação, como preliminar.

Nessa toada, há essa possibilidade de mitigação do formalismo processual pelo instituto do *jus postulandi*, e pelos princípios da informalidade e da simplicidade que vigoram no Processo do Trabalho.

Por fim, o oferecimento da *exceção* ocasionará a suspensão do processo (art. 799 da CLT e arts. 265, III, e 306 do CPC).

10.2 REVELIA

A palavra revelia tem sua origem na expressão *rebellis*, que significa rebeldia.

Na seara do Processo Civil, revelia é a ausência de resposta ou defesa *do réu que torne os fatos alegados pelo autor controvertidos*.

Parcela da doutrina entende que a revelia é a ausência de contestação, especificadamente.

Cap. 10 • Defesas (Respostas) do Reclamado

Com o devido respeito aos entendimentos em sentido contrário, entendemos que se o réu não contesta e apresenta reconvenção, tornando os fatos alegados na inicial controvertidos, não será revel por atender ao chamado para vir a juízo.

A doutrina diferencia revelia de contumácia. A *contumácia* seria o gênero, traduzindo qualquer inércia do autor ou do réu. Já a *revelia* é uma espécie do gênero contumácia, consubstanciando a inércia do réu na apresentação da defesa.

De outra sorte, no Processo do Trabalho, segundo o art. 844 da CLT, haverá revelia quando o reclamado faltar à audiência:

> Art. 844. O não comparecimento do reclamante à audiência importa o arquivamento da reclamação, e o não comparecimento do reclamado importa revelia, além de confissão quanto à matéria de fato.
> Parágrafo único. Ocorrendo, entretanto, motivo relevante, poderá o presidente suspender o julgamento, designando nova audiência.

Assim, é oportuno consignar essa *diferenciação conceitual de revelia*:

a) no Processo Civil: ausência de *resposta (defesa)* ou *contestação*;
b) no Processo do Trabalho: não comparecimento em *audiência*.

atenção — Não confundir revelia com efeitos da revelia. *Revelia* é a ausência de resposta do réu ou o não comparecimento em audiência. Em regra, tem por consequência *três efeitos processuais*. Porém, há casos em que o réu será revel, mas não incidirão os efeitos da revelia.

Nessa linha de raciocínio, os *três efeitos da revelia* são os seguintes:

a) presunção relativa de veracidade (*juris tantum*) dos fatos afirmados pelo autor na petição inicial (art. 319 do CPC);
b) possibilidade de julgamento antecipado da lide ou julgamento conforme o estado do processo (art. 330, II, do CPC);
c) fluência dos prazos independentemente de intimação, para o réu revel que não tenha patrono (advogado) nos autos (art. 322, *caput*, do CPC – Lei 11.280/2006). Vale ressaltar que, no processo do trabalho,

ainda que o réu seja revel, haverá a necessidade de *intimação* do teor da *sentença*, conforme estabelece o art. 852 da CLT:

> Art. 852. Da decisão serão os litigantes notificados, pessoalmente, ou por seu representante, na própria audiência. No caso de revelia, a notificação far-se-á pela forma estabelecida no § 1.º do art. 841.
>
> Art. 841(...)
>
> § 1.º A notificação será feita em registro postal com franquia. Se o reclamado criar embaraços ao seu recebimento ou não for encontrado, far-se-á a notificação por edital, inserto no jornal oficial ou no que publicar o expediente forense, ou, na falta, afixado na sede da Junta ou Juízo.
>
> (...)

É oportuno consignar que o *primeiro efeito da revelia (presunção relativa de veracidade dos fatos afirmados pelo autos na petição inicial)*, embora seja o mais importante, *não é absoluto*, comportando exceções em que o réu será revel, sem a consequência da mencionada presunção. Assim dispõe o art. 320 do CPC:

> Art. 320. A revelia não induz, contudo, o efeito mencionado no artigo antecedente:
>
> I – se, havendo pluralidade de réus, algum deles contestar a ação;
>
> II – se o litígio versar sobre direitos indisponíveis;
>
> III – se a petição inicial não estiver acompanhada do instrumento público, que a lei considere indispensável à prova do ato.

O réu revel poderá intervir no processo em qualquer fase, mas o receberá no estado em que se encontra *(sistema da preclusão e do isolamento dos atos processuais)*.

Na hipótese de revelia do réu, o autor somente poderá alterar o pedido e/ou a causa de pedir se promover nova citação do réu, abrindo-se novo prazo de defesa (art. 321 do CPC).

10.3 CONTESTAÇÃO

Sem dúvida, a contestação é a *principal e mais conhecida defesa do réu*. Segundo os princípios constitucionais do contraditório e da ampla defesa, nesta resposta o réu terá a oportunidade de impugnar a pretensão deduzida pelo autor na inicial, com toda a matéria de defesa que entenda cabível no caso concreto.

Importante destacar que a contestação é regida por *dois princípios fundamentais*, quais sejam:

1.º) *Princípio da Impugnação Específica (do Ônus da Impugnação Especificada)* – Art. 302 do CPC: compete ao réu impugnar especificadamente *cada fato* afirmado pelo autor na petição inicial (fato por fato). Fato não impugnado torna-se *incontroverso*, havendo a *presunção relativa (juris tantum)* de veracidade. Por consectário, não é admitida a *contestação por negativa geral (por negação geral ou genérica)*.

Não obstante, essa afirmação apresenta *exceções*, ou seja, em algumas hipóteses, *fatos não impugnados especificadamente não serão presumidos verdadeiros:*

a) se não for admissível, a seu respeito, a *confissão (direitos indisponíveis);*

b) se a petição inicial não estiver acompanhada de *instrumento público* que a lei considerar da substância do ato;

c) se estiverem em contradição com a defesa considerada em seu *conjunto.*

Essa regra, quanto ao ônus da impugnação especificada dos fatos, não se aplica:

a) ao advogado dativo;

b) ao curador especial; e

c) ao órgão do Ministério Público.

2.º) *Princípio da Eventualidade (ou da Concentração das Defesas)*: compete ao réu alegar *toda a matéria de defesa* no bojo da inicial, *não* podendo apresentar *contestação por etapas*, sob pena de preclusão consumativa. Na eventualidade de o magistrado não acolher a primeira alegação, acolhe a segunda, e assim por diante.

Entretanto, essa regra comporta *exceções*. Segundo prevê o art. 303 do CPC, depois da contestação, só é lícito ao réu deduzir novas alegações quando:

a) relativas a direito superveniente (*jus superveniens*);

b) competir ao juiz conhecer delas de ofício;

c) por expressa autorização legal, puderem ser formuladas em qualquer tempo e juízo.

Nessa linha de raciocínio, *toda a matéria de defesa* significa:

a) **Defesa processual**: são as *preliminares* de contestação delineadas no art. 301 do CPC, nas quais o réu alega *vícios processuais*, cujo acolhimento levará à *extinção do processo sem resolução do* mérito:

> Art. 301. Compete-lhe, porém, antes de discutir o mérito, alegar:
> I – inexistência ou nulidade da citação;
> II – incompetência absoluta;
> III – inépcia da petição inicial;
> IV – perempção;
> V – litispendência;
> VI – coisa julgada;
> VII – conexão;
> VIII – incapacidade da parte, defeito de representação ou falta de autorização;
> IX – convenção de arbitragem;
> X – carência de ação;
> XI – falta de caução ou de outra prestação, que a lei exige como preliminar.
> § 1.º Verifica-se a litispendência ou a coisa julgada, quando se reproduz ação anteriormente ajuizada.
> § 2.º Uma ação é idêntica à outra quando tem as mesmas partes, a mesma causa de pedir e o mesmo pedido.
> § 3.º Há litispendência, quando se repete ação, que está em curso; há coisa julgada, quando se repete ação que já foi decidida por sentença, de que não caiba recurso.
> § 4.º Com exceção do compromisso arbitral, o juiz conhecerá de ofício da matéria enumerada neste artigo.

No âmbito do *Processo do Trabalho*, são *preliminares* comuns na praxe forense: carência da ação (ausência de uma das condições da ação: possibilidade jurídica do pedido, interesse processual e legitimidade das partes), incompetência absoluta, falta ou nulidade de notificação e inépcia da petição inicial.

É importante consignar que, com *exceção do compromisso arbitral, todas* as demais preliminares de contestação são *matérias de ordem pública (objeções processuais)*, que devem ser conhecidas de ofício pelo juiz e podem ser alegadas em qualquer tempo e grau de jurisdição.

b) *Defesa indireta de mérito*: o réu reconhece o fato constitutivo do direito do autor, mas alega a existência de *fato impeditivo, modificativo, ou extintivo* do respectivo direito. *Exemplos:* pagamento, prescrição, decadência, compensação etc.;

c) *Defesa direta de mérito*: o réu *nega* frontalmente o *fato constitutivo* do direito do autor. É a defesa por excelência. Um bom exemplo é a hipótese em que o reclamante ajuíza uma reclamação trabalhista pleiteando horas extras, e o reclamando acosta cartões de ponto comprovando que o empregado não laborava em jornada suplementar.

10.4 COMPENSAÇÃO

Os arts. 368 e 369 do CC/2002 estabelecem que se duas pessoas forem ao mesmo tempo credor e devedor uma da outra, as duas obrigações extinguem-se, até onde se compensarem. Ademais, a compensação efetua-se entre dívidas líquidas, vencidas e de coisas fungíveis.

No processo do trabalho, a compensação só poderá ser arguida como *matéria de defesa*, nos termos do art. 767 da CLT:

> Art. 767 da CLT. A compensação, ou retenção, só poderá ser arguida como matéria de defesa.

Nesse sentido, a Súmula 48 do TST assevera que a compensação só poderá ser arguida com a contestação:

> Súmula 48 do TST. Compensação (mantida) – Res. 121/2003, *DJ* 19, 20 e 21.11.2003
> A compensação só poderá ser arguida com a contestação.

Ademais, a compensação, na Justiça do Trabalho, está restrita a *dívidas de natureza trabalhista*, segundo aduz a Súmula 18 do TST:

> Súmula 18 do TST. Compensação (mantida) – Res. 121/2003, *DJ* 19, 20 e 21.11.2003
> A compensação, na Justiça do Trabalho, está restrita a dívidas de natureza trabalhista.

10.5 PRESCRIÇÃO

10.5.1 Conceito e aspectos introdutórios

A *prescrição* pode ser conceituada como *a perda da pretensão de reparação do direito violado pela inércia do titular no decurso do tempo*.

O instituto jurídico tem como premissa o ideário de que o *direito não socorre quem dorme*.

Assim, vale ressaltar que a prescrição atinge a *pretensão* e, reflexamente, o direito de ação.

A pretensão é a exigência de subordinação de um interesse alheio a um interesse próprio.

A prescrição atinge as ações condenatórias.

10.5.2 Previsão constitucional e infraconstitucional

A prescrição trabalhista encontra amparo constitucional e infraconstitucional:

> Art. 7.º da CF/1988 – São direitos dos trabalhadores urbanos e rurais, além de outros que visem à melhoria de sua condição social:
> (...)
> XXIX – ação, quanto aos créditos resultantes das relações de trabalho, com prazo prescricional de cinco anos para os trabalhadores urbanos e rurais, até o limite de dois anos após a extinção do contrato de trabalho;
> (...)
> Art. 11 da CLT – O direito de ação quanto a créditos resultantes das relações de trabalho prescreve:
> I – em cinco anos para o trabalhador urbano, até o limite de dois anos após a extinção do contrato;
> II – em dois anos, após a extinção do contrato de trabalho, para o trabalhador rural.
> § 1.º O disposto neste artigo não se aplica às ações que tenham por objeto anotações para fins de prova junto à Previdência Social.

Com efeito, o advento da EC 28/2000, que alterou a redação do inc. XXIX do art. 7.º da CF/1988, trouxe a *igualdade de prazos prescricionais entre os empregados urbanos e rurais*.

Por consectário, resta *derrogado o art. 11 da CLT*, que diferenciava os prazos prescricionais entre os empregados urbanos e rurais.

Ademais, embora haja grande divergência doutrinária e jurisprudencial, prevalece o entendimento de que os prazos prescricionais plasmados no inc. XXIX do art. 7.º da CF/1988, são *aplicados aos empregados domésticos*.

10.5.3 Regra: prescrição quinquenal e bienal

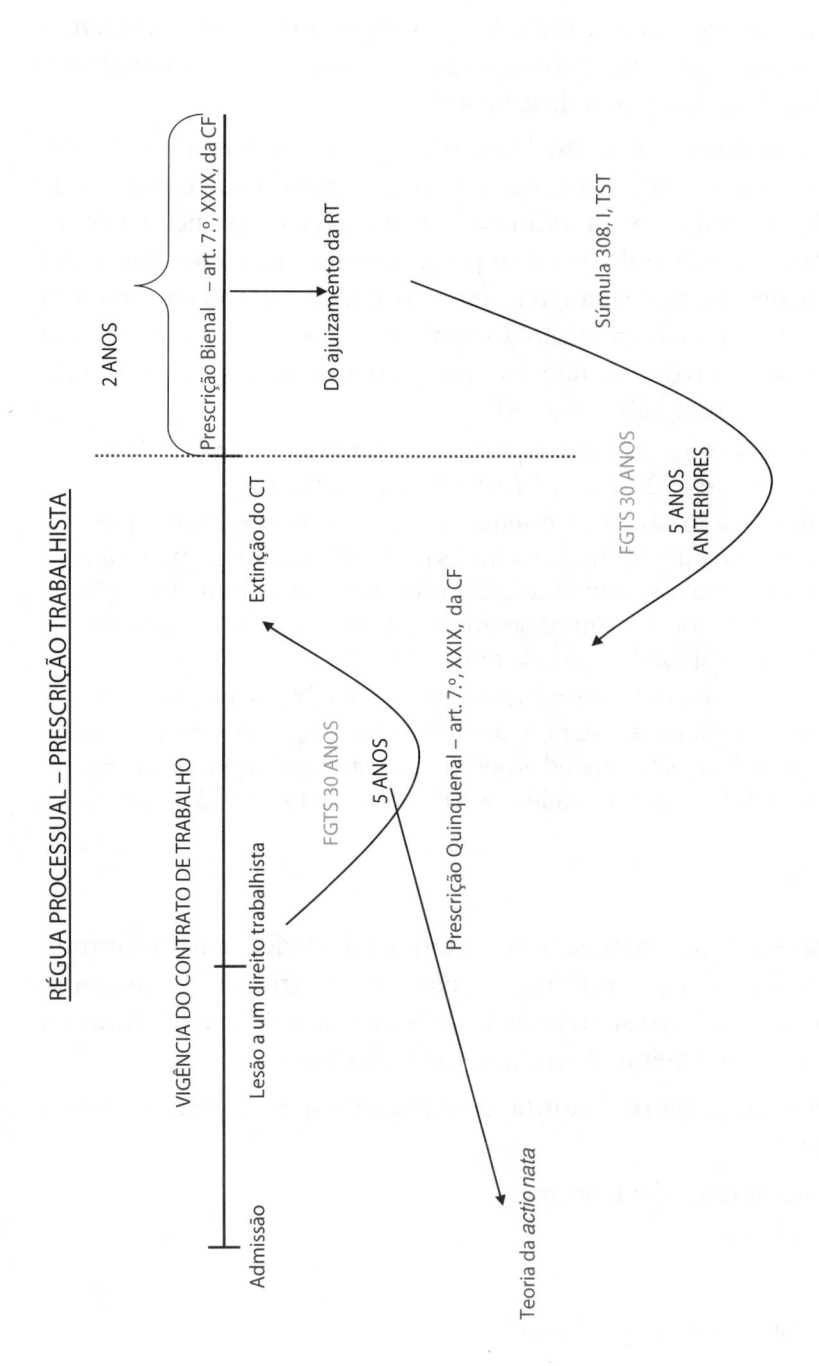

RÉGUA PROCESSUAL – PRESCRIÇÃO TRABALHISTA

- Admissão
- VIGÊNCIA DO CONTRATO DE TRABALHO
- Lesão a um direito trabalhista
- Extinção do CT
- Prescrição Bienal – art. 7.º, XXIX, da CF — 2 ANOS
- Do ajuizamento da RT
- FGTS 30 ANOS — 5 ANOS ANTERIORES — Súmula 308, I, TST
- FGTS 30 ANOS — 5 ANOS
- Prescrição Quinquenal – art. 7.º, XXIX, da CF
- Teoria da *actio nata*

Diante do exposto, temos seguintes os *prazos prescricionais*:

a) na vigência do contrato de trabalho: *prescrição quinquenal* – ocorrendo a lesão, o empregado tem 5 anos para ajuizar a reclamação trabalhista, contados da lesão (teoria da *actio nata*);

b) Após a extinção do contrato de trabalho: *prescrição bienal* – o empregado tem 2 anos para ajuizar a reclamação trabalhista, contados da extinção. Prevalece o entendimento de que, após a extinção do contrato individual de trabalho, o empregado conseguirá a reparação das lesões ocorridas nos *5 anos anteriores ao ajuizamento da reclamatória trabalhista*, e não da extinção do contrato. Trata-se de manifestação da ideia de que o direito não socorre quem dorme. Esse é o entendimento da Súmula 308, I, do TST:

> Súmula 308 do TST. Prescrição quinquenal (incorporada a OJ 204 da SBDI-1) – Res. 129/2005, *DJ* 20, 22 e 25.04.2005
>
> I – Respeitado o biênio subsequente à cessação contratual, a prescrição da ação trabalhista concerne às pretensões imediatamente anteriores a cinco anos, contados da data do ajuizamento da reclamação e, não, às anteriores ao quinquênio da data da extinção do contrato. (ex-OJ 204 da SBDI-1 – inserida em 08.11.2000)
>
> II – A norma constitucional que ampliou o prazo de prescrição da ação trabalhista para 5 (cinco) anos é de aplicação imediata e não atinge pretensões já alcançadas pela prescrição bienal quando da promulgação da CF/1988. (ex-Súmula 308 – Res. 6/1992, *DJ* 05.11.1992)

10.5.4 Exceções

Como vimos, a *regra* é a prescrição quinquenal na vigência do contrato individual de trabalho, e a prescrição bienal após a extinção do contrato. Extinto o contrato, poderão ser reparadas as lesões ocorridas nos últimos 5 anos contados do ajuizamento da reclamação trabalhista.

Todavia, essa regra não é absoluta. O ordenamento justrabalhista traz 3 *grandes exceções*:

a) ações meramente declaratórias;

b) contra menor; e

c) FGTS.

Vamos ao estudo de cada exceção.

10.5.4.1 Ações meramente declaratórias

As ações meramente declaratórias são *imprescritíveis*. Nesse sentido, aponta o § 1.º do art. 11 da CLT:

> Art. 11 (...)
> § 1.º O disposto neste artigo não se aplica às ações que tenham por objeto anotações para fins de prova junto à Previdência Social.

Como exemplo, podemos citar as ações de reconhecimento de vínculo empregatício, com anotação na CTPS.

Por fim, é oportuno consignar a recente OJ 401 da SDI-1 do TST:

> OJ-SDI1-401 Prescrição. Marco inicial. Ação condenatória. Trânsito em julgado da ação declaratória com mesma causa de pedir remota ajuizada antes da extinção do contrato de trabalho. (DEJT divulgado em 02, 03 e 04.08.2010)
> O marco inicial da contagem do prazo prescricional para o ajuizamento de ação condenatória, quando advém a dispensa do empregado no curso de ação declaratória que possua a mesma causa de pedir remota, é o trânsito em julgado da decisão proferida na ação declaratória e não a data da extinção do contrato de trabalho.

10.5.4.2 Menor

Contra os menores de 18 anos *não corre nenhum prazo de prescrição*. Assim dispõem os arts. 440 da CLT e 10, parágrafo único, da Lei 5.889/1973:

> Art. 440 da CLT – Contra os menores de 18 (dezoito) anos não corre nenhum prazo de prescrição.
> Art. 10 da Lei 5.889/1973 – A prescrição dos direitos assegurados por esta Lei aos trabalhadores rurais só ocorrerá após dois anos de cessação do contrato de trabalho.
> Parágrafo único. Contra o menor de dezoito anos não corre qualquer prescrição.

10.5.4.3 FGTS

O estudo da prescrição envolvendo o FGTS é complexo, de forma que, para fins didáticos, deverá ser realizado da seguinte forma:

a) FGTS como pedido principal (depósito ou recolhimento): a prescrição é *trintenária* na vigência do contrato de trabalho, e *bienal* após a extinção do contrato. Esse é o entendimento da Súmula 362 do TST:

Súmula 362 do TST. FGTS. Prescrição (nova redação) – Res. 121/2003, *DJ* 19, 20 e 21.11.2003
É trintenária a prescrição do direito de reclamar contra o não recolhimento da contribuição para o FGTS, observado o prazo de 2 (dois) anos após o término do contrato de trabalho.

b) FGTS como parcela acessória (reflexo de outra parcela principal): a prescrição observará a regra geral, ou seja, prescrição *quinquenal* na vigência do contrato de trabalho, e *bienal* após a extinção do contrato de trabalho. Esse é o entendimento da Súmula 206 do TST:

Súmula 206 do TST. FGTS. Incidência sobre parcelas prescritas (nova redação) – Res. 121/2003, *DJ* 19, 20 e 21.11.2003
A prescrição da pretensão relativa às parcelas remuneratórias alcança o respectivo recolhimento da contribuição para o FGTS.

10.5.5 *Prescrição de ofício e seu cabimento no processo do trabalho*

Com o atual Código Civil de 2002, o conceito de *prescrição* sofreu tênue alteração, passando a consistir na *perda da pretensão de reparação do direito violado pela inércia do titular no decurso do tempo*. Portanto, a prescrição atinge a *pretensão*, que é a exigência de subordinação de um interesse alheio a um interesse próprio. Manteve a clássica ideia de que *o direito não socorre quem dorme*. Ademais, vale destacar que a prescrição não atinge o direito material, mas a *exigibilidade judicial* de reparação desse direito.

Conforme já mencionado, a prescrição é uma *defesa indireta de mérito*, levando à extinção do processo com resolução do mérito, com fulcro no art. 269, inc. IV, do CPC.

Todavia, entre as inúmeras recentes reformas ocorridas no Código de Processo Civil, uma merece destaque nessa temática. A Lei 11.280/2006 revogou o art. 194 do CC/2002 e alterou a redação do § 5.º do art. 219 do CPC, de modo que a *prescrição será pronunciada de ofício pelo juiz*. Antes dessa alteração, a prescrição somente poderia ser reconhecida de ofício pelo magistrado se favorecesse o absolutamente incapaz. Assim, a prescrição é uma *objeção processual*, uma *matéria de ordem pública*, que deve ser conhecida de ofício em qualquer tempo e grau de jurisdição, ressalvado o prequestionamento nas instâncias superiores.

Nesse sentido, há uma *acentuada controvérsia doutrinária e jurisprudencial sobre a aplicação da prescrição de ofício no processo do trabalho*. Com efeito, existem 3 *linhas de argumentação*:

1.ª corrente: a prescrição de ofício não é aplicável ao Processo do Trabalho. São *fundamentos* dessa corrente:

a) ofensa aos princípios do Direito do Trabalho, em especial aos princípios da proteção, da norma mais favorável, da indisponibilidade ou irrenunciabilidade dos direitos trabalhistas;

b) ofensa ao ideário de que as verbas trabalhistas gozam de natureza alimentar;

c) ofensa às raízes históricas e institucionais da Justiça do Trabalho, que sempre teve o escopo da promoção da legislação trabalhista e social, e não de aniquilação de ofício dos direitos trabalhistas; e

d) a prescrição é matéria a ser alegada pelo réu, com fulcro no art. 884, § 1.º, da CLT, que estabelece quais são as matérias que poderão ser ventiladas no bojo dos embargos à execução, quais sejam, alegações de cumprimento da decisão ou do acordo, quitação ou prescrição da dívida.

2.ª corrente: a prescrição de ofício é aplicável ao Processo do Trabalho, mas de forma mitigada ou relativizada. São *fundamentos* dessa corrente:

a) antes de o magistrado trabalhista pronunciar a prescrição, deverá abrir prazo para as partes se manifestarem. Trata-se do princípio da cooperação; e

b) assim, ficam respeitadas as vontades do autor e do réu. O autor poderá alegar causas interruptivas ou suspensivas da prescrição (arts. 197 a 204 do CC/2002). De outra sorte, o réu poderá renunciar a prescrição, de forma expressa ou tácita, sendo feita, sem prejuízo de terceiro, depois que a prescrição se consumar (art. 191 do CC/2002).

3.ª corrente: a prescrição de ofício é aplicável ao Processo do Trabalho. São *fundamentos* dessa corrente:

a) lacuna (omissão) da CLT;

b) compatibilidade com os princípios que regem o Processo do Trabalho, em especial com os princípios da celeridade, simplicidade, informalidade e oralidade;

c) dessa forma, o art. 769 da CLT, que autoriza a aplicação subsidiária do Direito Processual Civil ao Direito Processual do Trabalho foi respeitado. Assim, os dois requisitos cumulativos desse dispositivo legal foram preenchidos, quais sejam: lacuna na CLT e compatibilidade principiológica.

10.6 DECADÊNCIA

Podemos conceituar *decadência* como *a perda do próprio direito material pela inércia do titular no decurso do tempo*.

Atinge as ações constitutivas.

No Direito Processual do Trabalho, existem *3 grandes exemplos* de prazos decadenciais:

1.º) *30 dias*, contados da suspensão do empregado, para o ajuizamento de *inquérito judicial para apuração de falta grave* (arts. 494 e 853 da CLT; Súmula 403 do STF).

> Art. 494. O empregado acusado de falta grave poderá ser suspenso de suas funções, mas a sua despedida só se tornará efetiva após o inquérito e que se verifique a procedência da acusação.
>
> Parágrafo único. A suspensão, no caso deste artigo, perdurará até a decisão final do processo.
>
> Art. 853. Para a instauração do inquérito para apuração de falta grave contra empregado garantido com estabilidade, o empregador apresentará reclamação por escrito à Junta ou Juízo de Direito, dentro de 30 (trinta) dias, contados da data da suspensão do empregado.
>
> Súmula 403 do STF. É de decadência o prazo de trinta dias para instauração do inquérito judicial, a contar da suspensão, por falta grave, de empregado estável.

2.º) *2 anos*, contados do trânsito em julgado da decisão, para o ajuizamento de *ação rescisória* (art. 495 do CPC e Súmula 100, I e II, do TST).

> Art. 495. O direito de propor ação rescisória se extingue em 2 (dois) anos, contados do trânsito em julgado da decisão.
>
> Súmula 100 TST. Ação rescisória. Decadência (incorporadas as OJ 13, 16, 79, 102, 104, 122 e 145 da SBDI-2) – Res. 137/2005, *DJ* 22, 23 e 24.08.2005
>
> I – O prazo de decadência, na ação rescisória, conta-se do dia imediatamente subsequente ao trânsito em julgado da última decisão proferida na causa, seja de mérito ou não. (ex-Súmula 100 – alterada pela Res. 109/2001, *DJ* 20.04.2001)
>
> II – Havendo recurso parcial no processo principal, o trânsito em julgado dá-se em momentos e em tribunais diferentes, contando-se o prazo decadencial para a ação rescisória do trânsito em julgado de cada decisão, salvo se o recurso tratar de preliminar ou prejudicial que possa tornar insubsistente a decisão recorrida, hipótese em que

flui a decadência a partir do trânsito em julgado da decisão que julgar o recurso parcial. (ex-Súmula 100 – alterada pela Res. 109/2001, *DJ* 20.04.2001)

(...)

3.º) *120 dias*, contados da *ciência*, pelo interessado, do ato impugnado de autoridade , para a impetração do *mandado de segurança* (art. 23 da Lei 12.016/2009).

> Art. 23. O direito de requerer mandado de segurança extinguir-se-á decorridos 120 (cento e vinte) dias, contados da ciência, pelo interessado, do ato impugnado.

10.7 EXCEÇÕES RITUAIS

Estudaremos agora a exceção como *espécie de defesa do réu*. Na exceção, o autor é chamado de *excipiente* e o réu, de *exceto* (ou *excepto*).

No Processo do Trabalho, os únicos artigos da CLT que disciplinam a defesa do reclamado são os arts. 799 e 847, *in verbis*:

> Art. 799. Nas causas da jurisdição da Justiça do Trabalho, somente podem ser opostas, com suspensão do feito, as exceções de suspeição ou incompetência.
> § 1.º As demais exceções serão alegadas como matéria de defesa.
> § 2.º Das decisões sobre exceções de suspeição e incompetência, salvo, quanto a estas, se terminativas do feito, não caberá recurso, podendo, no entanto, as partes alegá-las novamente no recurso que couber da decisão final.
> Art. 847. Não havendo acordo, o reclamado terá vinte minutos para aduzir sua defesa, após a leitura da reclamação, quando esta não for dispensada por ambas as partes.

Portanto, aplica-se subsidiariamente o art. 304 do CPC, que elenca as *modalidades de exceção*:

a) exceção de incompetência relativa, também chamada de exceção declinatória de foro;

b) exceção de suspeição;

c) exceção de impedimento.

Com o oferecimento da exceção, ocorre a *suspensão do processo*, com supedâneo nos arts. 265, III, e 306 do CPC.

No tocante à natureza jurídica da decisão do magistrado trabalhista que resolve uma exceção e o respectivo recurso cabível, impende destacar que se trata de uma *decisão interlocutória*, não sendo cabível recurso imediato, em regra, somente admitindo a apreciação de seu merecimento em recurso da decisão definitiva (art. 799, § 2.º, da CLT). No processo do trabalho, na seara dos recursos trabalhistas, uma das peculiaridades é o *princípio da irrecorribilidade imediata das decisões interlocutórias*, delineado no art. 893, § 1.º, da CLT. Apenas será cabível recurso imediato se a decisão interlocutória for *terminativa do feito*, conforme mencionado no art. 799, § 2.º, da CLT, combinado com a Súmula 214, alínea "c", do TST:

> Súmula 214 do TST. Decisão interlocutória. Irrecorribilidade (nova redação) – Res. 127/2005, *DJ* 14, 15 e 16.03.2005
> Na Justiça do Trabalho, nos termos do art. 893, § 1.º, da CLT, as decisões interlocutórias não ensejam recurso imediato, salvo nas hipóteses de decisão: (...)
> c) que acolhe exceção de incompetência territorial, com a remessa dos autos para Tribunal Regional distinto daquele a que se vincula o juízo excepcionado, consoante o disposto no art. 799, § 2.º, da CLT.

Exemplos: decisão do juiz do trabalho que resulta na troca de Tribunal Regional do Trabalho ou de ramo do Poder Judiciário; como nos casos de decisão que acolhe exceção de incompetência relativa, com a remessa dos autos a TRT distinto daquele a que se vincula o juízo excepcionado; ou de decisão do magistrado trabalhista que acolhe preliminar de incompetência absoluta na contestação, com a remessa dos autos à Justiça Comum.

Passaremos a analisar as espécies de exceção.

10.7.1 Exceção de incompetência relativa

No Processo do Trabalho, a *exceção de incompetência relativa*, também chamada de *exceção declinatória de foro*, é cabível quando há o descumprimento das normas processuais trabalhistas concernentes ao território estampadas no *art. 651 da CLT, que traz a competência territorial* (ratione loci) *da Justiça do Trabalho:*

> Art. 651. A competência das Varas do Trabalho [na redação oficial consta "Juntas de Conciliação e Julgamento", que com a EC 24/1999 foram substituídas pelas "Varas"] é determinada pela localidade onde o empregado, reclamante ou reclamado, prestar serviços ao empregador, ainda que tenha sido contratado noutro local ou no estrangeiro.
> § 1.º Quando for parte de dissídio agente ou viajante comercial, a competência será da Junta da localidade em que a empresa tenha agência ou filial e a esta o empregado esteja subordinado e, na falta,

será competente a Junta da localização em que o empregado tenha domicílio ou a localidade mais próxima.

§ 2.º A competência das Juntas de Conciliação e Julgamento, estabelecida neste artigo, estende-se aos dissídios ocorridos em agência ou filial no estrangeiro, desde que o empregado seja brasileiro e não haja convenção internacional dispondo em contrário.

§ 3.º Em se tratando de empregador que promova realização de atividades fora do lugar do contrato de trabalho, é assegurado ao empregado apresentar reclamação no foro da celebração do contrato ou no da prestação dos respectivos serviços.

Relembrando a regra, o ajuizamento da reclamatória será no local da prestação dos serviços, independentemente do lugar da contratação. Caso essa regra seja descumprida pelo reclamante, é cabível o oferecimento de exceção de incompetência relativa pelo reclamado.

Tal exceção deverá ser oferecida no *prazo de defesa*, que no processo do trabalho será *em audiência* (art. 847 da CLT). Caso haja a perda do prazo (preclusão temporal), ocorrerá a *prorrogação da competência*, ou seja, o juiz inicialmente incompetente torna-se competente.

Com efeito, o art. 800 da CLT estabelece que, apresentada a exceção de incompetência relativa, abrir-se-á vista dos autos ao exceto, por *24 (vinte e quatro) horas improrrogáveis*, devendo a decisão ser proferida na primeira audiência ou sessão que se seguir:

> Art. 800. Apresentada a exceção de incompetência, abrir-se-á vista dos autos ao exceto, por 24 (vinte e quatro) horas improrrogáveis, devendo a decisão ser proferida na primeira audiência ou sessão que se seguir.

10.7.2 Exceção de suspeição e de impedimento

Em primeiro lugar, frise-se que na *exceção de suspeição ou de impedimento o objetivo é o questionamento da imparcialidade do magistrado*. Não se discutem os conhecimentos jurídicos ou a aptidão do magistrado, mas a sua suspeição ou impedimento, que viciam a entrega da prestação jurisdicional pela ofensa ao ideário da imparcialidade, fundamental para o Estado Democrático de Direito.

Com efeito, a *CLT*, em seu art. 799, *não* menciona a *exceção de impedimento*, mas apenas a de *suspeição*. Por conseguinte, parcela da doutrina sustenta o não cabimento da exceção de impedimento no processo do trabalho, por ausência de previsão legal.

A nosso ver, não merece prosperar esse entendimento. A explicação da omissão da CLT é a interpretação histórica dos diplomas em comento. A CLT é de 1943, instituída por Getulio Vargas na era do Estado Novo, e o Diploma Consolidado teve por inspiração a Carta Del Lavoro italiana de 1927, com viés corporativista. No âmbito processual, a CLT teve por arrimo o CPC de 1939, que não previa o instituto processual da exceção de impedimento. Com o advento do *Código de Processo Civil de 1973 (Código Alfredo Buzaid)*, esse instituto foi previsto e atualmente é perfeitamente aplicável ao processo do trabalho.

Nesse sentido, o *art. 801 da CLT* somente menciona hipóteses de *suspeição* do magistrado trabalhista. Assim, torna-se perfeitamente cabível a aplicação subsidiária dos *arts. 134 e 135 do CPC*, que mencionam as *hipóteses de impedimento e suspeição* respectivamente:

> Art. 801 da CLT – O juiz, presidente ou vogal, é obrigado a dar-se por suspeito, e pode ser recusado, por algum dos seguintes motivos, em relação à pessoa dos litigantes:
>
> a) inimizade pessoal;
>
> b) amizade íntima;
>
> c) parentesco por consanguinidade ou afinidade até o terceiro grau civil;
>
> d) interesse particular na causa.
>
> Parágrafo único. Se o recusante houver praticado algum ato pelo qual haja consentido na pessoa do juiz, não mais poderá alegar exceção de suspeição, salvo sobrevindo novo motivo. A suspeição não será também admitida, se do processo constar que o recusante deixou de alegá-la anteriormente, quando já a conhecia, ou que, depois de conhecida, aceitou o juiz recusado ou, finalmente, se procurou de propósito o motivo de que ela se originou.
>
> Art. 802. Apresentada a exceção de suspeição, o juiz ou Tribunal designará audiência dentro de 48 (quarenta e oito) horas, para instrução e julgamento da exceção.
>
> § 1.º Nas Juntas de Conciliação e Julgamento e nos Tribunais Regionais,, julgada procedente a exceção de suspeição, será logo convocado para a mesma audiência ou sessão, ou para a seguinte, o suplente do membro suspeito, o qual continuará a funcionar no feito até decisão final. Proceder-se-á da mesma maneira quando algum dos membros se declarar suspeito.
>
> § 2.º Se se tratar de suspeição de Juiz de Direito, será este substituído na forma da organização judiciária local.

Art. 134 do CPC – É defeso ao juiz exercer as suas funções no processo contencioso ou voluntário:

I – de que for parte;

II – em que interveio como mandatário da parte, oficiou como perito, funcionou como órgão do Ministério Público, ou prestou depoimento como testemunha;

III – que conheceu em primeiro grau de jurisdição, tendo-lhe proferido sentença ou decisão;

IV – quando nele estiver postulando, como advogado da parte, o seu cônjuge ou qualquer parente seu, consanguíneo ou afim, em linha reta; ou na linha colateral até o segundo grau;

V – quando cônjuge, parente, consanguíneo ou afim, de alguma das partes, em linha reta ou, na colateral, até o terceiro grau;

VI – quando for órgão de direção ou de administração de pessoa jurídica, parte na causa.

Parágrafo único. No caso do IV, o impedimento só se verifica quando o advogado já estava exercendo o patrocínio da causa; é, porém, vedado ao advogado pleitear no processo, a fim de criar o impedimento do juiz.

Art. 135. Reputa-se fundada a suspeição de parcialidade do juiz, quando:

I – amigo íntimo ou inimigo capital de qualquer das partes;

II – alguma das partes for credora ou devedora do juiz, de seu cônjuge ou de parentes destes, em linha reta ou na colateral até o terceiro grau;

III – herdeiro presuntivo, donatário ou empregador de alguma das partes;

IV – receber dádivas antes ou depois de iniciado o processo; aconselhar alguma das partes acerca do objeto da causa, ou subministrar meios para atender às despesas do litígio;

V – interessado no julgamento da causa em favor de uma das partes.

Parágrafo único. Poderá ainda o juiz declarar-se suspeito por motivo íntimo.

Por fim, na seara procedimental, o art. 802 da CLT aduz que, apresentada a exceção de suspeição, o juiz ou Tribunal designará audiência dentro de *48 (quarenta e oito) horas*, para instrução e julgamento da exceção.

note BEM

Estudioso do Direito Processual do Trabalho, tome cuidado com a clássica *pegadinha* das provas do Exame de Ordem. O *prazo* do art. 800 da CLT na *exceção de incompetência relativa* é de *24 (vinte e quatro) horas improrrogáveis*. Em contrapartida, o *prazo* do art. 802 da CLT nas *exceções de suspeição e impedimento* é de *48 horas*.

Atualmente, a posição majoritária na doutrina e na jurisprudência é a de que o art. 802 da CLT deve ser interpretado levando-se em conta a EC 24/1999, que extinguiu a representação classista na Justiça do Trabalho em todos os graus de jurisdição. Explicando melhor: se o juiz do trabalho é suspeito ou impedido, não é razoável ele mesmo julgar a exceção, pois não haveria imparcialidade por ser parte na causa. Dessa forma, oferecida a exceção de suspeição ou de impedimento de um juiz do trabalho da Vara do Trabalho, o julgamento dessa exceção competirá ao Tribunal Regional do Trabalho respectivo, observando-se o processamento previsto nos arts. 313 e 314 do CPC.

Art. 313 do CPC – Despachando a petição, o juiz, se reconhecer o impedimento ou a suspeição, ordenará a remessa dos autos ao seu substituto legal; em caso contrário, dentro de 10 (dez) dias, dará as suas razões, acompanhadas de documentos e de rol de testemunhas, se houver, ordenando a remessa dos autos ao tribunal.

Art. 314. Verificando que a exceção não tem fundamento legal, o tribunal determinará o seu arquivamento; no caso contrário condenará o juiz nas custas, mandando remeter os autos ao seu substituto legal.

10.8 RECONVENÇÃO

A palavra reconvenção vem do latim *reconventio*, que significa voltar-se contra o autor na Justiça.

A reconvenção é uma modalidade de resposta do réu (art. 297 do CPC), na qual este demanda contra o autor no mesmo processo em que *está sendo demandado*. É o contra-ataque do réu em face do autor na mesma relação jurídica processual, ensejando o processamento simultâneo da ação originária e da reconvenção, para que o magistrado resolva as duas lides na mesma sentença.

A *natureza jurídica* da reconvenção é de uma *ação autônoma* conexa ao processo.

Esse instituto processual está regulamentado pelos arts. 315 a 318 do CPC, aplicados subsidiariamente ao processo do trabalho:

> Art. 315. O réu pode reconvir ao autor no mesmo processo, toda vez que a reconvenção seja conexa com a ação principal ou com o fundamento da defesa.
> Parágrafo único. Não pode o réu, em seu próprio nome, reconvir ao autor, quando este demandar em nome de outrem.
> Art. 316. Oferecida a reconvenção, o autor reconvindo será intimado, na pessoa do seu procurador, para contestá-la no prazo de 15 (quinze) dias.
> Art. 317. A desistência da ação, ou a existência de qualquer causa que a extinga, não obsta ao prosseguimento da reconvenção.
> Art. 318. Julgar-se-ão na mesma sentença a ação e a reconvenção.

O *autor* da reconvenção é chamado de *reconvinte*, e o *réu* da reconvenção recebe a denominação *reconvindo*. Portanto, em um processo que apresenta a ação originária e a reconvenção, as nomenclaturas das partes envolvidas são *réu reconvinte* e *autor reconvindo*.

São *requisitos* para o cabimento da reconvenção:

a) o juiz deve ser *competente* para o processamento e julgamento da reconvenção (art. 109 do CPC);

b) o *procedimento* deve ser o mesmo para a ação originária e a reconvenção. No Processo Civil, não é cabível a reconvenção nos procedimentos sumário e sumaríssimo (art. 278, § 1.º, do CPC e art. 31 da Lei 9.099/1995). Assim, vem prevalecendo o entendimento que não é cabível a reconvenção nos procedimentos sumário e sumaríssimo trabalhistas, tendo em vista a celeridade, informalidade e simplicidade inerentes ao Processo do Trabalho.

c) haja uma *causa pendente*, a ação originária; e

d) a reconvenção deve ser *conexa* com a ação principal ou com o fundamento de defesa.

Com efeito, se o autor da ação originária estiver, em nome próprio, defendendo direito alheio, em alguma hipótese prevista em lei (legitimidade *extraordinária ou substituição processual* – art. 6.º do CPC), *não* caberá reconvenção, conforme estabelece o parágrafo único do art. 315 do CPC.

Na análise procedimental, a *contestação* e a *reconvenção* serão *oferecidas simultaneamente*, em *peças autônomas*, com base no art. 299 do CPC. Não há a necessidade da contestação para a apresentação da reconvenção, mas ambas as peças deverão ser apresentadas no mesmo momento processual.

Ademais, a reconvenção poderá ser *escrita* ou *oral*, da mesma forma que a reclamação trabalhista, mas deverá respeitar os requisitos já mencionados nesse trabalho, plasmados no art. 840 da CLT.

Ainda nessa temática, o sistema processual trabalhista estabelece que a defesa deve ser apresentada em audiência (art. 847 da CLT), segundo os princípios da simplicidade, informalidade e economia processual que informam o Direito Processual do Trabalho. Portanto, a reconvenção também deverá ser *apresentada em audiência*. Mas, respeitados os princípios constitucionais do contraditório e da ampla defesa, o juiz do trabalho deverá adiar a audiência, para que seja remarcada com antecedência mínima de 5 (cinco) dias (art. 841 da CLT), possibilitando que o autor reconvindo prepare satisfatoriamente a sua defesa.

Como a reconvenção tem natureza jurídica de ação, a desistência da ação principal, ou a existência de qualquer causa que a extinga, não impede o prosseguimento da reconvenção. É a autonomia da reconvenção em relação à ação principal *(princípio da autonomia da reconvenção)*.

Serão julgadas na *mesma sentença* a ação principal e a reconvenção. Da decisão que julgar a reconvenção, será cabível o *recurso ordinário*, nos termos do art. 895 da CLT.

Nas *ações dúplices*, ou de *natureza dúplice*, não há a necessidade da *reconvenção. Essas ações são aquelas em que juiz poderá conceder a tutela jurisdicional em favor do autor ou do réu. Desenvolvendo o raciocínio, o réu, no bojo da própria contestação, além de ter a possibilidade de apresentar toda a matéria de defesa, poderá fazer pedido (pedido contraposto)*. Se o mesmo efeito pode ser obtido na contestação nessas ações dúplices, não é cabível a reconvenção. No Processo do Trabalho, podemos mencionar como exemplos de ações dúplices o inquérito judicial para apuração de falta grave, a ação de consignação em pagamento e as ações possessórias.

Audiências Trabalhistas

11.1 TEORIA GERAL DAS AUDIÊNCIAS TRABALHISTAS

A audiência trabalhista *é ato solene, formal, caracterizado pelo comparecimento das partes, dos advogados, dos auxiliares do juízo*. São realizados diversos atos processuais, como as tentativas obrigatórias de conciliação, o interrogatório e o depoimento pessoal das partes, a oitiva de testemunhas e de peritos e, ao final, é prolatada a decisão.

Nesse sentido, a audiência trabalhista é delineada pelos arts. 813 a 817 da CLT, *in verbis*:

> Art. 813. As audiências dos órgãos da Justiça do Trabalho serão públicas e realizar-se-ão na sede do Juízo ou Tribunal em dias úteis previamente fixados, entre 8 (oito) e 18 (dezoito) horas, não podendo ultrapassar 5 (cinco) horas seguidas, salvo quando houver matéria urgente.
> § 1.º Em casos especiais, poderá ser designado outro local para a realização das audiências, mediante edital afixado na sede do Juízo ou Tribunal, com a antecedência mínima de 24 (vinte e quatro) horas.
> § 2.º Sempre que for necessário, poderão ser convocadas audiências extraordinárias, observado o prazo do parágrafo anterior.
> Art. 814. Às audiências deverão estar presentes, comparecendo com a necessária antecedência, os escrivães ou secretários.
> Art. 815. À hora marcada, o juiz ou presidente declarará aberta a audiência, sendo feita pelo secretário ou escrivão a chamada das partes, testemunhas e demais pessoas que devam comparecer.
> Parágrafo único. Se, até 15 (quinze) minutos após a hora marcada, o juiz ou presidente não houver comparecido, os presentes poderão retirar-se, devendo o ocorrido constar do livro de registro das audiências.

Art. 816. O juiz ou presidente manterá a ordem nas audiências, podendo mandar retirar do recinto os assistentes que a perturbarem.

Art. 817. O registro das audiências será feito em livro próprio, constando de cada registro os processos apreciados e a respectiva solução, bem como as ocorrências eventuais.

Parágrafo único. Do registro das audiências poderão ser fornecidas certidões às pessoas que o requererem.

Com base nesses dispositivos legais, podemos mencionar as suas principais características:

1.ª) *publicidade*: em regra, as audiências trabalhistas deverão ser públicas. A República Federativa do Brasil consubstancia um Estado Democrático de Direito, revelando o *princípio da publicidade dos atos processuais*, em especial das audiências, um dos mais importantes;

note BEM

O *princípio da publicidade dos atos processuais*, entre eles a audiência trabalhista, tem previsão constitucional no art. 5.º, LX, da CF/1988. Dessa forma, a audiência deve ser realizada a portas abertas, com livre ingresso de quem a ela queira assistir. Todavia, não podemos olvidar os casos de *segredo de justiça* e as circunstâncias que possam conturbar o andamento dos trabalhos, que justificam portas fechadas. Nesse sentido, o *interesse público* ou a *defesa da intimidade* de uma ou de ambas as partes ensejam o segredo de justiça, conforme preconizam os arts. 5.º, LX, da CF/1988 e 155 do CPC. Exemplos de hipóteses que justificam o segredo de justiça na seara trabalhista: assédio moral ou sexual, discriminação, improbidade, incontinência de conduta, empregados portadores do vírus HIV, trabalho em condições análogas à de escravo etc.

2.ª) *dia*: realizadas em dias úteis previamente fixados;

3.ª) *local*: sede do Juízo ou Tribunal;

4.ª) *horário*: entre 8 (oito) e 18 (dezoito) horas;

5.ª) *limite temporal*: *não* podem ultrapassar 5 (cinco) horas seguidas, *salvo* quando houver matéria urgente;

6. ª) *tolerância que as partes deverão ter em relação ao atraso do juiz do trabalho no comparecimento ao local da audiência*: 15 (quinze) minutos após a hora marcada. Ultrapassado esse limite, a CLT autoriza a retirada das partes, devendo o ocorrido constar do livro de registro das audiências.

   a) Se o juiz já está no local, mas há atraso para a realização da audiência (*atraso na pauta*), a regra mencionada não será aplicada.

   b) A realização da audiência sem a presença do advogado não enseja sua nulidade e não é motivo para adiamento desta, pois no Processo do Trabalho ainda prevalece o entendimento da vigência do *jus postulandi*, previsto no art. 791 da CLT, ou seja, as partes têm o direito de postulação em juízo independentemente da presença do advogado. Portanto, não há prejuízo processual com essa ausência. Não obstante, frise-se que a ausência do advogado acarreta indubitável e veemente prejuízo técnico, que influenciará o resultado final da demanda.

   c) Vem prevalecendo o entendimento que o juiz *não* deve ter tolerância com o *atraso* de *qualquer das partes* ao comparecimento em audiência, pois a referida tolerância ofende o princípio da igualdade de tratamento processual das partes. Com efeito, conforme dispõe a OJ 245 da SDI-1 do TST, inexiste previsão legal tolerando atraso no horário de comparecimento da parte na audiência.

11.2 AUDIÊNCIA UNA E FRACIONAMENTO

Nessa linha de raciocínio, o art. 849 da CLT aduz que a audiência trabalhista é *una, única ou contínua*, em regra, tendo por arrimo os princípios da celeridade, economia processual, simplicidade e concentração dos atos processuais em uma única audiência.

Todavia, o aludido dispositivo consolidado estabelece que, se não for possível concluí-la no mesmo dia, por motivo de *força maior*, o juiz do trabalho marcará a sua continuação para a primeira desimpedida, independentemente de nova notificação.

Com efeito, cumpre destacar que é comum na *praxe forense trabalhista o fracionamento da audiência*, visto que o juiz do trabalho, nos termos do art. 765 da CLT, é o diretor do processo. Assim, o *fracionamento da audiência trabalhista* costuma ser realizado da seguinte forma:

a) *audiência inaugural ou de conciliação*: é caracterizada por dois grandes objetivos: a *1.ª tentativa de conciliação* e a apresentação da *defesa*, caso reste infrutífera a tentativa de acordo;

b) *audiência de instrução ou em prosseguimento*: o grande objetivo é a colheita de *provas orais (interrogatório, depoimento pessoal, oitiva de testemunhas, oitivas de peritos e assistentes técnicos)*;

c) *audiência de julgamento*: para publicação da *sentença*.

11.3 COMPARECIMENTO PESSOAL DAS PARTES

Conforme já mencionado, de acordo com o art. 791 da CLT, no Processo do Trabalho ainda prevalece o entendimento da permanência em vigor do princípio do *jus postulandi*. Assim, na audiência trabalhista, deverão estar presentes, *pessoalmente*, reclamante e reclamado, independentemente do comparecimento de seus representantes legais, conforme estabelece o art. 843 da CLT:

> Art. 843. Na audiência de julgamento deverão estar presentes o reclamante e o reclamado, independentemente do comparecimento de seus representantes salvo, nos casos de Reclamatórias Plúrimas ou Ações de Cumprimento, quando os empregados poderão fazer-se representar pelo Sindicato de sua categoria.

Caro leitor, fique atento às respectivas *exceções*, abaixo apontadas:

1.ª) *reclamatórias plúrimas* (também conhecidas como *ações plúrimas* ou *dissídios individuais plúrimos*), em que há litisconsórcio ativo facultativo (ou seja, mais de um reclamante, segundo o art. 842 da CLT):

> Art. 842. Sendo várias as reclamações e havendo identidade de matéria, poderão ser acumuladas num só processo, se se tratar de empregados da mesma empresa ou estabelecimento.

2.ª) *Ações de cumprimento*; ação individual de conhecimento, de rito especial trabalhista, com natureza condenatória, ajuizada pelo empregado ou pelo sindicato, com a finalidade do cumprimento das cláusulas constantes dos acordos coletivos de trabalho, convenções coletivas de trabalho e sentenças normativas, com previsão no art. 872, parágrafo único, da CLT.

> Art. 872. Celebrado o acordo, ou transitada em julgado a decisão, seguir-se-á o seu cumprimento, sob as penas estabelecidas neste Título.
> Parágrafo único. Quando os empregadores deixarem de satisfazer o pagamento de salários, na conformidade da decisão proferida, poderão os empregados ou seus sindicatos, independentes de outorga

de poderes de seus associados, juntando certidão de tal decisão, apresentar reclamação à Junta ou Juízo competente, observado o processo previsto no Capítulo II deste Título, sendo vedado, porém, questionar sobre a matéria de fato e de direito já apreciada na decisão. (Redação dada pela Lei 2.275, de 30.07.1954)

note BEM

a) Nesses casos, os empregados poderão fazer-se representar pelo *sindicato* de sua categoria.

b) As ressalvas são justificadas pela *impossibilidade física* de comparecimento de todos os envolvidos na sala de audiência *(1.ª exceção)*. Na hipótese de a ação plúrima envolver grande número de trabalhadores, a jurisprudência tem admitido a representação por *grupo de empregados ou comissão de fábrica* de litisconsortes, com o objetivo de evitar tumulto na audiência. Já a *2.ª exceção* é explicada pela atuação do sindicato como *legitimado extraordinário (substituto processual)*, atuando em nome próprio na defesa do direito alheio. Assim, não há necessidade da presença dos substituídos processuais, titulares do direito material em litígio.

11.4 REPRESENTAÇÃO DAS PARTES EM AUDIÊNCIA

Caro aluno, não confunda representação processual com substituição processual.

A representação processual é a situação processual em que o representante está atuando no processo em nome alheio defendendo direito alheio (do representado processual).

Em contrapartida, a substituição processual, também conhecida como legitimidade extraordinária, *o substituto processual está atuando no processo em nome próprio defendendo direito alheio (do substituído processual).*

Vamos estudar a representação das partes em audiência trabalhista.

11.4.1 *Representação processual do empregador*

A representação processual do empregador está prevista no § 1.º do art. 843 da CLT, *in verbis*:

Art. 843 (...)

§ 1.º É facultado ao empregador fazer-se substituir pelo gerente, ou qualquer outro preposto que tenha conhecimento do fato, e cujas declarações obrigarão o proponente.

Assim, estas são as principais características da representação em análise:

- *representante*: *gerente*, ou qualquer outro *preposto* que tenha conhecimento do fato, e cujas declarações obrigarão o preponente;
- *não* há necessidade de *justificativa* para a representação.

Estudaremos agora a figura do *preposto*, que, conforme dissemos, é aquele que representa o empregador em audiência. A CLT exige que ele tenha *conhecimento dos fatos*. Com efeito, segundo a posição majoritária, *não* é necessário que ele tenha *presenciado os fatos*, podendo ter acesso a eles por informações de terceiros. Vale ressaltar que, se o preposto desconhecer os fatos, haverá a confissão. Além disso, a preposição é voluntária, apesar de *as declarações do preposto vincularem o preponente*.

atenção

A questão mais importante da figura do *preposto* é se ele deve ou não ostentar a *condição de empregado*. Em primeiro lugar, a CLT não exige esse requisito. Todavia, na praxe forense trabalhista, surgiu a figura do "preposto profissional", ou seja, pessoas que não eram empregadas do reclamado e que compareciam à sala de audiência trazendo afirmações não condizentes com a realidade dos fatos, mas respeitando o que o empregador queria que fosse dito. Para evitar essa situação, o TST consolidou o entendimento, atualmente estampado em sua Súmula 377, de que o preposto *deve ser empregado do reclamado*, condição essa normalmente comprovada com a *carta de preposição* e/ou com a CTPS. A aludida súmula apresentava *uma exceção lógica:* a reclamação trabalhista movida pelo *empregado doméstico*. É sabido que qualquer membro da família do local de prestação de serviços pode comparecer na audiência representando o empregador doméstico. Nesse sentido, a Lei Complementar n. 123, de 14 de dezembro de 2006 (Estatuto Nacional da Microempresa e da Empresa de Pequeno Porte), em seu

> art. 54, estabelece que o *micro ou pequeno empresário* pode ser substituído em audiência por qualquer terceiro que tenha conhecimento dos fatos, independentemente de vínculo trabalhista e societário. Assim, para se ajustar a essa nova exceção, a Súmula 377 do TST sofreu alteração em 2008 para a inclusão dessa nova exceção. Concluindo, em regra, o preposto deve ostentar a condição de empregado, salvo nas hipóteses de reclamado empregador doméstico ou micro ou pequeno empresário.

Súmula 377 do TST. Preposto. Exigência da condição de empregado (nova redação) – Res. 146/2008, *DJ* 28.04.2008, 02 e 05.05.2008

Exceto quanto à reclamação de empregado doméstico, ou contra micro ou pequeno empresário, o preposto deve ser necessariamente empregado do reclamado. Inteligência do art. 843, § 1.º, da CLT e do art. 54 da Lei Complementar 123, de 14 de dezembro de 2006.

Art. 54 da LC 123/2006. É facultado ao empregador de microempresa ou de empresa de pequeno porte fazer-se substituir ou representar perante a Justiça do Trabalho por terceiros que conheçam dos fatos, ainda que não possuam vínculo trabalhista ou societário.

11.4.2 Representação processual do empregado

A representação processual do empregado está prevista no art. 843, § 2.º, da CLT, *in verbis*:

Art. 843, § 2.º. Se por doença ou qualquer outro motivo poderoso, devidamente comprovado, não for possível ao empregado comparecer pessoalmente, poderá fazer-se representar por outro empregado que pertença à mesma profissão, ou pelo seu sindicato.

Assim, estas são as principais características da representação em análise:

- representante: outro empregado que pertença à mesma profissão ou o sindicato. A doutrina e a jurisprudência admitem que o advogado seja o representante do empregado;
- justificativa: doença ou qualquer outro motivo ponderoso (relevante), devidamente comprovado.

Embora não seja entendimento pacífico, o *objetivo dessa representação é tão somente justificar a impossibilidade do comparecimento do empregado,* para que outra data seja marcada para a realização da audiência (adiamento da audiência), evitando o arquivamento da reclamação trabalhista. *Não* há a possibilidade de atos de disposição do direito material, como a confissão, transação e depoimento por parte do representante.

11.5 AUSÊNCIA DAS PARTES NO DIA DA AUDIÊNCIA

Inicialmente, vale ressaltar que a *ausência do reclamante* acarreta o *arquivamento da reclamação trabalhista*, que tem a natureza jurídica de extinção do processo sem resolução do mérito.

Já em relação ao reclamado, o não comparecimento acarreta a *revelia*, além da *confissão quanto à matéria de fato*. É assim que disciplina a CLT em seu art. 844:

> Art. 844. O não comparecimento do reclamante à audiência importa o arquivamento da reclamação, e o não comparecimento do reclamado importa revelia, além de confissão quanto à matéria de fato.
> Parágrafo único. Ocorrendo, entretanto, motivo relevante, poderá o presidente suspender o julgamento, designando nova audiência.

Todavia, de acordo com o art. 765 da CLT, mencionamos aqui que o juiz do trabalho tem a faculdade de fracionar a audiência, visto que ele é considerado o diretor do processo. A indagação a ser feita é a seguinte: as consequências mencionadas pelo não comparecimento das partes é a mesma *em todas as audiências*, na hipótese de fracionamento?

O TST solucionou esse impasse com a edição de sua Súmula 9, aduzindo que as consequências do *arquivamento da reclamação trabalhista (para o reclamante)* e da *revelia (para o reclamado)* somente são observadas na audiência inaugural ou de conciliação, e não na audiência de instrução ou em prosseguimento:

> Súmula 9 do TST. Ausência do reclamante (mantida) – Res. 121/2003, *DJ* 19, 20 e 21.11.2003
> A ausência do reclamante, quando adiada a instrução após contestada a ação em audiência, não importa arquivamento do processo.

Com efeito, a CLT trouxe as consequências mencionadas tendo em vista a sua regra da audiência única (art. 849 da CLT).

Nesse sentido, poderá ser verificada a consequência da *pena de confissão se a parte (reclamante ou reclamado)* comparecer à audiência inaugural e for expressamente intimada a comparecer à *audiência em prosseguimento* para prestar depoimento, ausentando-se nessa audiência. Esse é o entendimento consolidado na Súmula 74 do TST:

Súmula 74 do TST. Confissão (nova redação do item I e inserido o item III à redação em decorrência do julgamento do processo TST--IUJEEDRR 801385-77.2001.5.02.0017) – Res. 174/2011, *DEJT* divulgado em 27, 30 e 31.05.2011

I – Aplica-se a confissão à parte que, expressamente intimada com aquela cominação, não comparecer à audiência em prosseguimento, na qual deveria depor. (ex-Súmula 74 – RA 69/1978, *DJ* 26.09.1978)

II – A prova pré-constituída nos autos pode ser levada em conta para confronto com a confissão ficta (art. 400, I, CPC), não implicando cerceamento de defesa o indeferimento de provas posteriores. (ex-OJ 184 da SBDI-1 – inserida em 08.11.2000)

III – A vedação à produção de prova posterior pela parte confessa somente a ela se aplica, não afetando o exercício, pelo magistrado, do poder/dever de conduzir o processo.

Trata-se de confissão ficta (*ficta confessio*), havendo a presunção relativa (*juris tantum*) de veracidade dos fatos afirmados pela parte contrária. Nesses casos, as provas pré-constituídas, que já se encontram nos autos, poderão ser confrontadas com a confissão ficta, não sendo cerceamento do direito de defesa o indeferimento da produção de provas posteriores pelo magistrado trabalhista.

Ademais, faremos a seguinte indagação: Vamos imaginar que no *dia da audiência não compareçam o reclamado* nem seu *preposto*, audiência esta em que a defesa deveria ser apresentada, estando presente apenas o *advogado* munido de *procuração*. Haverá *revelia* nesse caso?

A Súmula 122 do TST entende que sim, salvo se houver a apresentação de atestado médico que declare expressamente a impossibilidade de locomoção do empregador ou do seu preposto no dia da audiência:

Súmula 122 do TST. Revelia. Atestado médico (incorporada a Orientação Jurisprudencial 74 da SBDI-1) – Res. 129/2005, *DJ* 20, 22 e 25.04.2005

A reclamada, ausente à audiência em que deveria apresentar defesa, é revel, ainda que presente seu advogado munido de procuração, podendo ser ilidida a revelia mediante a apresentação de atestado médico, que deverá declarar, expressamente, a impossibilidade de locomoção do empregador ou do seu preposto no dia da audiência. (primeira parte – ex-OJ 74 da SBDI-1 – inserida em 25.11.1996; segunda parte – ex--Súmula 122 – alterada pela Res. 121/2003, *DJ* 21.11.2003)

Por fim, e se reclamante e *reclamado não comparecem em audiência simultaneamente*? Se a ausência simultânea ocorrer na *audiência inaugural ou de conciliação*, o juiz deverá arquivar a reclamação trabalhista, declarando *extinto o processo sem resolução do mérito*. Já se a ausência for na *audiência de conciliação ou em prosseguimento*, o juiz julgará de acordo com as *regras de distribuição do ônus da prova* (arts. 818 da CLT e 333 do CPC).

atenção

Vamos expor de forma didática as consequências processuais resultantes das ausências das partes em audiência. Estas são as regras:

1.ª regra – *ausência do reclamante em audiência una*: arquivamento da reclamação trabalhista (extinção do processo sem resolução do mérito);

2.ª regra – *ausência do reclamado em audiência una*: revelia + confissão quanto à matéria de fato;

3.ª regra – *ausência do reclamante em audiência inaugural ou de conciliação*: arquivamento da reclamação trabalhista (extinção do processo sem resolução do mérito);

4.ª regra – *ausência do reclamado em audiência inaugural ou de conciliação*: revelia + confissão quanto à matéria de fato;

5.ª regra – *ausência do reclamante em audiência de instrução ou em prosseguimento*: não ocorrerá o *arquivamento* da reclamação trabalhista. Poderá ocorrer a *confissão ficta*, se o reclamante foi intimado expressamente na audiência inaugural para comparecer na audiência em prosseguimento para prestar depoimento e não comparecer;

6.ª regra – *ausência do reclamado em audiência de instrução ou em prosseguimento*: não ocorrerá a *revelia*. Poderá ocorrer a *confissão ficta*, se o reclamado foi intimado expressamente na audiência inaugural para comparecer na audiência em prosseguimento para prestar depoimento e não comparecer;

7.ª regra – *ausência de ambas as partes (reclamante e reclamado), na audiência inaugural ou de conciliação*: arquivamento da reclamação trabalhista (extinção do processo sem resolução do mérito);

8ª regra – *ausência de ambas as partes (reclamante e reclamado) na audiência de instrução ou em prosseguimento*: *não* ocorrerá o *arquivamento* da reclamação trabalhista. Nesse caso, ocorrerá a *confissão ficta para ambas as partes,* consubstanciando a *prova dividida ou empatada.* Nesse caso, vem prevalecendo o entendimento de que o juiz do trabalho deverá julgar segundo as *regras de distribuição do ônus da prova.*

Provas Trabalhistas

12.1 TEORIA GERAL DAS PROVAS TRABALHISTAS

Provas *são os instrumentos processuais considerados pelo ordenamento jurídico como aptos para a demonstração da veracidade dos fatos alegados em juízo*. Representam o coração do processo, pois definirão o destino da relação jurídica processual.

Todos os *meios legais*, bem como os *moralmente legítimos*, ainda que não especificados no Código de Processo Civil, são hábeis para provar a verdade dos fatos, em que se funda a ação ou a defesa.

Segundo prevê o art. 5.º, LIV e LV, da CF/1988, o direito à prova vincula-se às aos princípios constitucionais do devido processo legal, do contraditório e da ampla defesa.

O *objeto* da prova são os *fatos*. Fatos deverão ser provados, já que o juiz conhece o direito (*jura novit curia*). Nesse sentido, o magistrado tem o dever de conhecer o *direito federal*. Já em relação ao *direito municipal, estadual, distrital, estrangeiro ou consuetudinário*, o juiz poderá determinar que a parte faça prova do teor e da vigência, nos termos do art. 337 do CPC.

No Processo do Trabalho, a doutrina menciona os seguintes *exemplos* nos quais o direito poderá ser objeto de prova: convenções coletivas de trabalho, acordos coletivos de trabalho, tratados e convenções internacionais, regulamentos de empresas, usos e costumes e leis estaduais, municipais ou distritais que versem sobre regras trabalhistas.

Os *fatos* a serem provados deverão ser *relevantes, pertinentes e controvertidos*.

Com efeito, o art. 334 do CPC, aplicado subsidiariamente ao processo do trabalho, estabelece que alguns *fatos não* dependem de prova. São eles:

a) *notórios*;

b) afirmados por uma parte e *confessados* pela parte contrária;

c) admitidos, no processo, como *incontroversos*;

d) em cujo favor milita *presunção* legal de existência ou de veracidade.

Quanto ao ônus da prova no processo do trabalho, o art. 818 da CLT estabelece que a prova das alegações incumbe à parte que as fizer. Dessa forma, não basta a parte alegar para a formação do convencimento do magistrado, mas deverá provar as suas alegações *(princípio da necessidade da prova)*. Essa é uma grande dificuldade no processo do trabalho, tendo a informalidade de muitas relações empregatícias, fraudes de todas as espécies, dificuldade de produção probatória por parte do empregado, violações de direitos veladas etc.

Complementando esse raciocínio, aplica-se subsidiariamente o art. 333 do CPC, que traz duas regras básicas:

a) ao *autor* incumbe a prova do *fato constitutivo* do seu direito;

b) ao *réu* cabe a prova da existência de *fato impeditivo, modificativo* ou *extintivo* do direito do autor.

Não obstante, vale mencionar que em algumas hipóteses a jurisprudência trabalhista admite a *inversão do ônus da prova*, como, por exemplo:

a) Os cartões de ponto que demonstram horários de entrada e saída uniformes *(cartões de ponto britânicos)* são inválidos como meio de prova, invertendo-se o ônus da prova, relativo às horas extras, que passa a ser do empregador, prevalecendo a jornada da inicial se dele não se desincumbir (Súmula 338, III, do TST).

> Súmula 338 do TST. Jornada de trabalho. Registro. Ônus da prova (incorporadas as OJ 234 e 306 da SBDI-1) – Res. 129/2005, *DJ* 20, 22 e 25.04.2005
>
> (...)
>
> III – Os cartões de ponto que demonstram horários de entrada e saída uniformes são inválidos como meio de prova, invertendo-se o ônus da prova, relativo às horas extras, que passa a ser do empregador, prevalecendo a jornada da inicial se dele não se desincumbir. (ex-OJ 306 da SBDI-1- *DJ* 11.08.2003)

b) o ônus de provar o *término do contrato de trabalho*, quando negados a prestação de serviço e o despedimento, é do empregador, pois o princípio da continuidade da relação de emprego constitui presunção favorável ao empregado (Súmula 212 do TST).

Súmula 212 do TST. Despedimento. ônus da prova (mantida) – Res. 121/2003, *DJ* 19, 20 e 21.11.2003

O ônus de provar o término do contrato de trabalho, quando negados a prestação de serviço e o despedimento, é do empregador, pois o princípio da continuidade da relação de emprego constitui presunção favorável ao empregado.

A inversão do ônus da prova encontra respaldo nos fundamentos:

a) o grande objetivo do Direito Processual do Trabalho é o de facilitar o acesso do trabalhador à Justiça do Trabalho, o que resultará na facilitação da colheita de provas;

b) proteção ao trabalhador hipossuficiente;

c) promoção da legislação trabalhista e social;

d) muitas vezes, o empregado tem grande dificuldade de produzir provas, pois a maioria delas encontra-se em poder do empregador.

No que concerne à *finalidade* da prova, há 2 *(duas espécies)*:

1.ª) *finalidade principal da prova*: é a *formação do convencimento do magistrado* para a prolação da sentença de mérito, que atribuirá o direito material ao autor ou ao réu, resolvendo a crise de certeza;

2.ª) *finalidade secundária da prova*: é o *convencimento da parte contrária*.

12.2 PROVAS EM ESPÉCIE

12.2.1 Prova testemunhal

É a *mais importante* do processo do trabalho, tendo em vista o *princípio da primazia da realidade sobre a forma*, em que no confronto entre a verdade real (realidade dos fatos) e a verdade formal, prevalecerá a verdade real. Por isso o contrato de trabalho é conhecido como *contrato-realidade*.

Testemunha é uma pessoa física ou natural, estranha ao feito, isenta em relação às partes, chamada a depor em juízo sobre um fato relevante para o processo do qual tenha conhecimento.

Vamos analisar as suas *principais características* no âmbito do Direito Processual do Trabalho, a começar do *limite legal do número de testemunhas para cada parte*. Temos três regras:

a) Procedimento comum ordinário: são *3 (três)* testemunhas, segundo o art. 821 da CLT.

Art. 821. Cada uma das partes não poderá indicar mais de 3 (três) testemunhas, salvo quando se tratar de inquérito, caso em que esse número poderá ser elevado a 6 (seis).

b) Inquérito judicial para apuração de falta grave: temos 6 *(seis)*, de acordo com o art. 821 da CLT.
c) Procedimento sumaríssimo: 2 *(duas)*, conforme o art. 852-H, § 2.º, da CLT.

Art. 852-H. (...)
§ 2.º As testemunhas, até o máximo de duas para cada parte, comparecerão à audiência de instrução e julgamento independentemente de intimação.
(...)

note BEM

No que concerne ao *procedimento sumário (dissídio de alçada)*, a Lei 5.584/1970, em sem art. 2.º, §§ 3.º e 4.º, é omissa em relação ao número máximo de testemunhas. Assim, *prevalece o entendimento* de que cada parte poderá ouvir *até 3 (três) testemunhas*, com fulcro na aplicação subsidiária da regra do procedimento comum.

Vale ressaltar que essa limitação legal *não* é aplicável ao *juiz do trabalho*, que é o diretor do processo (art. 765 da CLT) e poderá ouvir outras testemunhas referidas ou do juízo.

Outra característica que podemos depreender é a que está contida na Súmula 357 do TST, segundo a qual *não* torna *suspeita* a testemunha o simples fato de estar litigando ou de ter litigado contra o mesmo empregador.

Súmula 357 do TST. Testemunha. Ação contra a mesma reclamada. Suspeição (mantida) – Res. 121/2003, *DJ* 19, 20 e 21.11.2003
Não torna suspeita a testemunha o simples fato de estar litigando ou de ter litigado contra o mesmo empregador.

Todavia, frise-se que, se o juiz do trabalho verificar uma *troca de favores*, haverá a presunção de *suspeição* da testemunha.

Outro traço digno de nota é que tanto no *procedimento comum ordinário* quanto no *procedimento sumaríssimo*, as testemunhas *comparecerão em audi-*

ência independentemente de intimação, o que condiz com a previsão dos arts. 825 e 852-H, § 2.º, da CLT:

> Art. 825 da CLT – As testemunhas comparecerão a audiência independentemente de notificação ou intimação.
> Parágrafo único – As que não comparecerem serão intimadas, *ex officio* ou a requerimento da parte, ficando sujeitas a condução coercitiva, além das penalidades do art. 730, caso, sem motivo justificado, não atendam à intimação.
> Art. 852-H. (...)
> § 2.º As testemunhas, até o máximo de duas para cada parte, comparecerão à audiência de instrução e julgamento independentemente de intimação.
> § 3.º Só será deferida intimação de testemunha que, comprovadamente convidada, deixar de comparecer. Não comparecendo a testemunha intimada, o juiz poderá determinar sua imediata condução coercitiva.
> (...)

Todavia, há uma *diferença* substancial entre os dois procedimentos.

No *procedimento comum ordinário*, as testemunhas que não comparecerem serão *intimadas de ofício ou a requerimento da parte*, ficando sujeitas a condução coercitiva e multa, caso, sem motivo justificado, não atendam à intimação, conforme estabelece o parágrafo único do art. 825 da CLT.

De outra sorte, no *procedimento sumaríssimo*, somente será deferida a intimação da testemunha que, comprovadamente convidada, deixar de comparecer (*prova do convite prévio*). Não comparecendo a testemunha intimada, segundo o art. 852-H, § 3.º, da CLT, o juiz poderá determinar sua imediata condução coercitiva.

Neste diapasão, duas observações precisam ser feitas:

1.ª) *Não há depósito prévio de rol de testemunhas* no Processo do Trabalho, não sendo aplicável o art. 407 do CPC:

> Art. 407. Incumbe às partes, no prazo que o juiz fixará ao designar a data da audiência, depositar em cartório o rol de testemunhas, precisando-lhes o nome, profissão, residência e o local de trabalho; omitindo-se o juiz, o rol será apresentado até 10 (dez) dias antes da audiência.

Parágrafo único. É lícito a cada parte oferecer, no máximo, dez testemunhas; quando qualquer das partes oferecer mais de três testemunhas para a prova de cada fato, o juiz poderá dispensar as restantes.

Conforme já foi dito, as testemunhas comparecerão em audiência independentemente de intimação. Justifica-se essa assertiva até por questão de proteção às testemunhas, evitando represálias por parte do empregador reclamado.

2.ª) A *prova do convite prévio* da testemunha no procedimento sumaríssimo não precisa ser escrita, formal. Dessa forma, poderá ser por carta com aviso de recebimento, telegrama, notificação extrajudicial e até por prova testemunhal.

Traço importante sobre a prova testemunhal está contido no art. 828 da CLT. Segundo esse dispositivo, toda testemunha, antes de prestar o compromisso legal, será *qualificada*, indicando nome, nacionalidade, profissão, idade, residência, e, quando empregada, o tempo de serviço prestado ao empregador, ficando sujeita, em caso de falsidade, às leis penais (*crime de falso testemunho* previsto no art. 342 do CP, quando faz afirmação falsa, cala ou oculta a verdade).

Nos termos do art. 405 do CPC, podem *depor* como testemunhas todas as pessoas, exceto as incapazes, impedidas ou suspeitas:

> Art. 405. Podem depor como testemunhas todas as pessoas, exceto as incapazes, impedidas ou suspeitas.
> § 1.º São incapazes:
> I – o interdito por demência;
> II – o que, acometido por enfermidade, ou debilidade mental, ao tempo em que ocorreram os fatos, não podia discerni-los; ou, ao tempo em que deve depor, não está habilitado a transmitir as percepções;
> III – o menor de 16 (dezesseis) anos;
> IV – o cego e o surdo, quando a ciência do fato depender dos sentidos que lhes faltam.
> § 2.º São impedidos:
> I – o cônjuge, bem como o ascendente e o descendente em qualquer grau, ou colateral, até o terceiro grau, de alguma das partes, por consanguinidade ou afinidade, salvo se o exigir o interesse público, ou, tratando-se de causa relativa ao estado da pessoa, não se puder obter de outro modo a prova, que o juiz repute necessária ao julgamento do mérito;
> II – o que é parte na causa;

III – o que intervém em nome de uma parte, como o tutor na causa do menor, o representante legal da pessoa jurídica, o juiz, o advogado e outros, que assistam ou tenham assistido as partes.

§ 3.º São suspeitos:

I – o condenado por crime de falso testemunho, havendo transitado em julgado a sentença;

II – o que, por seus costumes, não for digno de fé;

III – o inimigo capital da parte, ou o seu amigo íntimo;

IV – o que tiver interesse no litígio.

§ 4.º Sendo estritamente necessário, o juiz ouvirá testemunhas impedidas ou suspeitas; mas os seus depoimentos serão prestados independentemente de compromisso (art. 415) e o juiz lhes atribuirá o valor que possam merecer.

Art. 406. A testemunha não é obrigada a depor de fatos:

I – que lhe acarretem grave dano, bem como ao seu cônjuge e aos seus parentes consanguíneos ou afins, em linha reta, ou na colateral em segundo grau;

II – a cujo respeito, por estado ou profissão, deva guardar sigilo.

Com efeito, a *contradita* é a alegação processual da parte contrária de que a testemunha apresenta incapacidade, impedimento ou suspeição. O *momento processual oportuno* para que a parte interessada ofereça a contradita é após a qualificação da testemunha, antes de prestar o compromisso de dizer a verdade do que souber e lhe for perguntado. É o que preveem os arts. 414 e 415 do CPC:

Art. 414. Antes de depor, a testemunha será qualificada, declarando o nome por inteiro, a profissão, a residência e o estado civil, bem como se tem relações de parentesco com a parte, ou interesse no objeto do processo.

§ 1.º É lícito à parte contraditar a testemunha, arguindo-lhe a incapacidade, o impedimento ou a suspeição. Se a testemunha negar os fatos que lhe são imputados, a parte poderá provar a contradita com documentos ou com testemunhas, até três, apresentadas no ato e inquiridas em separado. Sendo provados ou confessados os fatos, o juiz dispensará a testemunha, ou lhe tomará o depoimento, observando o disposto no art. 405, § 4.º.

§ 2.º A testemunha pode requerer ao juiz que a escuse de depor, alegando os motivos de que trata o art. 406; ouvidas as partes, o juiz decidirá de plano.

Art. 415. Ao início da inquirição, a testemunha prestará o compromisso de dizer a verdade do que souber e lhe for perguntado.

Parágrafo único. O juiz advertirá à testemunha que incorre em sanção penal quem faz a afirmação falsa, cala ou oculta a verdade.

Se a testemunha negar os fatos que lhe são imputados, a parte poderá *provar* a contradita com documentos ou com testemunhas, 3 (três, apresentadas no ato e inquiridas em separado). Sendo provados ou confessados os fatos, o juiz dispensará a testemunha ou tomará seu depoimento independentemente de compromisso, como simples informante, atribuindo o valor que possa merecer. Nesse sentido, estabelece o art. 829 da CLT que a testemunha que for parente até o terceiro grau civil, amigo íntimo ou inimigo de qualquer das partes, não prestará compromisso, e seu depoimento valerá como simples informação.

atenção

Conforme já mencionado, no Processo do Trabalho não há depósito prévio de rol de testemunhas, porque as testemunhas comparecem em audiência independentemente de intimação. Dessa forma, se houver *contradita* e a produção de *provas* for necessária para as respectivas alegações, o juiz do trabalho deverá *adiar a audiência* para que a parte que invocou a contradita possa produzir tal comprovação.

Outro ponto a ser caracterizado diz respeito aos *depoimentos das testemunhas*. Na verdade, serão eles resumidos, por ocasião da audiência, pelo secretário da Vara ou funcionário para esse fim designado, devendo a súmula ser assinada pelo juiz do trabalho e pelos depoentes. É a previsão do art. 828, parágrafo único, da CLT.

Cumpre observar que no *procedimento sumário*, também conhecido como *dissídio de alçada*, abrangendo dissídio que tenha valor da causa não excedente de 2 (dois) salários mínimos, será *dispensável o resumo dos depoimentos*, devendo constar da ata a conclusão da Vara quanto à matéria de fato.

Outra característica a destacarmos é que o depoimento de partes e testemunhas que não souberem falar a língua nacional será feito por meio de *intérprete* nomeado pelo juiz do trabalho, conforme estabelece o art. 819 da CLT. O mesmo procedimento será observado quando se tratar de surdo-mudo, ou de mudo que não saiba escrever. Em ambos os casos, as despesas correrão por conta da parte a que interessar o depoimento.

O art. 820 da CLT traz importante questão sobre a prova testemunhal. Nos termos desse artigo, as partes e testemunhas serão inquiridas pelo juiz do trabalho, podendo ser *reinquiridas*, por seu intermédio, a requerimento das partes, de seus representantes, ou de seus advogados.

Devemos também ressaltar, em conformidade com art. 822 da CLT, que as testemunhas *não* poderão sofrer qualquer *desconto* pelas faltas ao serviço, ocasionadas pelo seu comparecimento para depor, quando devidamente arroladas ou convocadas. No mesmo sentido, estabelece o parágrafo único do art. 419 do CPC que o depoimento prestado em juízo é considerado *serviço público*. Assim, quando sujeita ao regime da legislação trabalhista, a testemunha não sofre, para comparecer à audiência, perda de salário nem desconto no tempo de serviço, configurando, portanto, hipótese de *interrupção do contrato de trabalho*, segundo previsão do art. 473, VIII, da CLT.

Lembramos também que, se a testemunha for *servidora pública ou militar*, e tiver de depor em hora de serviço, será ela requisitada ao chefe da repartição para comparecer à audiência marcada, a exemplo do que está previsto no art. 823 da CLT.

Por fim, de acordo com o art. 824 da CLT, o juiz do trabalho providenciará para que o *depoimento de uma testemunha não seja ouvido* pelas demais que tenham de depor no processo (art. 824 da CLT).

12.2.2 Prova pericial

Em algumas hipóteses, a demonstração dos fatos depende de *conhecimento técnico especializado*. A fundamentação em depoimentos ou em documentos não é suficiente, havendo a necessidade de buscar conhecimentos com profissionais habilitados, os chamados *peritos*.

Mencionemos as *principais características* da prova pericial no âmbito processual trabalhista:

1.ª) Antes da Lei 5.584/1970, o art. 826 da CLT previa que cada uma das partes litigantes tinha a faculdade de apresentar um perito ou técnico. Hoje, o art. 3.º da referida lei estabelece que os exames periciais serão realizados por *perito único* designado pelo *juiz do trabalho*, que fixará o prazo para entrega do laudo. Ademais, *cada parte* tem a *faculdade* de indicação de um *assistente técnico*, cujo laudo terá de ser apresentado no mesmo prazo assinado para o perito, sob pena de desentranhamento dos autos.

> **dica**
>
> Vale destacar que somente os *peritos* estão sujeitos às causas de *impedimento e suspeição* previstas no CPC. Não há que falar em suspeição ou impedimento dos *assistentes técnicos*, até porque a indicação é uma faculdade das partes.

2.ª) *O magistrado trabalhista poderá arguir* os peritos ou os assistentes técnicos, e rubricará, para juntar ao processo, o laudo que os primeiros tiverem apresentado, como estabelece o art. 827 da CLT.

> **importante**
>
> Não há mais a necessidade de os *peritos* prestarem *compromisso*. Eles podem ser *substituídos* nas hipóteses previstas em lei.

3.ª) Na seara dos *honorários*, algumas importantes regras devem ser analisadas. Quanto aos *honorários periciais*, o art. 790-B da CLT estabelece que a responsabilidade pelo respectivo pagamento é da *parte sucumbente da pretensão objeto da perícia*, salvo se beneficiária da justiça gratuita. É comum na praxe forense os peritos exigirem o *depósito prévio* dos honorários para a realização da perícia e os juízes reiterarem essa exigência. Todavia, o *TST* entende que é *ilegal* a exigência de depósito prévio para custeio de honorários periciais, dada a incompatibilidade com o processo do trabalho, sendo cabível o mandado de segurança visando a realização da perícia independentemente do depósito. Esse é o entendimento cristalizado na OJ 98 da SDI-II do TST:

> OJ-SDI2-98 Mandado de segurança. Cabível para atacar exigência de depósito prévio de honorários periciais (nova redação) – *DJ* 22.08.2005
>
> É ilegal a exigência de depósito prévio para custeio dos honorários periciais, dada a incompatibilidade com o processo do trabalho, sendo cabível o mandado de segurança visando à realização da perícia, independentemente do depósito.

Por outro lado, quanto aos *honorários do assistente técnico*, a CLT é omissa. Por meio da Súmula 341, o TST preconiza que a indicação do perito assistente é *faculdade da parte*, a qual deve responder pelos respectivos honorários, *ainda que vencedora no objeto da perícia*:

> Súmula 341 do TST. Honorários do assistente técnico (mantida) – Res. 121/2003, *DJ* 19, 20 e 21.11.2003
> A indicação do perito assistente é faculdade da parte, a qual deve responder pelos respectivos honorários, ainda que vencedora no objeto da perícia.

4.ª) Se o reclamado não comparece em audiência, ocorrerão a revelia e a confissão quanto à matéria de fato, com fulcro no art. 844 da CLT. Veremos isso com mais detalhes em momento oportuno. Todavia, um dos reflexos será analisado agora. Ainda que o *reclamado* não compareça na audiência, e seja considerado *revel* e confesso quanto à matéria de fato, se houver pedido de *adicional de insalubridade ou de periculosidade* em eventual reclamação trabalhista, a *prova pericial é indispensável*, com fulcro no art. 195, § 2.º, da CLT:

> Art. 195 (...)
> § 2.º Arguida em juízo insalubridade ou periculosidade, seja por empregado, seja por Sindicato em favor de grupo de associado, o juiz designará perito habilitado na forma deste artigo, e, onde não houver, requisitará perícia ao órgão competente do Ministério do Trabalho.

Em decorrência, se o juiz do trabalho julgar procedente a reclamação trabalhista, condenando a empresa ao pagamento do adicional de insalubridade ou de periculosidade, caberá recurso ordinário, com fundamento na nulidade da sentença por cerceamento do direito de defesa (ausência de prova pericial que era indispensável). O Tribunal, ao dar provimento ao recurso ordinário, determina o retorno dos autos à Vara do Trabalho, a reabertura da instrução processual e a realização da prova pericial.

Todavia, é importante consignar recente entendimento cristalizado do TST, em sua OJ 406 da SDI-1, na qual o *pagamento de adicional de periculosidade* efetuado por *mera liberalidade da empresa*, ainda que de forma proporcional ao tempo de exposição ao risco ou em percentual inferior ao máximo legalmente previsto, dispensa a realização da prova técnica exigida pelo art. 195 da CLT, pois torna incontroversa a existência do trabalho em condições perigosas.

Por fim, em maio de 2011, a redação da Súmula 364 do TST foi alterada, com o intuito de *não se admitir mais a fixação de adicional de periculosidade proporcional ao tempo de exposição ao risco*, ainda que mediante instrumento de negociação coletiva (convenção coletiva de trabalho e acordo coletivo de trabalho):

> Súmula 364 do TST. Adicional de periculosidade. Exposição eventual, permanente e intermitente (cancelado o item II e dada nova redação ao item I) – Res. 174/2011, DEJT divulgado em 27, 30 e 31.05.2011
>
> Tem direito ao adicional de periculosidade o empregado exposto permanentemente ou que, de forma intermitente, sujeita-se a condições de risco. Indevido, apenas, quando o contato dá-se de forma eventual, assim considerado o fortuito, ou o que, sendo habitual, dá-se por tempo extremamente reduzido. (ex-OJ da SBDI-1 05 – inserida em 14.03.1994 – e 280 – *DJ* 11.08.2003)

11.2.3 Prova documental

Documento é o meio probatório que tem por objetivo a prova material da existência de um fato. Exemplos: escritos, fotografias, desenhos, gráficos etc.

Para fins de provas, precisamos ressaltar as seguintes características:

a) O documento oferecido para prova somente era aceito se estivesse no *original*, em *certidão autêntica*, quando conferida a respectiva *pública-forma* ou em *cópia perante o juiz ou tribunal*, conforme estabelecia o art. 830 da CLT. Dessa forma, segundo o Diploma Consolidado, somente era aceito um documento no campo probatório se fosse *original* ou em *cópia autenticada*.

note BEM

O instrumento normativo (convenção coletiva de trabalho, acordo coletivo de trabalho ou sentença normativa) em cópia não autenticada possui valor probante, desde que não haja impugnação ao seu conteúdo, já que se trata de documento comum às partes. Esse é o teor da OJ 36 da SDI-I do TST.

Segundo estabelece o inc. IV do art. 365 do CPC, com redação dada pela Lei n. 11.382/2006, fazem a mesma prova que os originais as cópias reprográficas de peças do processo judicial *declaradas autênticas pelo próprio advogado* sob sua responsabilidade pessoal, se não lhes for impugnada a autenticidade.

Impende destacar que a Lei 11.925/2009, trouxe uma nova redação para o art. 830 da CLT, abaixo transcrita:

> Art. 830 da CLT. O documento em cópia oferecido para prova poderá ser declarado autêntico pelo próprio advogado, sob sua responsabilidade pessoal.
>
> Parágrafo único. Impugnada a autenticidade da cópia, a parte que a produziu será intimada para apresentar cópias devidamente autenticadas ou o original, cabendo ao serventuário competente proceder à conferência e certificar a conformidade entre esses documentos.

Dessa forma, é perfeitamente aceito no Processo do Trabalho o documento em cópia oferecido para prova declarado autêntico pelo próprio advogado, sob sua responsabilidade pessoal.

b) As *anotações* apostas pelo empregador na *carteira profissional* do empregado não geram *presunção* absoluta (*juris et de jure*), mas apenas *relativa* (*juris tantum*), admitindo-se prova em contrário. Esse é o entendimento consolidado nas Súmulas 12 do TST e 225 do STF, *in verbis*:

> Súmula 12 do TST. Carteira profissional (mantida) – Res. 121/2003, *DJ* 19, 20 e 21.11.2003
>
> As anotações apostas pelo empregador na carteira profissional do empregado não geram presunção "juris et de jure", mas apenas "juris tantum".
>
> Súmula 225 do STF. Não é absoluto o valor probatório das anotações da carteira profissional.

c) O art. 74, § 2.º, da CLT prevê que para os *estabelecimentos de mais de 10 (dez) trabalhadores*, será obrigatória a anotação da hora de entrada e saída, em registro manual, mecânico ou eletrônico (o famigerado *cartão de ponto*), conforme instruções a serem expedidas pelo Ministério do Trabalho e Emprego, devendo haver pré-assinalação do período de repouso. Nesse sentido, em eventual reclamação trabalhista movida pelo empregado pleiteando horas extras, a não apresentação injustificada dos controles de frequência gera presunção relativa de veracidade da jornada de trabalho, a qual pode ser elidida por prova em contrário (Súmula 338, I, do TST):

> Art. 74 da CLT. (...)
>
> § 2.º Para os estabelecimentos de mais de dez trabalhadores será obrigatória a anotação da hora de entrada e de saída, em registro manual, mecânico ou eletrônico, conforme instruções a serem expedidas pelo Ministério do Trabalho, devendo haver pré-assinalação do período de repouso.

Súmula 338 do TST. Jornada de trabalho. Registro. Ônus da prova (incorporadas as OJ 234 e 306 da SBDI-1) – Res. 129/2005, DJ 20, 22 e 25.04.2005

I – É ônus do empregador que conta com mais de 10 (dez) empregados o registro da jornada de trabalho na forma do art. 74, § 2.º, da CLT. A não apresentação injustificada dos controles de frequência gera presunção relativa de veracidade da jornada de trabalho, a qual pode ser elidida por prova em contrário. (ex-Súmula 338 – alterada pela Res. 121/2003, DJ 21.11.2003)

II – A presunção de veracidade da jornada de trabalho, ainda que prevista em instrumento normativo, pode ser elidida por prova em contrário. (ex-OJ 234 da SBDI-1 – inserida em 20.06.2001) Súmula A-100

III – Os cartões de ponto que demonstram horários de entrada e saída uniformes são inválidos como meio de prova, invertendo-se o ônus da prova, relativo às horas extras, que passa a ser do empregador, prevalecendo a jornada da inicial se dele não se desincumbir. (ex-OJ 306 da SBDI-1 – DJ 11.08.2003)

d) *No momento processual oportuno para apresentação da prova* em questão, a doutrina justrabalhista preleciona que a prova documental deve ser apresentada pela reclamante na reclamação trabalhista e pelo reclamado juntamente com a apresentação da defesa, em audiência, interpretando-se sistematicamente os arts. 787 e 845 da CLT, combinados com o art. 396 do CPC:

Art. 787 da CLT – A reclamação escrita deverá ser formulada em 2 (duas) vias e desde logo acompanhada dos documentos em que se fundar.

Art. 845. O reclamante e o reclamado comparecerão à audiência acompanhados das suas testemunhas, apresentando, nessa ocasião, as demais provas.

Art. 396 do CPC – Compete à parte instruir a petição inicial (art. 283), ou a resposta (art. 297), com os documentos destinados a provar-lhe as alegações.

Apesar disso, é oportuno consignar que é lícito às partes, em qualquer tempo, juntar aos autos *documentos novos*, quando destinados a fazer prova de fatos ocorridos depois dos articulados, ou para contrapô-los aos que foram produzidos nos autos, com arrimo no art. 397 do CPC:

Art. 397. É lícito às partes, em qualquer tempo, juntar aos autos documentos novos, quando destinados a fazer prova de fatos ocorridos depois dos articulados, ou para contrapô-los aos que foram produzidos nos autos.

> **atenção**
> Tomando por base o que dissemos, pergunta-se: será que é possível a *juntada de documento na fase recursal*? O *TST*, em sua *Súmula 8*, estabelece que a juntada de documentos na fase recursal só se justifica quando provado o justo impedimento para sua oportuna apresentação ou quando se referir a fato posterior à sentença.

Tentativas Obrigatórias de Conciliação

13

No procedimento comum ordinário, que é o mais complexo do Processo do Trabalho, a CLT prevê *dois momentos processuais* em que a tentativa de conciliação a ser conduzida pelo juiz do trabalho é obrigatória:

1.ª tentativa de conciliação: segundo o art. 846 da CLT, *após a abertura da audiência*, antes da apresentação da defesa:

> Art. 846. Aberta a audiência, o juiz ou presidente proporá a conciliação.
>
> § 1.º Se houver acordo lavrar-se-á termo, assinado pelo presidente e pelos litigantes, consignando-se o prazo e demais condições para seu cumprimento.
>
> § 2.º Entre as condições a que se refere o parágrafo anterior, poderá ser estabelecida a de ficar a parte que não cumprir o acordo obrigada a satisfazer integralmente o pedido ou pagar uma indenização convencionada, sem prejuízo do cumprimento do acordo.

atenção

Se houver *acordo*, será lavrado o *termo de conciliação*, assinado pelo juiz do trabalho e pelas partes litigantes, consignando-se o prazo e as demais condições para o seu cumprimento. Entre essas condições, poderá ser estipulado o pagamento de uma multa convencionada, sem prejuízo do cumprimento do acordo. Frise-se que, se houver acordo, o termo que for lavrado valerá como *decisão irrecorrível* (transitará em julgado imediatamente), salvo para a Previdência Social quanto às contribuições sociais que lhe forem devidas, conforme prevê o art. 831, parágrafo único, da CLT e a Súmula 100, V, do TST. Outrossim, somente por *ação rescisória* é impugnável o referido termo de conciliação, conforme entendimento consolidado na Súmula 259 do TST.

Explicando melhor: é cabível a interposição de recurso contra o termo de conciliação lavrado em audiência trabalhista?

a) para as partes: trata-se de *decisão irrecorrível*, transitando em julgado na data da homologação judicial. Somente é cabível o ajuizamento de *ação rescisória*;

b) para a Previdência Social (INSS/União): é cabível a interposição de *recurso ordinário* para a discussão das *contribuições sociais* que lhe forem devidas.

Por fim, conforme aduz a Súmula 416 do TST, a concessão de liminar ou a *homologação de acordo* constituem *faculdade do juiz*, inexistindo direito líquido e certo tutelável pela via do mandado de segurança.

Art. 831 da CLT. A decisão será proferida depois de rejeitada pelas partes a proposta de conciliação.

Parágrafo único. No caso de conciliação, o termo que for lavrado valerá como decisão irrecorrível, salvo para a Previdência Social quanto às contribuições que lhe forem devidas.

Súmula 100 do TST. Ação rescisória. Decadência (incorporadas as Orientações Jurisprudenciais 13, 16, 79, 102, 104, 122 e 145 da SBDI-2) – Res. 137/2005, *DJ* 22, 23 e 24.08.2005

(...)

V – O acordo homologado judicialmente tem força de decisão irrecorrível, na forma do art. 831 da CLT. Assim sendo, o termo conciliatório transita em julgado na data da sua homologação judicial. (ex-OJ 104 da SBDI-2 – *DJ* 29.04.2003)

Súmula 259 do TST. Termo de conciliação. Ação Rescisória (mantida) – Res. 121/2003, *DJ* 19, 20 e 21.11.2003

Só por ação rescisória é impugnável o termo de conciliação previsto no parágrafo único do art. 831 da CLT.

Súmula 416 do TST. Mandado de segurança. Execução. Lei 8.432/1992. Art. 897, § 1.º, da CLT. Cabimento (conversão da Orientação Jurisprudencial 55 da SBDI-2) – Res. 137/2005, *DJ* 22, 23 e 24.08.2005

Devendo o agravo de petição delimitar justificadamente a matéria e os valores objeto de discordância, não fere direito líquido e certo o prosseguimento da execução quanto aos tópicos e valores não especificados no agravo. (ex-OJ 55 da SBDI-2 – inserida em 20.09.2000)

2.ª tentativa de conciliação: após o encerramento da instrução, *depois* das *razões finais* e antes da sentença (art. 850 da CLT).

> Art. 850. Terminada a instrução, poderão as partes aduzir razões finais, em prazo não excedente de 10 (dez) minutos para cada uma. Em seguida, o juiz ou presidente renovará a proposta de conciliação, e não se realizando esta, será proferida a decisão.

note BEM

a) Terminada a instrução, poderão as partes aduzir *razões finais*, em prazo não excedente de 10 (dez) minutos para cada uma. Em seguida, o magistrado trabalhista *renovará a proposta de conciliação* e, restando infrutífera a proposta, será proferida a *decisão*. A decisão será proferida depois de rejeitada pelas partes a proposta de conciliação (art. 831, *caput*, da CLT).

b) Segundo a CLT, as *razões finais* são orais *(princípio da oralidade)*, em prazo *não excedente de 10 (dez) minutos para cada parte*. Elas são facultativas e têm a finalidade de alegação de eventual nulidade ocorrida no curso da instrução processual, e para reforço de alguma tese da inicial ou da defesa, até porque, depois das razões em comento, somente haverá a segunda tentativa de conciliação antes da sentença. Seria como uma "tacada final" no primeiro grau de jurisdição. Na hipótese de *litisconsórcio ativo,* todos terão 10 minutos. De outra sorte, em havendo *litisconsórcio passivo,* cada um terá 10 minutos.

Sentença Trabalhista

14

Inicialmente, cabe destacar que os trâmites de instrução e julgamento serão resumidos em *ata*, de que constará, na íntegra, a decisão. É o que prevê o art. 851 da CLT.

A *ata* será juntada ao processo pelo juiz do trabalho, devidamente assinada, no prazo improrrogável de 48 (quarenta e oito) horas, contado da audiência de julgamento.

note BEM

Consoante dispõe a Súmula 30 do TST, quando não juntada a ata ao processo em 48 (quarenta e oito) horas, contadas da audiência de julgamento, o *prazo para recurso* será contado da data em que a parte receber a intimação da sentença.

Nessa linha de raciocínio, segundo o art. 852 da CLT, da *decisão* serão as partes litigantes notificadas pessoalmente, ou por seu representante, na própria audiência.

atenção

Portanto, a *regra da CLT* é a *notificação da sentença na própria audiência,* em conformidade com os princípios da celeridade e da economia processuais, bem como do *jus postulandi*, inerentes ao processo do trabalho.

Segundo entendimento cristalizado na Súmula 197 do TST, o *prazo* para *recurso* da parte que, intimada, *não comparecer* à audiência em prosseguimento para a prolação da sentença conta-se de sua *publicação*, que ocorre na própria audiência de julgamento.

Reiterando o que já foi afirmado, nos termos do art. 832 da CLT, a decisão será proferida depois de rejeitada pelas partes a proposta de conciliação. Da *decisão* deverão constar:

a) o *nome* das partes;
b) o *resumo do pedido e da defesa*;
c) a *apreciação das provas*;
d) os *fundamentos da decisão*; e
e) a respectiva *conclusão*.

> **importante**
>
> O art. 458 do CPC estabelece os *requisitos essenciais* ou *partes* da sentença:
>
> a) o relatório;
>
> b) a fundamentação (ou motivação); e
>
> c) o dispositivo (ou conclusão).

Quando a decisão concluir pela procedência do pedido, esta determinará o *prazo* e as *condições* para o seu cumprimento. A sentença sempre mencionará as *custas* que devam ser pagas pela parte vencida. Com efeito, as decisões cognitivas ou homologatórias deverão sempre indicar a *natureza jurídica das parcelas* constantes da condenação ou do acordo homologado, inclusive o limite de responsabilidade de cada parte pelo recolhimento da *contribuição previdenciária*, se for o caso.

> **dica**
>
> A Lei 11.457/2007 alterou a redação do § 4.º do art. 832 da CLT e incluiu os §§ 5.º, 6.º e 7.º no mencionado dispositivo consolidado. Assim, a União será *intimada* das decisões homologatórias de acordos que contenham parcela indenizatória, facultada a interposição de *recurso* relativo aos tributos que lhe forem devidos. Da mesma forma, intimada da sentença, a União poderá interpor recurso relativo à aludida discriminação das parcelas constantes na decisão, no que concerne à respectiva natureza jurídica (salarial ou indenizatória). Nesse raciocínio, o acordo celebrado após o trânsito em julgado da sentença ou após a elaboração dos cálculos de liquidação de sentença não prejudicará os créditos da União.

Procedimento Sumário (Dissídio de Alçada)

15

O *procedimento sumário*, também conhecido como *dissídio de alçada*, está previsto no art. 2.º, §§ 3.º e 4.º, da Lei 5.584/1970.

> Art. 2.º. (...)
> § 3.º Quando o valor fixado para a causa, na forma deste artigo, não exceder de 2 (duas) vezes o salário mínimo vigente na sede do Juízo, será dispensável o resumo dos depoimentos, devendo constar da Ata a conclusão da Junta quanto à matéria de fato.
> § 4.º Salvo se versarem sobre matéria constitucional, nenhum recurso caberá das sentenças proferidas nos dissídios da alçada a que se refere o parágrafo anterior, considerado, para esse fim, o valor do salário mínimo à data do ajuizamento da ação.

Suas *principais características* são:

a) abrange os dissídios trabalhistas cujo *valor da causa não exceda 2 salários mínimos*, considerado na data do ajuizamento da reclamação trabalhista;

b) será *dispensável o resumo dos depoimentos*, devendo constar da *ata* a conclusão da Vara quanto à matéria de fato;

c) em regra, neste procedimento *não* cabe *recurso* contra as decisões terminativas ou definitivas, *salvo* quando versarem sobre *matéria constitucional*. Trata-se de *instância única nos dissídios de alçada*.

atenção

Prevalece o entendimento de que, na hipótese de decisão proferida no procedimento sumário envolver matéria constitucional, será cabível o *recurso extraordinário* e não o recurso ordinário, segundo prevê o *art. 102, inc. III, da CF/1988*, segundo o qual compete ao STF julgar, mediante recurso extraordinário, as causas decididas em única ou última instância, quando a decisão recorrida contrariar dispositivo constitucional. Embora cause estranheza, é juridicamente possível um recurso extraordinário cujo juízo *a quo* seja o *Juiz do Trabalho* (1.º grau de jurisdição trabalhista) e o juízo *ad quem* seja o *STF* (órgão de cúpula do Poder Judiciário brasileiro e guardião da Constituição Federal).

Há grande *divergência doutrinária e jurisprudencial* sobre a vigência ou não do procedimento sumário no Processo do Trabalho com o advento do *procedimento sumaríssimo* (que será analisado a seguir), fruto da *Lei 9.957/2000*. A *corrente majoritária* defende a tese de que o rito em questão *continua produzindo efeitos jurídicos*, não havendo incompatibilidade com o novo procedimento sumaríssimo. Também, a *Lei 9.957/2000* não revogou expressamente o procedimento sumário, nem tratou inteiramente da matéria de que tratava a lei anterior.

Procedimento Sumaríssimo 16

O *procedimento sumaríssimo* decorre do advento da Lei 9.957/2000, que incluiu os arts. 852-A a 852-I na CLT, *in verbis:*

Art. 852-A. Os dissídios individuais cujo valor não exceda a quarenta vezes o salário mínimo vigente na data do ajuizamento da reclamação ficam submetidos ao procedimento sumaríssimo.

Parágrafo único. Estão excluídas do procedimento sumaríssimo as demandas em que é parte a Administração Pública direta, autárquica e fundacional.

Art. 852-B. Nas reclamações enquadradas no procedimento sumaríssimo:

I – o pedido deverá ser certo ou determinado e indicará o valor correspondente;

II – não se fará citação por edital, incumbindo ao autor a correta indicação do nome e endereço do reclamado;

III – a apreciação da reclamação deverá ocorrer no prazo máximo de quinze dias do seu ajuizamento, podendo constar de pauta especial, se necessário, de acordo com o movimento judiciário da Junta de Conciliação e Julgamento.

§ 1.º O não atendimento, pelo reclamante, do disposto nos incs. I e II deste artigo importará no arquivamento da reclamação e condenação ao pagamento de custas sobre o valor da causa.

§ 2.º As partes e advogados comunicarão ao juízo as mudanças de endereço ocorridas no curso do processo, reputando-se eficazes as intimações enviadas ao local anteriormente indicado, na ausência de comunicação.

Art. 852-C. As demandas sujeitas a rito sumaríssimo serão instruídas e julgadas em audiência única, sob a direção de juiz presidente ou substituto, que poderá ser convocado para atuar simultaneamente com o titular.

Art. 852-D. O juiz dirigirá o processo com liberdade para determinar as provas a serem produzidas, considerado o ônus probatório de cada litigante, podendo limitar ou excluir as que considerar excessivas, impertinentes ou protelatórias, bem como para apreciá-las e dar especial valor às regras de experiência comum ou técnica.

Art. 852-E. Aberta a sessão, o juiz esclarecerá as partes presentes sobre as vantagens da conciliação e usará os meios adequados de persuasão para a solução conciliatória do litígio, em qualquer fase da audiência.

Art. 852-F. Na ata de audiência serão registrados resumidamente os atos essenciais, as afirmações fundamentais das partes e as informações úteis à solução da causa trazidas pela prova testemunhal.

Art. 852-G. Serão decididos, de plano, todos os incidentes e exceções que possam interferir no prosseguimento da audiência e do processo. As demais questões serão decididas na sentença.

Art. 852-H. Todas as provas serão produzidas na audiência de instrução e julgamento, ainda que não requeridas previamente.

§ 1.º Sobre os documentos apresentados por uma das partes manifestar-se-á imediatamente a parte contrária, sem interrupção da audiência, salvo absoluta impossibilidade, a critério do juiz.

§ 2.º As testemunhas, até o máximo de duas para cada parte, comparecerão à audiência de instrução e julgamento independentemente de intimação.

§ 3.º Só será deferida intimação de testemunha que, comprovadamente convidada, deixar de comparecer. Não comparecendo a testemunha intimada, o juiz poderá determinar sua imediata condução coercitiva.

§ 4.º Somente quando a prova do fato o exigir, ou for legalmente imposta, será deferida prova técnica, incumbindo ao juiz, desde logo, fixar o prazo, o objeto da perícia e nomear perito.

§ 5.º Vetado.

§ 6.º As partes serão intimadas a manifestar-se sobre o laudo, no prazo comum de cinco dias.

§ 7.º Interrompida a audiência, o seu prosseguimento e a solução do processo dar-se-ão no prazo máximo de trinta dias, salvo motivo relevante justificado nos autos pelo juiz da causa.

Art. 852-I. A sentença mencionará os elementos de convicção do juízo, com resumo dos fatos relevantes ocorridos em audiência, dispensado o relatório.

§ 1.º O juízo adotará em cada caso a decisão que reputar mais justa e equânime, atendendo aos fins sociais da lei e as exigências do bem comum.

§ 2.º Vetado.

§ 3.º As partes serão intimadas da sentença na própria audiência em que prolatada.

Como o próprio nome denota, esse rito tem por objetivo tornar *mais célere* o Processo do Trabalho, contribuindo para uma entrega da prestação jurisdicional trabalhista mais ágil, até porque a grande maioria das demandas trabalhistas envolve direitos trabalhistas que possuem caráter alimentar. Vale ressaltar para o estudioso do Direito, na árdua luta diária na preparação para os diversos exames, que o procedimento sumaríssimo é *muito cobrado* em provas do *Exame de Ordem*, de modo que serão abordados os pontos mais cobrados pelas bancas examinadoras:

1.º) Somente é cabível nos *dissídios individuais*, e não nos dissídios coletivos. Nada impede que nos *dissídios individuais plúrimos* seja observado o procedimento sumaríssimo, desde que o valor da causa não exceda o valor indicado a seguir.

2.º) O *valor da causa* não poderá exceder o correspondente a *40 salários mínimos*, uma vez que o valor do salário mínimo considerado é o vigente na data do ajuizamento da reclamação trabalhista.

note BEM

Diante da *posição majoritária* da doutrina e da jurisprudência no sentido de que o *procedimento sumário* continua em vigor, o *rito sumaríssimo* abrangerá os dissídios individuais cujo valor da causa *supere 2 salários mínimos*, mas *não ultrapasse 40 salários mínimos*.

3.º) Estão *excluídas* do procedimento sumaríssimo as demandas em que é parte a *Administração Pública direta, autárquica e fundacional*. Interpretação *a contrario sensu*, as *empresas públicas* e as *sociedades de economia mista*, pessoas jurídicas de direito privado e integrantes da Administração Pública Indireta ou Descentralizada, *não* estão excluídas desse procedimento.

4.º) Uma das características mais cobradas em provas é a seguinte – além dos clássicos requisitos da petição inicial estampados no art. 840, § 1.º, da

CLT, combinado com o art. 282 do CPC, aplicado subsidiariamente ao Processo do Trabalho por força do art. 769 da CLT, a reclamação trabalhista a ser processada no rito sumaríssimo deverá *preencher dois requisitos específicos*:

a) o *pedido* deverá ser *certo* ou *determinado* e indicará o *valor correspondente*, ou seja, os *pedidos* deverão ser *líquidos*; e

b) o *autor* tem a incumbência de *indicar corretamente o nome* e o *endereço do reclamado*, não sendo possível a *citação por edital*.

Cumpre destacar que a *não observância* de qualquer dos requisitos mencionados trará *duas* importantes *consequências processuais*:

a) *arquivamento da reclamação trabalhista* (extinção do processo sem resolução do mérito);

b) *condenação* do reclamante ao pagamento das *custas* sobre o *valor da causa*.

> **importante**
>
> Tomando por base essas sérias consequências processuais para o reclamante, *parcela da doutrina* justrabalhista sustenta a i*nconstitucionalidade* da exigência da *indicação correta do endereço* do reclamado. É muito comum na prática, a situação de empregadores que fecham os seus estabelecimentos e não é sabido o endereço em que se encontram, tornando muito difícil para o reclamante a localização exata do atual endereço, inviabilizando o *exercício do direito de ação, constitucionalmente* assegurado no *art. 5.º, inc. XXXV (princípio da inafastabilidade da jurisdição)*.

5.º) A *apreciação* da exordial trabalhista deverá ocorrer no prazo máximo de *15 dias*, podendo contar-se de pauta especial, de acordo com o movimento judiciário da Vara do Trabalho.

6.º) As partes e os advogados comunicarão ao juízo as *mudanças de endereço* ocorridas no curso do processo, consideradas eficazes as intimações enviadas ao local anteriormente indicado, na ausência de comunicação.

7.º) As demandas serão instruídas e julgadas em audiência única, sob a direção do juiz titular ou substituto da Vara do Trabalho, que poderá ser convocado para atuar simultaneamente com aquele.

> **atenção**
>
> Assim, o *sistema da audiência trabalhista* no procedimento sumaríssimo, segundo o que prevê o *Diploma Consolidado*, é o da *unicidade da audiência*, não sendo permitido o fracionamento, pela celeridade e economia que estão em jogo.

8.º) Aberta a audiência, o magistrado trabalhista esclarecerá às partes presentes as vantagens da *conciliação* e usará os meios adequados de persuasão para a solução conciliatória do litígio, em *qualquer fase da audiência*.

> **dica**
>
> Mais uma vez, o Processo do Trabalho preconiza a *autocomposição* como principal forma de solução dos conflitos trabalhistas.
>
> A ideia do legislador não foi a de estabelecer momentos adequados de tentativas obrigatórias de conciliação, como ocorre no procedimento comum ordinário, mas que ela fosse tentada pelo juiz do trabalho *em qualquer fase da audiência*.

9.º) Na *ata de audiência* serão registrados resumidamente os atos essenciais, as afirmações fundamentais das partes e as informações úteis à solução da causa trazidas pela prova testemunhal.

10.º) Serão decididos, de plano, todos os *incidentes* e *exceções* que possam interferir no prosseguimento da audiência e do processo. As *demais questões* serão decididas na sentença.

11.º) No que concerne às *provas*, são as *principais características* do rito sumaríssimo:

a) o *juiz do trabalho* dirigirá o processo com *liberdade* para determinar as provas a serem produzidas, considerado o ônus probatório de cada litigante, podendo limitar ou excluir as que considerar excessivas, impertinentes ou protelatórias, bem como para apreciá-las e dar especial valor às regras de experiência comum ou técnica;

b) todas as provas serão *produzidas na audiência* de instrução e julgamento, ainda que não requeridas previamente;

c) na seara da *prova documental*, sobre os documentos apresentados por uma das partes, manifestar-se-á imediatamente a parte contrária, sem interrupção da audiência, salvo absoluta impossibilidade, a critério do juiz, como, por exemplo, apresentação por uma das partes de um número excessivo de laudas, o que torna inviável a análise de todas elas na audiência;

d) no que atine à *prova testemunhal*, cada parte tem o número máximo de *2 testemunhas*, que comparecerão à audiência de instrução e julgamento independentemente de intimação. Vale destacar que somente será deferida intimação da testemunha que, *comprovadamente convidada*, deixar de comparecer. Dessa forma, não comparecendo a testemunha intimada, o juiz poderá determinar sua imediata condução coercitiva.

> **note BEM**
>
> Conforme já mencionamos, a doutrina e a jurisprudência majoritária não exigem a forma escrita do *convite prévio* da testemunha para comparecimento em audiência, sendo admitida até mesmo a prova testemunhal.

e) no âmbito da *prova pericial*, somente quando a *prova do fato o exigir*, ou for *legalmente imposta*, será deferida prova técnica, incumbindo ao juiz, desde logo, fixar o prazo, o objeto da perícia e nomear perito. As partes serão intimadas a manifestar-se sobre o laudo, no prazo comum de *5 dias*.

12.º) *Interrompida a audiência*, o seu prosseguimento e a solução dar-se-ão no prazo máximo de *30 dias*, salvo motivo relevante justificado nos autos pelo juiz da causa.

13.º) Quanto à *sentença*, ela mencionará os elementos de convicção do juízo com resumo dos fatos relevantes ocorridos em audiência, sendo *dispensado o relatório*.

> **importante**
>
> Portanto, a *sentença trabalhista* a ser proferida no procedimento sumaríssimo contará apenas com os requisitos da *fundamentação* e da *conclusão, sem relatório*.
>
> Além disso, o juiz adotará, em cada caso, a *decisão* que reputar *mais justa e equânime*, atendendo aos fins sociais da lei e às exigências do bem comum. Também, as partes serão *intimadas* da sentença na *própria audiência* em que prolatada.

14.º) Conforme o art. 895, § 1.º, da CLT, nas reclamações sujeitas ao procedimento sumaríssimo, o *recurso ordinário*:

a) será *imediatamente distribuído*, uma vez recebido no Tribunal, devendo o *relator* liberá-lo no *prazo máximo de 10 dias*, e a *Secretaria do Tribunal ou Turma* colocá-lo *imediatamente em pauta para julgamento, sem revisor*;

b) terá *parecer oral* do representante do *Ministério Público* presente à sessão de julgamento, se este entender necessário o parecer, com registro na certidão;

c) terá *acórdão* consistente unicamente na certidão de julgamento, com a indicação suficiente do processo e parte dispositiva, e das razões de decidir do voto prevalente. Se a sentença for confirmada pelos próprios fundamentos, a *certidão de julgamento*, registrando tal circunstância, servirá de acórdão;

d) os *Tribunais Regionais*, divididos em Turmas, poderão designar *Turma* para o *julgamento* dos recursos ordinários interpostos das sentenças prolatadas nas demandas sujeitas ao procedimento sumaríssimo.

15.º) Nas causas sujeitas ao procedimento sumaríssimo, somente será admitido *recurso de revista* por contrariedade a *súmula de jurisprudência uniforme do Tribunal Superior do Trabalho e violação direta da Constituição da República* (art. 896, § 6.º, da CLT). Vale ressaltar que, nas causas sujeitas ao procedimento sumaríssimo, *não* se admite recurso de revista por contrariedade à *OJ do Tribunal Superior do Trabalho*, por ausência de previsão no art. 896, § 6.º, da CLT. Esse é o entendimento consubstanciado na Súmula 442 do TST:

> Súmula 442 do TST. Procedimento sumaríssimo. Recurso de revista fundamentado em contrariedade a orientação jurisprudencial. Inadmissibilidade. Art. 896, § 6.º, da CLT, acrescentado pela Lei 9.957, de 12.01.2000 (conversão da OJ 352 da SBDI-1) - Res. 185/2012, *DEJT* 25, 26 e 27.09.2012.
>
> Nas causas sujeitas ao procedimento sumaríssimo, a admissibilidade de recurso de revista está limitada à demonstração de violação direta a dispositivo da Constituição Federal ou contrariedade a Súmula do Tribunal Superior do Trabalho, não se admitindo o recurso por contrariedade a Orientação Jurisprudencial deste Tribunal (Livro II, Título II, Capítulo III, do RITST), ante a ausência de previsão no art. 896, § 6.º, da CLT.

Recursos Trabalhistas

17.1 TEORIA GERAL DOS RECURSOS TRABALHISTAS

Em primeiro lugar, vale ressaltar que tanto a *CLT* quanto o *CPC* são *omissos* na definição de um *conceito* de recurso.

A doutrina processualista define *recurso* como sendo o *meio processual idôneo colocado à disposição da parte vencida, do terceiro prejudicado e do Ministério Público, para que a decisão judicial impugnada seja, dentro da mesma relação jurídico-processual, reformada, esclarecida, invalidada ou integrada*.

Sobre a *natureza jurídica* do recurso, prevalece o entendimento de que é um *prolongamento do exercício do direito de ação*, um meio de impugnação da decisão dentro da mesma relação jurídico-processual em que foi proferida a decisão. Portanto, *não é uma ação autônoma*, mas um *direito subjetivo processual*.

Assim, não podemos confundir *recurso*, que é um prolongamento do exercício do direito de ação na mesma relação jurídico-processual, com *ação impugnativa autônoma*, que cria nova relação jurídico-processual.

Os *fundamentos* da existência dos recursos são os seguintes:

a) *inconformismo da parte vencida*, ou seja, é da natureza do ser humano não se conformar com um resultado negativo e querer uma nova oportunidade de apreciação da matéria;

b) *falibilidade humana*, isto é, o juiz é um ser humano que também erra, podendo proferir decisões injustas ou não amparadas pelo ordenamento jurídico vigente;

c) *aprimoramento das decisões judiciais*;

d) *forma de controle dos atos jurisdicionais pelas instâncias superiores*, de modo que o juiz, ao prolatar a sua decisão, tenha o discernimento de que ela poderá ser apreciada por órgão colegiado superior, composto por magistrados mais experientes, evitando-se arbitrariedades.

17.1.1 Princípios que regem os recursos trabalhistas

17.1.1.1 Princípio do duplo grau de jurisdição

O princípio em comento preconiza a ideia do *controle das decisões judiciais* proferidas pelas instâncias inferiores realizado pelos órgãos superiores. Isso evita eventual *abuso de poder* por parte do juiz. Ademais, tal princípio estabelece *a possibilidade ao jurisdicionado de submeter a decisão judicial impugnada a um novo julgamento, aprimorando, indubitavelmente, as decisões do Poder Judiciário.*

Com efeito, questão muito interessante para as provas de Exame de Ordem é a seguinte: *o princípio do duplo grau de jurisdição é uma garantia constitucional? Trata-se de uma cláusula pétrea presente no Texto Constitucional no rol de direitos e garantias fundamentais?* No bom português, esse princípio está previsto expressamente na Constituição Cidadã de 1988?

Em primeiro lugar, é oportuno consignar que a *Constituição Federal de 1988 não prevê expressamente* o princípio do duplo grau de jurisdição. Encontramos no *art. 5.º da CF/1988* os princípios da inafastabilidade da jurisdição, do devido processo legal, do contraditório, da ampla defesa, mas não do duplo grau de jurisdição, decorrendo de *interpretação sistemática do ordenamento jurídico brasileiro*. Temos a previsão de recursos, de tribunais superiores, e, portanto, a possibilidade jurídica da existência do princípio.

Assim, o direito de recorrer somente poderá ser exercido quando houver *previsão legal* e quando estiverem presentes os *pressupostos*.

Cabe à *lei* a criação e o regramento dos recursos. Por conseguinte, *não é inconstitucional* uma *lei* que traga *procedimento* que *não* preveja a existência de *recurso*, como é o caso do *procedimento sumário (dissídio de alçada)* previsto no art. 2.º, §§ 3.º e 4.º, da Lei 5.584/1970, no qual das decisões proferidas não caberá recurso, em regra.

17.1.1.2 Princípio da taxatividade

O *princípio da taxatividade* aduz que *somente é possível o cabimento de um recurso que esteja previsto em* lei, *ou seja, na* CLT *ou na legislação extravagante*. Nesse sentido, compete privativamente à *União legislar* sobre direito processual conforme estabelece o art. 22, inc. I, da CF/1988.

Dessa forma, o *rol* dos recursos trabalhista é taxativo (*numerus clausus*), e não meramente exemplificativo (*numerus apertus*), isto é, recursos que não estejam previstos na legislação processual trabalhista não são admitidos, não sendo possível interpretação analógica ou extensiva, mas apensa restritiva.

O *sistema processual trabalhista brasileiro* apresenta os seguintes *recursos*:

a) embargos de declaração (art. 897-A da CLT);
b) recurso ordinário (art. 895 da CLT);
c) agravo de instrumento (art. 897, *b*, da CLT);
d) agravo de petição (art. 897, *a*, da CLT);
e) recurso de revista (art. 896 da CLT);
f) embargos para o TST (art. 894 da CLT);
g) agravo regimental (art. 709, § 1.º, da CLT);
h) recurso (pedido) de revisão (art. 2.º, §§ 1.º e 2.º, da Lei. 5.584/1970);
i) recurso extraordinário (art. 102, III, da CF/1988).

O processamento do *duplo grau de jurisdição obrigatório*, também conhecido como reexame necessário, remessa *ex officio*, ou como *recurso de ofício* (denominação muito criticada pela doutrina), previsto no art. 475 do CPC, no Dec.-lei 779/1969 (art. 1.º, V), embora não tenha natureza jurídica de recurso e sim de *condição de eficácia da sentença*, é aplicável ao Processo do Trabalho (Súmula 303 do TST).

> Súmula 303 do TST. Fazenda pública. Duplo grau de jurisdição (incorporadas as OJ 9, 71, 72 e 73 da SBDI-1) – Res. 129/2005, *DJ* 20, 22 e 25.04.2005
>
> I – Em dissídio individual, está sujeita ao duplo grau de jurisdição, mesmo na vigência da CF/1988, decisão contrária à Fazenda Pública, salvo:

a) quando a condenação não ultrapassar o valor correspondente a 60 (sessenta) salários mínimos;
b) quando a decisão estiver em consonância com decisão plenária do Supremo Tribunal Federal ou com súmula ou orientação jurisprudencial do Tribunal Superior do Trabalho. (ex-Súmula 303 – alterada pela Res. 121/2003, *DJ* 21.11.2003)

> II – Em ação rescisória, a decisão proferida pelo juízo de primeiro grau está sujeita ao duplo grau de jurisdição obrigatório quando desfavorável ao ente público, exceto nas hipóteses das alíneas "a" e "b" do inciso anterior. (ex-OJ 71 da SBDI-1 – inserida em 03.06.1996)

III – Em mandado de segurança, somente cabe remessa "ex officio" se, na relação processual, figurar pessoa jurídica de direito público como parte prejudicada pela concessão da ordem. Tal situação não ocorre na hipótese de figurar no feito como impetrante e terceiro interessado pessoa de direito privado, ressalvada a hipótese de matéria administrativa. (ex-OJs 72 e 73 da SBDI-1 – inseridas, respectivamente, em 25.11.1996 e 03.06.1996)

17.1.1.3 Princípio da unirrecorribilidade, singularidade ou unicidade recursal

Com base nesse princípio, *somente é cabível um único recurso específico para cada decisão*.

Alguns doutrinadores justrabalhistas sustentam que o princípio da unirrecorribilidade *não é absoluto*, comportando *exceção*, como na hipótese de a mesma decisão ensejar a oposição de embargos de declaração e a interposição de recurso, seja este ordinário, de revista, embargos de divergência ou extraordinário.

17.1.1.4 Princípio da fungibilidade ou conversibilidade

O *princípio da fungibilidade*, também conhecido como *princípio da conversibilidade*, traz a possibilidade de um *recurso* que foi *interposto de forma incorreta* ser recebido pelo juiz como se fosse o *recurso corretamente cabível*. Em outras palavras, o recorrente tem a possibilidade de interpor um recurso em vez de outro quando presentes alguns requisitos.

A explicação desse princípio é a ideia de *caráter instrumental do processo*, no qual o processo não é um fim em si mesmo, mas um instrumento para aplicação do direito material ao caso concreto.

Com efeito, a doutrina menciona *três requisitos ou pressupostos* para a aplicação do princípio em destaque:

a) inexistência de erro grosseiro ou de má-fé – o *erro grosseiro* existe quando a lei disciplina expressamente o recurso correto e a parte interpõe outro recurso. Já a *má-fé* é consubstanciada quando a parte interpõe sabidamente um recurso incabível com o intuito de procrastinar o trâmite processual ou atentar contra a boa ordem processual;

b) existência de dúvida plausível em relação a qual recurso é cabível no caso concreto – a *dúvida* deve ser *objetiva*, ou seja, deve haver fundada controvérsia doutrinária e jurisprudencial sobre qual o recurso cabível para a decisão. Portanto, o que é importante é a dúvida da doutrina e da jurisprudência, e não a dúvida subjetiva do advogado sobre o recurso cabível;

c) o recurso que foi interposto de forma errada deve observar o prazo do recurso corretamente cabível. Assim, na hipótese de existência de prazos diversos para cada recurso, a parte deve interpor o recurso no menor prazo entre os dois prazos possíveis.

Exemplos de aplicação desse princípio são a Súmula 421 do TST e as OJs 69, 152 e 412 da SDI-II, do TST, assim consolidadas:

> Súmula 421 do TST. Embargos declaratórios contra decisão monocrática do relator calcada no art. 557 do CPC. Cabimento (conversão da OJ 74 da SBDI-2) – Res. 137/2005, *DJ* 22, 23 e 24.08.2005
>
> I – Tendo a decisão monocrática de provimento ou denegação de recurso, prevista no art. 557 do CPC, conteúdo decisório definitivo e conclusivo da lide, comporta ser esclarecida pela via dos embargos de declaração, em decisão aclaratória, também monocrática, quando se pretende tão somente suprir omissão e não, modificação do julgado.
>
> II – Postulando o embargante efeito modificativo, os embargos declaratórios deverão ser submetidos ao pronunciamento do Colegiado, convertidos em agravo, em face dos princípios da fungibilidade e celeridade processual. (ex-OJ 74 da SBDI-2 – inserida em 08.11.2000)
>
> OJ-SDI2-69 Fungibilidade recursal. Indeferimento liminar de ação rescisória ou mandado de segurança. Recurso para o TST. Recebimento como agravo regimental e devolução dos autos ao TRT (inserida em 20.09.2000)
>
> Recurso ordinário interposto contra despacho monocrático indeferitório da petição inicial de ação rescisória ou de mandado de segurança pode, pelo princípio de fungibilidade recursal, ser recebido como agravo regimental. Hipótese de não conhecimento do recurso pelo TST e devolução dos autos ao TRT, para que aprecie o apelo como agravo regimental.
>
> OJ-SDI2-152 Ação rescisória e mandado de segurança. Recurso de revista de acórdão regional que julga ação rescisória ou mandado de segurança. Princípio da fungibilidade. Inaplicabilidade. Erro grosseiro na interposição do recurso (DEJT divulgado em 03, 04 e 05.12.2008)
>
> A interposição de recurso de revista de decisão definitiva de Tribunal Regional do Trabalho em ação rescisória ou em mandado de segurança, com fundamento em violação legal e divergência jurisprudencial e remissão expressa ao art. 896 da CLT, configura erro grosseiro, insuscetível de autorizar o seu recebimento como recurso ordinário, em face do disposto no art. 895, "b", da CLT.

OJ-SDI1-412 TST. Agravo inominado ou agravo regimental. Interposição em face de decisão colegiada. Não cabimento. Erro grosseiro. Inaplicabilidade do princípio da fungibilidade recursal. (*DEJT* 14, 15 e 16.02.2012).

É incabível agravo inominado (art. 557, § 1.º, do CPC) ou agravo regimental (art. 235 do RITST) contra decisão proferida por Órgão colegiado. Tais recursos destinam-se, exclusivamente, a impugnar decisão monocrática nas hipóteses expressamente previstas. Inaplicável, no caso, o princípio da fungibilidade ante a configuração de erro grosseiro.

17.1.1.5 Princípio da vedação da reformatio in pejus

O princípio da proibição da *reformatio in pejus* (princípio da *non reformatio in pejus*) traz a ideia de que *o tribunal competente para o julgamento do recurso não pode piorar, agravar a situação do recorrente*. Dizendo de outro modo, *o tribunal, ao julgar um recurso, não pode proferir decisão mais desfavorável ao recorrente do que aquela recorrida*.

Se a parte já está inconformada com a decisão impugnada, submetendo a demanda a nova apreciação pelo Poder Judiciário, *não* pode o tribunal proferir decisão que *acentue a sucumbência* do recorrente.

Com efeito, as matérias que poderão ser objeto de apreciação pelo tribunal já foram delimitadas. Nessa linha de raciocínio, o art. 512 do CPC aduz que o julgamento proferido pelo tribunal substituirá a sentença ou a decisão recorrida no que tiver sido objeto de recurso. Ao contrário, aquilo que não foi objeto do recurso transitou em julgado, não podendo ser atingido pelo julgamento prolatado pelo tribunal.

Por derradeiro, são *exceções* do princípio em discussão as *matérias de ordem pública (objeções processuais)* plasmadas no art. 301 do CPC, que podem ser conhecidas de ofício pelo juiz e podem ser alegadas em qualquer tempo e grau de jurisdição.

17.1.1.6 Princípio da variabilidade

Parte da doutrina processual trabalhista advoga a tese da possibilidade de *o recorrente variar de recurso dentro do prazo legal*. Dessa forma, seria possível o recorrente modificar o recurso interposto dentro do prazo recursal, com o objetivo de interpor o recurso correto para a decisão.

Ademais, sustenta essa linha de pensamento que a interposição de outro recurso representaria a *desistência tácita* do primeiro.

Tal possibilidade, segundo essa corrente, encontra amparo nos princípios inerentes ao processo do trabalho, em especial os princípios da simplicidade, informalidade, *jus postulandi* e economia processual.

Com efeito, esse princípio tinha base legal no Código de Processo Civil de 1939. Com o advento do Código de Processo Civil de 1973, *deixou de existir* essa possibilidade legal.

Destarte, com o devido respeito aos doutrinadores que defendem posição em contrário, *atualmente, não* há a possibilidade de aplicação do princípio da variabilidade. Quando a parte interpõe o recurso, está praticado e consumado o ato processual. A interposição de um novo recurso contra a mesma decisão dentro do prazo recursal consubstancia a *preclusão consumativa*, ou seja, a perda da faculdade de praticar um ato processual pela prática e consumação de outro ato processual.

17.1.2 Do duplo grau de jurisdição obrigatório e seu cabimento no processo do trabalho

O Dec.-lei 779/1969 e o art. 475 do CPC estabelecem a regra processual de que, quando houver *decisão contrária à Fazenda Pública (União, Estado, Distrito Federal, Município, autarquia e fundação de direito público)*, está sujeita ao duplo grau de jurisdição, não produzindo efeito senão depois de confirmada pelo tribunal. Esse procedimento é conhecido como *duplo grau de jurisdição obrigatório, reexame necessário, remessa necessária, remessa de ofício, remessa obrigatória* ou *recurso de ofício*.

Vale ressaltar que, embora o reexame necessário seja chamado pela doutrina de *recurso de ofício, não* tem a *natureza jurídica* de um *recurso,* por não objetivar reformar, aclarar ou anular a decisão. Trata-se de *condição de eficácia da decisão*.

Com efeito, a *Súmula 303 do TST* aduz que, em *dissídio individual*, está sujeita ao *duplo grau de jurisdição*, mesmo na *vigência da Constituição Federal de 1988, decisão contrária à Fazenda Pública, salvo em duas hipóteses:*

a) quando a condenação não ultrapassar o valor correspondente a 60 (sessenta) salários mínimos;

b) quando a decisão estiver em consonância com decisão plenária do STF ou com Súmula ou Orientação Jurisprudencial do Tribunal Superior do Trabalho.

Ademais, estabelece a súmula em comento que, em *ação rescisória*, a decisão proferida pelo juízo de primeiro grau está sujeita ao duplo grau de jurisdição obrigatório quando desfavorável ao ente público, excepcionando as hipóteses mencionadas. Também, em *mandado de segurança*, somente cabe remessa *ex officio* se, na relação processual, figurar pessoa jurídica de direito público como parte prejudicada pela concessão da ordem.

17.1.3 Características dos recursos trabalhistas

17.1.3.1 Prazos recursais trabalhistas uniformes

O art. 6.º da Lei 5.584/1970, prevê que será de *8 dias* o prazo para *interpor e contra-arrazoar* qualquer recurso. Portanto, a *regra* no tocante aos prazos recursais trabalhistas é de *8 dias*. Todavia, cuidado com as *exceções*, que são muito cobradas nas provas:

a) Embargos de declaração – *5 dias*, segundo o art. 897-A da CLT.

> **note BEM**
>
> *Em regra, não há contrarrazões* em sede de embargos de declaração, pois a sua finalidade principal é a de suprir omissão, contradição ou obscuridade, consubstanciando a função integrativa, de inteirar ou completar a decisão. Assim, nesse caso, como não há a possibilidade da decisão do magistrado causar gravame à parte contrária, não há a necessidade de o magistrado intimar a parte contrária para a apresentação de contrarrazões. Todavia, na hipótese de *efeito modificativo ou infringente*, que é a possibilidade de o magistrado modificar a sua decisão no bojo dos embargos declaratórios, haverá a probabilidade de a reforma do julgado causar gravame à parte contrária. Portanto, nesse caso, o juiz é obrigado a *intimar à parte contrária para se manifestar, sob pena de nulidade do julgado*. Esse é o teor da OJ 142 da SDI-1 do TST. Assim, o prazo para *contrarrazões* será de *5 dias*.

OJ-SDI1-142 do TST. Embargos de declaração. Efeito modificativo. Vista à parte contrária (inserido o item II à redação) – Res. 178/2012, *DEJT* 13, 14 e 15.02.2012.

I – É passível de nulidade decisão que acolhe embargos de declaração com efeito modificativo sem que seja concedida oportunidade de manifestação prévia à parte contrária.

II – Em decorrência do efeito devolutivo amplo conferido ao recurso ordinário, o item I não se aplica às hipóteses em que não se concede vista à parte contrária para se manifestar sobre os embargos de declaração opostos contra sentença.

b) Recurso extraordinário – *15 dias*, de acordo com o art. 508 do CPC.
c) Recurso de revisão ou pedido de revisão – *48 horas*, nos termos do art. 2.º, § 2.º, da Lei 5.584/1970.
d) Agravo regimental (agravo interno) – O prazo depende da previsão do respectivo *regimento interno dos tribunais trabalhistas*. Vale ressaltar que o *TST* fixou o prazo em *8 dias*, e os *Tribunais Regionais do Trabalho* vêm fixando em *5 dias* (em regra).
e) Fazenda Pública – Prazo em *dobro* para *recorrer* (art. 1.º, III, do Dec.-lei 779/1969 e art. 188 do CPC). É importante salientar que vem prevalecendo o entendimento de que o prazo será *simples* para *contra-arrazoar*.

Querido aluno, não esqueça do conceito processual de *Fazenda Pública*, abrangendo *todas as pessoas jurídicas de direito público interno* – União, Estados, Municípios, Distrito Federal, autarquias e fundações públicas.

f) Ministério Público do Trabalho – prazo em *dobro* para *recorrer* (art. 188 do CPC). É importante salientar que vem prevalecendo o entendimento de que o prazo será *simples* para *contra-arrazoar*.
g) O art. 191 do CPC estabelece que quando houver *litisconsortes com diferentes procuradores*, o prazo será em *dobro* para contestar, para *recorrer* e, de modo geral, para falar nos autos. Todavia, esse dispositivo legal *não é aplicável ao Processo do Trabalho*, tendo em vista a incompatibilidade com o princípio da celeridade processual trabalhista (OJ 310 da SDI-I/TST).

OJ-SDI1-310 Litisconsortes. Procuradores distintos. Prazo em dobro. Art. 191 do CPC. Inaplicável ao processo do trabalho (DJ 11.08.2003)
A regra contida no art. 191 do CPC é inaplicável ao processo do trabalho, em decorrência da sua incompatibilidade com o princípio da celeridade inerente ao processo trabalhista.

17.1.3.2 Irrecorribilidade imediata ou direta das decisões interlocutórias

Em primeiro lugar, é oportuno consignar o *conceito de decisão interlocutória*, ventilado no art. 162, § 2.º, do CPC, aplicado subsidiariamente ao

Processo do Trabalho por força do art. 769 da CLT: "Decisão interlocutória é o ato pelo qual o juiz, no curso do processo, resolve questão incidente". Exemplos: decisão do juiz que resolve uma exceção de incompetência relativa, decisão do juiz que indefere a oitiva de uma testemunha tempestivamente arrolada, decisão do juiz que concede ou denega uma liminar etc.

Com efeito, o art. 893, § 1.º, da CLT traz a regra da *irrecorribilidade imediata (direta) das decisões interlocutórias no Processo do Trabalho*, ao estabelecer que se admite a apreciação do merecimento das decisões interlocutórias somente em recurso da decisão definitiva *(recurso mediato ou indireto)*.

> **cuidado**
>
> Caro estudioso do Direito Processual do Trabalho, *tome cuidado!* No *Processo Civil*, o recurso cabível para impugnar decisão interlocutória é o *agravo*, que, além de retido (art. 522, 1.ª parte, do CPC) e de instrumento (art. 522, 2.ª parte, do CPC) também pode ser nos próprios autos (art. 544 do CPC, com redação dada pela Lei 12.322/2010) e regimental (art. 557, § 1.º, do CPC). Em contrapartida, no *Processo do Trabalho*, a regra é a *irrecorribilidade imediata (direta) das decisões interlocutórias*. Frise-se que no *Processo do Trabalho* não cabe *recurso imediato (direto)* para impugnar decisão interlocutória, em regra. Todavia, é *cabível recurso mediato (indireto)*, admitindo-se o questionamento em *recurso interposto da decisão definitiva*.

Sobre o tema, é importante a leitura e compreensão da Súmula 414 do TST, *in verbis*:

> Súmula 414 do TST. Mandado de segurança. Antecipação de tutela (ou liminar) concedida antes ou na sentença (conversão das OJ 50, 51, 58, 86 e 139 da SBDI-2) – Res. 137/2005, *DJ* 22, 23 e 24.08.2005
>
> I – A antecipação da tutela concedida na sentença não comporta impugnação pela via do mandado de segurança, por ser impugnável mediante recurso ordinário. A ação cautelar é o meio próprio para se obter efeito suspensivo a recurso. (ex-OJ 51 da SBDI-2 – inserida em 20.09.2000)
>
> II – No caso da tutela antecipada (ou liminar) ser concedida antes da sentença, cabe a impetração do mandado de segurança, em face da inexistência de recurso próprio. (ex-OJ 50 e 58 da SBDI-2 – inseridas em 20.09.2000)
>
> III – A superveniência da sentença, nos autos originários, faz perder o objeto do mandado de segurança que impugnava a concessão da tutela antecipada (ou liminar). (ex-OJ da SBDI-2 86 – inserida em 13.03.2002 – e 139 – *DJ* 04.05.2004)

Nesse sentido, o *princípio da irrecorribilidade imediata das decisões interlocutórias não é absoluto*. A Súmula 214 do TST estabelece que, na Justiça do Trabalho, nos termos do art. 893, § 1.º, da CLT, as decisões interlocutórias não ensejam recurso imediato, *salvo* nas seguintes *hipóteses*:

a) decisão de Tribunal Regional do Trabalho contrária a Súmula ou Orientação Jurisprudencial do Tribunal Superior do Trabalho;

b) decisão suscetível de impugnação mediante recurso para o mesmo Tribunal;

c) decisão que acolhe exceção de incompetência territorial, com a remessa dos autos para Tribunal Regional dp Trabalho distinto daquele a que se vincula o juízo excepcionado, consoante o disposto no art. 799, § 2.º, da CLT.

> Art. 799 (...)
>
> § 2.º Das decisões sobre exceções de suspeição e incompetência, salvo, quanto a estas, se terminativas do feito, não caberá recurso, podendo, no entanto, as partes alegá-las novamente no recurso que couber da decisão final.
>
> Art. 893 (...)
>
> § 1.º Os incidentes do processo são resolvidos pelo próprio Juízo ou Tribunal, admitindo-se a apreciação do merecimento das decisões interlocutórias somente em recursos da decisão definitiva.
>
> (...)
>
> Súmula 214 do TST. Decisão interlocutória. Irrecorribilidade (nova redação) – Res. 127/2005, *DJ* 14, 15 e 16.03.2005
>
> Na Justiça do Trabalho, nos termos do art. 893, § 1.º, da CLT, as decisões interlocutórias não ensejam recurso imediato, salvo nas hipóteses de decisão: a) de Tribunal Regional do Trabalho contrária à Súmula ou Orientação Jurisprudencial do Tribunal Superior do Trabalho; b) suscetível de impugnação mediante recurso para o mesmo Tribunal; c) que acolhe exceção de incompetência territorial, com a remessa dos autos para Tribunal Regional distinto daquele a que se vincula o juízo excepcionado, consoante o disposto no art. 799, § 2.º, da CLT.

17.1.3.3 Irrecorribilidade no procedimento sumário (dissídio de alçada)

Conforme já mencionado nesta obra, no *procedimento sumário*, também conhecido como *dissídio de alçada*, cujo valor da causa não exceda 2 (*dois*) *salários mínimos*, o art. 2.º, § 4.º, da Lei 5.584/1970 traz a regra de que *não é* cabível nenhum *recurso* das sentenças proferidas no procedimento em análise, *salvo* se versarem sobre *matéria constitucional*.

Nesse caso, prevalece o entendimento de que o *recurso* cabível será o *extraordinário*, com fulcro no art. 102, III, *a*, da CF/1988, que estabelece que compete ao STF julgar, mediante recurso extraordinário, as causas decididas em única ou última *instância*, quando a decisão recorrida contrariar dispositivo da Constituição.

17.1.3.4 Inexigibilidade de fundamentação

O art. 899 da CLT estabelece que os *recursos trabalhistas serão interpostos por simples petição*. Portanto, de acordo com o Diploma Consolidado, para a interposição de um recurso trabalhista, *não* se exigem *razões recursais* que exponham a *fundamentação*, bastando a *petição de interposição*. Tal ideário justifica-se pelos princípios inerentes ao Processo do Trabalho como *jus postulandi*, informalidade e simplicidade.

Todavia, com o advento da Constituição Cidadã de 1988, em especial de seu art. 5.º, inc. LV, que traz os princípios do contraditório e da ampla defesa, parcela da doutrina justrabalhista sustenta, em *interpretação sistemática*, a *necessidade de fundamentação* nos recursos trabalhistas, de modo que o recorrido possa contra-arrazoar e o tribunal analisar as razões de inconformismo. Com efeito, a necessidade de fundamentar os recursos trabalhistas encontra amparo nos já citados princípios constitucionais do contraditório e da ampla defesa, insculpidos no art. 5.º, LV, da CF/1988.

Nesse sentido reza a Súmula 422 do TST, na qual não se conhece de recurso para o TST, pela ausência do requisito de admissibilidade inscrito no art. 514, inc. II, do CPC (os fundamentos de fato e de direito), quando as razões do recorrente não impugnam os fundamentos da decisão recorrida, nos termos em que fora proposta:

> Súmula 422 do TST. Recurso. Apelo que não ataca os fundamentos da decisão recorrida. Não conhecimento. Art. 514, II, do CPC (conversão da OJ 90 da SBDI-2) – Res. 137/2005, *DJ* 22, 23 e 24.08.2005
> Não se conhece de recurso para o TST, pela ausência do requisito de admissibilidade inscrito no art. 514, II, do CPC, quando as razões do recorrente não impugnam os fundamentos da decisão recorrida, nos termos em que fora proposta. (ex-OJ 90 da SBDI-2 – inserida em 27.05.2002)

A necessidade de fundamentação no bojo dos recursos consubstancia o *princípio da dialeticidade ou discursividade*.

17.1.4 Efeitos dos recursos trabalhistas

17.1.4.1 Efeito devolutivo

Uma das *grandes peculiaridades* dos recursos trabalhistas é que eles são *dotados, em regra, apenas do efeito devolutivo*, permitida a execução provisória até a penhora, conforme estabelece o art. 899 da CLT. Isso se justifica porque as verbas trabalhistas têm *natureza alimentar*, daí o caráter de urgência na prestação jurisdicional.

O recurso devolve ao tribunal o conhecimento da matéria impugnada. Em decorrência, o efeito devolutivo transfere ao Tribunal a competência para o julgamento de determinado recurso, respeitados os limites das razões do recorrente.

Conforme a doutrina, *todos os recursos* apresentam efeito devolutivo, pois transferem a outro órgão hierarquicamente superior ao que prolatou a decisão, a apreciação da matéria que foi objeto de impugnação. Mesmo os *embargos de declaração*, que são processados e julgados perante o próprio órgão que proferiu a decisão, apresentam o efeito devolutivo.

Dessa forma, o efeito devolutivo traduz a ideia de que o recurso devolve ao Poder Judiciário a apreciação da matéria.

O *efeito devolutivo* é analisado sob *dois aspectos*:

a) efeito devolutivo em extensão ou horizontal: significa que o órgão hierarquicamente superior competente para o julgamento do recurso está adstrito aos *pedidos* formulados nas razões recursais. A extensão da devolutividade é limitada por aquilo que é postulado no recurso. Exemplo: na petição inicial em que forem formulados dois pedidos, ambos julgados improcedentes pela Vara, se o autor recorre apenas de um, somente este poderá ser apreciado pelo tribunal. O outro transitará em julgado;

b) efeito devolutivo em profundidade ou vertical: serão objeto de apreciação e julgamento pelo tribunal todas as *questões* suscitadas e discutidas no processo, ainda que a sentença não as tenha julgado por inteiro. Ademais, quando o pedido ou a defesa tiver mais de um *fundamento* e o juiz acolher apenas um deles, o recurso devolverá ao tribunal o conhecimento dos demais. Essas assertivas constam dos §§ 1.º e 2.º do art. 515 do CPC:

> Art. 515. A apelação devolverá ao tribunal o conhecimento da matéria impugnada.

§ 1.º Serão, porém, objeto de apreciação e julgamento pelo tribunal todas as questões suscitadas e discutidas no processo, ainda que a sentença não as tenha julgado por inteiro.

§ 2.º Quando o pedido ou a defesa tiver mais de um fundamento e o juiz acolher apenas um deles, a apelação devolverá ao tribunal o conhecimento dos demais.

Dessa forma, todas as *teses jurídicas* discutidas nos autos são transferidas ao Tribunal. Nesse sentido, aduz a Súmula 393 do TST:

> Súmula 393 do TST. Recurso ordinário. Efeito devolutivo em profundidade. Art. 515, § 1.º, do CPC (redação alterada pelo Tribunal Pleno na sessão realizada em 16.11.2010) – Res. 169/2010, DEJT divulgado em 19, 22 e 23.11.2010
> O efeito devolutivo em profundidade do recurso ordinário, que se extrai do § 1.º do art. 515 do CPC, transfere ao Tribunal a apreciação dos fundamentos da inicial ou da defesa, não examinados pela sentença, ainda que não renovados em contrarrazões. Não se aplica, todavia, ao caso de pedido não apreciado na sentença, salvo a hipótese contida no § 3.º do art. 515 do CPC.

17.1.4.2 Efeito suspensivo

O efeito suspensivo *suspende a eficácia da decisão enquanto pender de julgamento o recurso interposto contra essa decisão*. Como já mencionado, os recursos trabalhistas são dotados apenas de efeito devolutivo, em regra.

Não obstante, em *situações excepcionais*, poderá ser atribuído *efeito suspensivo* aos recursos trabalhistas, como nas *hipóteses* a seguir mencionadas:

a) o art. 9.º da Lei 7.701/1988, estabelece que o Presidente do TST poderá atribuir efeito suspensivo ao *recurso ordinário* interposto em face de *sentença normativa* proferida pelo Tribunal Regional do Trabalho, pelo prazo improrrogável de *120 dias* contados da publicação, salvo se o recurso ordinário for julgado antes do término do prazo;

b) a Súmula 414 do TST aduz que a *ação cautelar* é o meio próprio para obter efeito suspensivo a recurso.

17.1.4.3 Efeito translativo

Trata-se da possibilidade de o tribunal conhecer de matérias que não foram ventiladas nas razões ou contrarrazões do recurso. Isso ocorre com as *objeções processuais ou matérias de ordem pública*, que devem ser conhecidas de ofício pelo juiz em qualquer tempo e grau de jurisdição. Nesses casos, não se pode falar em julgamento *ultra, extra* ou *infra petita*.

17.1.4.4 Efeito regressivo

O efeito regressivo *consubstancia a possibilidade de retratação ou reconsideração do próprio órgão que proferiu a decisão impugnada*.

Temos aqui uma *exceção* à regra estipulada no art. 463 do CPC, na qual o juiz, ao publicar a sentença de mérito, cumpre e acaba o ofício jurisdicional.

Na seara recursal trabalhista, esse efeito é verificado nos recursos de *agravo de instrumento e agravo regimental*.

17.1.4.5 Efeito substitutivo

Consoante estabelece o art. 512 do CPC, *o julgamento proferido pelo tribunal substituirá a sentença ou a decisão recorrida no que tiver sido objeto de recurso*. Com efeito, ainda que o acórdão confirme a sentença pelos próprios fundamentos, haverá substituição integral da sentença.

Ademais, somente haverá substituição se o *recurso* for *conhecido*. O *julgamento do mérito* do recurso substitui a decisão recorrida.

17.1.4.6 Efeito extensivo ou expansivo

Tal efeito é verificado no art. 509 do CPC. *O recurso interposto por um dos litisconsortes a todos aproveita, salvo se distintos ou opostos os seus interesses*.

Impende destacar que esse efeito é apenas aplicável ao *litisconsórcio unitário*, que é aquele no qual o juiz deve decidir a lide de modo uniforme para todos os litisconsortes.

17.1.5 Pressupostos recursais

Os *pressupostos recursais*, também conhecidos como requisitos de admissibilidade recursal, *são requisitos que devem ser preenchidos pelo recorrente no momento da interposição do recurso, para que este seja conhecido e julgado pelo tribunal*.

Em regra, os recursos passam por um *duplo juízo de admissibilidade recursal*, que analisa o preenchimento dos *pressupostos recursais*:

    a) juízo *a quo* (primeiro juízo de admissibilidade recursal): órgão que proferiu a *decisão* impugnada;

b) juízo *ad quem* (segundo juízo de admissibilidade recursal): órgão competente para o *julgamento* do recurso.

Assim, na praxe forense, os recursos possuem 2 *peças distintas*:

a) petição de interposição (peça de encaminhamento): direcionada ao juízo "a quo";

b) razões recursais: endereçada ao juízo "ad quem".

Impende destacar que a decisão proferida pelo juízo *a quo não vincula* o juízo *ad quem*, porque os pressupostos recursais consubstanciam *matérias de ordem pública*. Outrossim, o juízo *a quo não* pode *delimitar o campo de conhecimento* de matérias do juízo *ad quem*. Nesse sentido, estabelece a Súmula 285 do TST que o fato de o primeiro juízo de admissibilidade do recurso de revista entendê-lo cabível apenas quanto à parte das matérias veiculadas não impede a apreciação integral pela Turma do TST, sendo imprópria a interposição de agravo de instrumento.

Os *pressupostos recursais trabalhistas* são *classificados* em:

a) objetivos ou extrínsecos: dizem respeito aos *fatores externos à decisão judicial* que se pretende impugnar, sendo normalmente posteriores a ela. São eles: *previsão legal (cabimento), adequação, tempestividade, preparo e regularidade formal;*

b) subjetivos ou intrínsecos: são aqueles concernentes à *decisão* que se pretende impugnar, sendo normalmente posteriores a ela. São eles: *legitimação para recorrer, capacidade e interesse recursal.*

Sobre o assunto, insta apontar a Súmula 285 do TST:

> Súmula 285 do TST. Recurso de Revista. Admissibilidade parcial pelo Juiz-Presidente do Tribunal Regional do Trabalho. Efeito (mantida) – Res. 121/2003, *DJ* 19, 20 e 21.11.2003
>
> O fato de o juízo primeiro de admissibilidade do recurso de revista entendê-lo cabível apenas quanto a parte das matérias veiculadas não impede a apreciação integral pela Turma do Tribunal Superior do Trabalho, sendo imprópria a interposição de agravo de instrumento.

17.2 RECURSOS EM ESPÉCIES

Agora mencionaremos as *principais características* de cada um dos recursos trabalhistas, na forma de *fichamentos*.

17.2.1 Embargos de declaração

EMBARGOS DE DECLARAÇÃO – FICHAMENTO	
1) AMPARO LEGAL	Art. 897-A da CLT c/c arts. 535 a 538 do CPC
2) PRAZO (RAZÕES/CONTRARRAZÕES)	5 dias/5 dias Obs: em regra, não há contrarrazões no bojo dos embargos de declaração, salvo na hipótese de efeito modificativo ou infringente (OJ 142 da SDI-1/TST)
3) PREPARO (CUSTAS/DEPÓSITO RECURSAL)	Não / não – isenção objetiva
4) HIPÓTESES DE CABIMENTO	1.ª) efeito integrativo ou completivo: inteirar a decisão, ou seja, sanar omissão, contradição ou obscuridade no julgado (sentença, acórdão ou decisão interlocutória); 2.ª) efeito modificativo ou infringente: modificar o julgado nos casos de omissão, contradição ou manifesto equívoco no exame dos pressupostos extrínsecos do recurso; 3.ª) prequestionar matéria objetivando a futura interposição de recursos de natureza extraordinária: recurso de revista, embargos no TST ou recurso extraordinário (Súmula 297 do TST)
5) JUÍZO A QUO (1.º JUÍZO DE ADMISSIBILIDADE RECURSAL)	O próprio juízo ou órgão que proferiu a decisão impugnada
6) JUÍZO AD QUEM (2.º JUÍZO DE ADMISSIBILIDADE RECURSAL E JUÍZO DE MÉRITO)	Não há 2.º juízo de admissibilidade recursal, porque os embargos de declaração são opostos e julgados no próprio juízo ou órgão que proferiu a decisão impugnada – coincidência do único juízo de admissibilidade recursal com o juízo de mérito
7) PECULIARIDADES	• natureza jurídica recursal; • efeito modificativo ou infringente; • interrupção do prazo do recurso principal; • multa no caso de embargos declaratórios protelatórios

17.2.2 Recurso ordinário

RECURSO ORDINÁRIO – FICHAMENTO	
1) AMPARO LEGAL	Art. 895 da CLT
2) PRAZO (RAZÕES/CONTRARRAZÕES)	8 dias/8 dias
3) PREPARO (CUSTAS/DEPÓSITO RECURSAL)	Sim/sim

RECURSO ORDINÁRIO – FICHAMENTO	
4) HIPÓTESES DE CABIMENTO	1.ª) contra decisões definitivas ou terminativas proferidas pelo juiz do trabalho da Vara do Trabalho ou pelo juiz de direito investido em jurisdição trabalhista; 2.ª) contra decisões definitivas ou terminativas proferidas pelos Tribunais Regionais do Trabalho em processos de sua competência originária, quer nos dissídios individuais, quer nos dissídios coletivos
5) JUÍZO *A QUO* (1.º JUÍZO DE ADMISSIBILIDADE RECURSAL)	1.ª hipótese de cabimento: Vara do Trabalho ou Juízo de Direito; 2.ª hipótese de cabimento: TRT
6) JUÍZO *AD QUEM* (2.º JUÍZO DE ADMISSIBILIDADE RECURSAL E JUÍZO DE MÉRITO)	1.ª hipótese de cabimento: TRT; 2.ª hipótese de cabimento: TST
7) PECULIARIDADES	• processos de competência originária do TRT; • procedimento sumaríssimo; • súmula impeditiva de recurso; • teoria da Causa Madura; • saneamento de nulidades no tribunal

17.2.3 Recurso de revista

RECURSO DE REVISTA – FICHAMENTO	
1) AMPARO LEGAL	Arts. 896 e 896-A da CLT
2) PRAZO (RAZÕES/CONTRARRAZÕES)	8 dias/8 dias
3) PREPARO (CUSTAS/DEPÓSITO RECURSAL)	Sim/Sim
4) HIPÓTESES DE CABIMENTO	Contra acórdãos proferidos pelos Tribunais Regionais do Trabalho, em grau de recurso ordinário, nos dissídios individuais
5) JUÍZO *A QUO* (1.º JUÍZO DE ADMISSIBILIDADE RECURSAL)	Presidente do Tribunal Regional do Trabalho
6) JUÍZO *AD QUEM* (2.º JUÍZO DE ADMISSIBILIDADE RECURSAL E JUÍZO DE MÉRITO)	Uma das 8 Turmas do Tribunal Superior do Trabalho
7) FUNDAMENTOS JURÍDICOS	• divergência jurisprudencial na interpretação de lei federal; • divergência jurisprudencial na interpretação de lei estadual, de convenção coletiva de trabalho, de acordo coletivo de trabalho, de sentença normativa ou de regulamento empresarial de observância obrigatória em área territorial que exceda a competência do Tribunal Regional do Trabalho; • violação de lei federal ou da Constituição Federal

RECURSO DE REVISTA – FICHAMENTO	
8) PECULIARIDADES	• correta interpretação das leis pelos tribunais trabalhistas; • prequestionamento; • transcendência; • fundamentação jurídica; • cabimento no procedimento sumaríssimo; • cabimento em liquidação e execução trabalhista; • divergência atual; • poderes do Ministro Relator; • comprovação da divergência jurisprudencial – acórdão paradigma; • regras procedimentais

17.2.4 Agravo de Instrumento

AGRAVO DE INSTRUMENTO – FICHAMENTO	
1) AMPARO LEGAL	Art. 897, *b*, e parágrafos de CLT
2) PRAZO (MINUTA/CONTRAMINUTA)	8 dias/8 dias
3) PREPARO (CUSTAS/DEPÓSITO RECURSAL)	Custas somente na fase de execução trabalhista/depósito recursal correspondente a 50% do valor do depósito do recurso a ser destrancado
4) HIPÓTESES DE CABIMENTO	Contra despacho denegatório de seguimento de recurso no juízo *a quo* (primeiro juízo de admissibilidade recursal). É a "chave para destrancar recurso no juízo *a quo*"
5) JUÍZO A QUO (1.º JUÍZO DE ADMISSIBILIDADE RECURSAL)	Órgão do Judiciário Trabalhista que denegou seguimento ao recurso interposto, sendo admitido o chamado juízo de retratação ou reconsideração
6) JUÍZO *AD QUEM* (2.º JUÍZO DE ADMISSIBILIDADE RECURSAL E JUÍZO DE MÉRITO)	Órgão do Judiciário Trabalhista que será competente para o julgamento do recurso cuja interposição foi denegada
7) PECULIARIDADES	• não confundir com o agravo de instrumento do Processo Civil; • peças obrigatórias e facultativas

17.2.5 Agravo regimental

AGRAVO REGIMENTAL – FICHAMENTO	
1) AMPARO LEGAL	Regimento Interno dos Tribunais

AGRAVO REGIMENTAL – FICHAMENTO	
2) Prazo (minuta/contraminuta)	Nos Tribunais Regionais do Trabalho, 5 dias (em regra). No Tribunal Superior do Trabalho, 8 dias
3) Preparo (custas/depósito recursal)	Isento/Isento – isenção objetiva
4) Hipóteses de cabimento	Contra decisões monocráticas proferidas pelos juízes dos Tribunais Trabalhistas
5) Juízo a quo (1.º juízo de admissibilidade recursal)	O próprio magistrado que proferiu a decisão monocrática, possibilitando-se o juízo de retratação ou de reconsideração (efeito regressivo)
6) Juízo ad quem (2.º juízo de admissibilidade recursal e juízo de mérito)	O respectivo órgão colegiado do Tribunal hierarquicamente superior ao magistrado que proferiu a decisão monocrática, conforme previsão no Regimento Interno
7) Peculiaridades	• é o recurso cabível contra despacho denegatório de seguimento de recurso no juízo *ad quem* (segundo juízo de admissibilidade recursal); • juízo de retratação ou de reconsideração (efeito regressivo)

17.2.6 Embargos no TST

Com o advento da Lei 11.496/2007, foi alterada a redação do art. 894 da CLT e da alínea *b* do inc. III do art. 3.º da Lei 7.701/1988 (que dispõe sobre a especialização de turmas dos tribunais do trabalho em processos coletivos e dá outras providências):

> Art. 894. No Tribunal Superior do Trabalho cabem embargos, no prazo de 8 (oito) dias:
> I – de decisão não unânime de julgamento que:
> a) conciliar, julgar ou homologar conciliação em dissídios coletivos que excedam a competência territorial dos Tribunais Regionais do Trabalho e estender ou rever as sentenças normativas do Tribunal Superior do Trabalho, nos casos previstos em lei; e
> b) vetado;
> II – das decisões das Turmas que divergirem entre si, ou das decisões proferidas pela Seção de Dissídios Individuais, salvo se a decisão recorrida estiver em consonância com súmula ou orientação jurisprudencial do Tribunal Superior do Trabalho ou do Supremo Tribunal Federal.

Por conseguinte, temos duas espécies de embargos no TST:

1.º) Embargos infringentes: de decisão não unânime de julgamento que conciliar, julgar ou homologar conciliação em dissídios coletivos que excedam a competência territorial dos Tribunais Regionais do Trabalho e estender ou rever as sentenças normativas do Tribunal Superior do Trabalho, nos casos previstos em lei.

2.º) Embargos de divergência: das decisões das Turmas que divergirem entre si, ou das decisões proferidas pela Seção de Dissídios Individuais, salvo se a decisão recorrida estiver em consonância com Súmula ou Orientação Jurisprudencial do Tribunal Superior do Trabalho ou do Supremo Tribunal Federal. Dessa forma, os embargos de divergência são *cabíveis* das decisões das Turmas proferidas em dissídios individuais:

a) que divergirem entre si;

b) que divergirem da Seção de Dissídios Individuais do TST.

Não são cabíveis os embargos de divergência se a decisão das Turmas, ainda que divergentes de outra Turma:

a) estiver em consonância com Súmula do TST;

b) estiver em consonância com Orientação Jurisprudencial do TST;

c) estiver em consonância com Súmula do STF.

> **importante**
>
> Com o advento da referida lei, os *embargos de nulidade* foram *suprimidos* do sistema recursal trabalhista. Os embargos de nulidade eram cabíveis quando a decisão das Turmas do TST violavam literalmente preceito de lei federal ou da Constituição Federal. Vale ressaltar que a supressão desse recurso não é inconstitucional, pois o princípio do duplo grau de jurisdição não encontra amparo no Texto Constitucional de 1988, decorrendo de interpretação sistemática do ordenamento jurídico brasileiro. Ademais, a aludida supressão foi salutar, pois é de conhecimento de todos o elevado número de recursos no nosso sistema processual, o que afronta os princípios da efetividade e celeridade processual, tão almejados nos dias atuais. Por fim, isso contribuirá para um maior prestígio das decisões do TST e fortalecimento da Justiça do Trabalho como instituição.
>
> O *escopo principal* dos embargos no TST é a unificação da interpretação jurisprudencial de suas turmas, ou de decisões não unânimes em processos de sua competência originária.

Embargos de Divergência – Fichamento

1) Amparo legal	Art. 894, II, da CLT
2) Prazo (razões/contrarrazões)	8 dias/8 dias
3) Preparo (custas/depósito recursal)	Sim/Sim
4) Hipóteses de cabimento	• decisão de uma Turma do TST X decisão de outra Turma do TST; • decisão de uma Turma do TST X decisão da SDI do TST
5) Juízo *a quo* (1.º juízo de admissibilidade recursal)	Ministro-Presidente da Turma do TST
6) Juízo *ad quem* (2.º juízo de admissibilidade recursal e juízo de mérito)	Seção de Dissídios Individuais (SDI)
7) Peculiaridades	• apenas são cabíveis nos dissídios individuais; • necessidade de prequestionamento, por ser um recurso trabalhista de natureza extraordinária; • não serão admitidos na hipótese de a decisão recorrida estiver em consonância com Súmula ou Orientação Jurisprudencial do Tribunal Superior do Trabalho ou do Supremo Tribunal Federal

Embargos Infringentes – Fichamento

1) Amparo legal	Art. 894, I, *a*, da CLT
2) Prazo (razões/contrarrazões)	8 dias/8 dias
3) Preparo (custas/depósito recursal)	Sim/Sim
4) Hipóteses de cabimento	São cabíveis da decisão que conciliar, julgar ou homologar conciliação em dissídios coletivos que excedam a competência territorial dos Tribunais Regionais do Trabalho e estender ou rever as sentenças normativas do Tribunal Superior do Trabalho, nos casos previstos em lei
5) Juízo *a quo* (1.º juízo de admissibilidade recursal)	Ministro-Presidente da Turma do TST
6) Juízo *ad quem* (2.º juízo de admissibilidade recursal e juízo de mérito)	Seção de Dissídios Coletivos (SDC)
7) Peculiaridades	• são cabíveis apenas em dissídios coletivos de competência originária do TST; • acórdão não unânime

17.2.7 Agravo de petição

Agravo de Petição – Fichamento	
1) Amparo legal	Art. 897, *a*, e parágrafos da CLT
2) Prazo (minuta/contraminuta)	8 dias/8 dias
3) Preparo (custas/depósito recursal)	Sim/Não, salvo na hipótese do juízo já estar garantido
4) Hipóteses de cabimento	Contra as decisões terminativas ou definitivas proferidas na execução trabalhista. É o "recurso ordinário da execução trabalhista"
5) Juízo *a quo* (1.º juízo de admissibilidade recursal)	• se a execução tramitar primeiro grau de jurisdição trabalhista – Vara do Trabalho; • se a execução tramitar no segundo grau de jurisdição trabalhista – TRT
6) Juízo *ad quem* (2.º juízo de admissibilidade recursal e juízo de mérito)	• se a execução tramitar primeiro grau de jurisdição trabalhista – TRT; • se a execução tramitar no segundo grau de jurisdição trabalhista – o próprio TRT, presidido pela autoridade recorrida
7) Peculiaridades	• não se admite a interposição de agravo de petição genérico

17.2.8 Recurso adesivo

Recurso Adesivo – Fichamento	
1) Amparo legal	Art. 500 do CPC e Súmula 283 do TST
2) Prazo (razões/contrarrazões)	8 dias ou 15 dias/8 dias ou 15 dias
3) Preparo (custas/depósito recursal)	Sim/Sim
4) Hipóteses de cabimento	Recurso ordinário, recurso de revista, embargos no TST e agravo de petição
5) Juízo *a quo* (1.º juízo de admissibilidade recursal)	Vara do Trabalho, TRT ou TST, a depender do recurso principal
6) Juízo *ad quem* (2.º juízo de admissibilidade recursal e juízo de mérito)	TRT, TST ou STF, a depender do recurso principal
7) Peculiaridades	• natureza jurídica: forma de interposição do recurso principal (recurso ordinário, recurso de revista, embargos no TST, recurso extraordinário e agravo de petição); • compatível com o Processo do Trabalho; • segue a sorte do principal; • é desnecessário que a matéria veiculada no recurso principal esteja relacionada com a do recurso adesivo

17.2.9 Recurso de revisão (pedido de revisão)

17.2.9.1 Introdução

O *pedido de revisão*, também conhecido como *recurso de revisão*, ainda *continua em vigor* no ordenamento processual trabalhista, mas está praticamente em desuso.

17.2.9.2 Amparo legal

O recurso de revisão encontra amparo legal no art. 2.º, *caput*, e §§ 1.º e 2.º da Lei 5.584/1970:

> Art. 2.º. Nos dissídios individuais, proposta a conciliação, e não havendo acordo, o Presidente, da Junta ou o Juiz, antes de passar à instrução da causa, fixar-lhe-á o valor para a determinação da alçada, se este for indeterminado no pedido.
> § 1.º Em audiência, ao aduzir razões finais, poderá qualquer das partes, impugnar o valor fixado e, se o Juiz o mantiver, pedir revisão da decisão, no prazo de 48 (quarenta e oito) horas, ao Presidente do Tribunal Regional.
> § 2.º O pedido de revisão, que não terá efeito suspensivo deverá ser instruído com a petição inicial e a Ata da Audiência, em cópia autenticada pela Secretaria da Junta, e será julgado em 48 (quarenta e oito) horas, a partir do seu recebimento pelo Presidente do Tribunal Regional.

17.2.9.3 Hipótese de cabimento

O recurso de revisão é o recurso cabível para a reforma de um valor da causa fixado de ofício pelo juiz do trabalho no caso de reclamação trabalhista omissa em relação a esse requisito.

Explicando melhor: Imagine uma situação processual em que a reclamação trabalhista seja omissa em relação ao requisito do valor da causa. Nessa hipótese, o magistrado trabalhista deverá fixar *ex officio* o valor da causa.

Caso a parte não concorde com o valor da causa fixado, deverá impugná-lo nas razões finais.

Se ainda assim o juiz mantiver o valor, é cabível a interposição de recurso de revisão para o Presidente do Tribunal Regional do Trabalho reformar esse valor.

17.2.9.4 Trâmite processual

Vamos alinhavar de forma didática a sequência de atos processuais:

a) reclamação trabalhista *omissa* em relação ao valor da causa;
b) o juiz do trabalho proporá a *conciliação* em audiência;
c) não havendo acordo, o magistrado trabalhista *fixará de ofício* o valor da causa, antes de passar à instrução desta;
d) caso a parte *discorde* do valor da causa fixado *ex officio*, poderá impugná-lo nas *razões finais*;
e) se ainda assim o juiz *mantiver* o valor da causa por ele fixado, a parte poderá interpor o *recurso de revisão* no prazo de 48 horas ao Presidente do Tribunal Regional do Trabalho;
f) o pedido de revisão será julgado pelo *Presidente do Tribunal Regional do Trabalho* no prazo de 48 horas, a partir do seu recebimento.

17.2.9.5 Peculiaridades do recurso de revisão

São peculiaridades do pedido de revisão:

a) prazo: 48 horas;
b) efeitos: não terá efeito suspensivo;
c) documentos: petição inicial e a Ata da Audiência, em cópia autenticada pela Secretaria da Vara do Trabalho;
d) julgamento: será julgado em 48 horas a partir do seu recebimento pelo Presidente do Tribunal Regional do Trabalho.

17.2.10 Recurso ordinário constitucional

O recurso ordinário constitucional encontra amparo legal no art. 102, II, da CF/1988, *in verbis*:

> Art. 102. Compete ao Supremo Tribunal Federal, precipuamente, a guarda da Constituição, cabendo-lhe:
>
> (...)
>
> II – julgar, em recurso ordinário:
>
> a) o *habeas corpus*, o mandado de segurança, o *habeas data* e o mandado de injunção decididos em única instância pelos Tribunais Superiores, se denegatória a decisão;
>
> b) o crime político;
>
> (...)

Vale ressaltar que o recurso ordinário constitucional é *perfeitamente aplicável ao Processo do Trabalho*.

17.2.11 Recurso Extraordinário

RECURSO EXTRAORDINÁRIO – FICHAMENTO	
1) AMPARO LEGAL	Art. 102, III, da CF/1988
2) PRAZO (RAZÕES/CONTRARRAZÕES):	15 dias/15 dias
3) PREPARO (CUSTAS/DEPÓSITO RECURSAL)	Sim/Sim
4) HIPÓTESES DE CABIMENTO	As causas decididas em única ou última instância, quando a decisão recorrida: a) contrariar dispositivo da Constituição Federal; b) declarar a inconstitucionalidade de tratado ou lei federal; c) julgar válida lei ou ato de governo local contestado em face da Constituição Federal; e d) julgar válida lei local contestada em face de lei federal
5) JUÍZO A QUO (1.º JUÍZO DE ADMISSIBILIDADE RECURSAL)	Ministro-Presidente do TST
6) JUÍZO AD QUEM (2.º JUÍZO DE ADMISSIBILIDADE RECURSAL E JUÍZO DE MÉRITO)	Supremo Tribunal Federal
7) PECULIARIDADES	• discussão de matéria constitucional; e • pressupostos recursais específicos: prequestionamento (Súmula 282 do STF) e repercussão geral (art. 102, § 3.º e arts. 543-A e 543-B do CPC); e • cabível no procedimento sumário (dissídio de alçada), quando a sentença ventilar matéria constitucional (art. 2.º, § 4.º, da Lei 5.584/1970 e art. 102, III, da CF/1988).

RÉGUA PROCESSUAL DE RECURSOS TRABALHISTAS EM ESPÉCIE	
TST	Dos embargos no TST, haverá o Acórdão da Seção do TST. Dele são cabíveis: - ED - RE (para o STF)
	Acórdão da Turma do TST (tem 8 Turmas) - ED - Embargos no TST (art. 894 da CLT)
TRT	Se trancar no "ad quem" (2º juízo de admissibilidade) → Agravo Regimental
	Se o TRT profere acórdão → ED (art. 895, II da CLT) RR (art. 896 da CLT) – é interposto no TRT. O presidente do TRT vai fazer o 1º juízo de admissibilidade recursal: Se trancar no "a quo" → agravo de instrumento
JT	Se trancar no "ad quem" (2º juízo de admissibilidade) → Agravo regimental
	rt decisão interlocutória → cabe MS Sentença → ED (art. 897-A da CLT) - se a sentença estiver omissa, contraditória ou obscura RO (art. 895, I, da CLT)- se a parte quiser reformar – é interposto na VT, onde haverá o 1º juízo de admissibilidade recursal: Se o juiz (juízo "a quo") trancar o recurso → Agravo de Instrumento (art. 897, "ɔ", da CLT)

OUTROS RECURSOS:
1. Agravo de Petição (art. 897, "a" e §§ da CLT) - cabível em execução ("é o RO na execução")
2. Recurso Adesivo (art. 500 do CPC e Súmula 283 do TST) - RO, RR, embargos no TST e Agravo de Petição

Liquidação de Sentença Trabalhista

18.1 CONCEITO, NATUREZA JURÍDICA E CONSIDERAÇÕES INICIAIS

A liquidação de sentença trabalhista pode ser conceituada como *uma fase preparatória da execução trabalhista, de natureza constitutivo-integrativa, que tem por objetivo dar liquidez ao título executivo, trazendo um valor determinado ou uma prestação individualizada.*

Toda execução parte da premissa da existência de dois requisitos cumulativos: inadimplemento do devedor e existência de título executivo judicial ou extrajudicial.

Ademais, para que um título executivo, judicial ou extrajudicial, seja exequível, ele precisa consubstanciar uma obrigação certa, líquida e exigível, com fulcro nos arts. 475-I, § 2.º, 475-J e 586 do CPC, abaixo apontados:

> Art. 475-I. O cumprimento da sentença far-se-á conforme os arts. 461 e 461-A desta Lei ou, tratando-se de obrigação por quantia certa, por execução, nos termos dos demais artigos deste Capítulo.
> § 1.º É definitiva a execução da sentença transitada em julgado e provisória quando se tratar de sentença impugnada mediante recurso ao qual não foi atribuído efeito suspensivo.
> § 2.º Quando na sentença houver uma parte líquida e outra ilíquida, ao credor é lícito promover simultaneamente a execução daquela e, em autos apartados, a liquidação desta.
> Art. 475-J. Caso o devedor, condenado ao pagamento de quantia certa ou já fixada em liquidação, não o efetue no prazo de quinze dias, o montante da condenação será acrescido de multa no percentual de dez por cento e, a requerimento do credor e observado o disposto no art. 614, inciso II, desta Lei, expedir-se-á mandado de penhora e avaliação.
> § 1.º Do auto de penhora e de avaliação será de imediato intimado o executado, na pessoa de seu advogado (arts. 236 e 237), ou, na falta

deste, o seu representante legal, ou pessoalmente, por mandado ou pelo correio, podendo oferecer impugnação, querendo, no prazo de quinze dias.

§ 2.º Caso o oficial de justiça não possa proceder à avaliação, por depender de conhecimentos especializados, o juiz, de imediato, nomeará avaliador, assinando-lhe breve prazo para a entrega do laudo.

§ 3.º O exequente poderá, em seu requerimento, indicar desde logo os bens a serem penhorados.

§ 4.º Efetuado o pagamento parcial no prazo previsto no *caput* deste artigo, a multa de dez por cento incidirá sobre o restante.

§ 5.º Não sendo requerida a execução no prazo de seis meses, o juiz mandará arquivar os autos, sem prejuízo de seu desarquivamento a pedido da parte.

Art. 586. A execução para cobrança de crédito fundar-se-á sempre em título de obrigação certa, líquida e exigível.

O requisito da *certeza* diz respeito à existência da prestação que se quer ver realizada.

A *liquidez* refere-se à extensão e à determinação do objeto da prestação (*quantum debeatur*).

Já a *exigibilidade* é concernente ao poder, inerente à prestação devida, de se lhe exigir o cumprimento.

Nesse contexto, para que a fase de execução tenha o seu início, há a necessidade da liquidação do título, caso ele apresente o *an debeatur* (o que se deve), mas não demonstre o *quantum debeatur* (o quanto se deve).

18.2 AMPARO LEGAL

A liquidação de sentença trabalhista encontra seu amparo legal no art. 879 da CLT, *in verbis*:

> Art. 879. Sendo ilíquida a sentença exequenda, ordenar-se-á, previamente, a sua liquidação, que poderá ser feita por cálculo, por arbitramento ou por artigos.
>
> § 1.º Na liquidação, não se poderá modificar, ou inovar, a sentença liquidanda nem discutir matéria pertinente à causa principal.
>
> § 1.º-A A liquidação abrangerá, também, o cálculo das contribuições previdenciárias devidas.

§ 1.º-B As partes deverão ser previamente intimadas para a apresentação do cálculo de liquidação, inclusive da contribuição previdenciária incidente.

§ 2.º Elaborada a conta e tornada líquida, o Juiz poderá abrir às partes prazo sucessivo de 10 (dez) dias para impugnação fundamentada com a indicação dos itens e valores objeto da discordância, sob pena de preclusão.

§ 3.º Elaborada a conta pela parte ou pelos órgãos auxiliares da Justiça do Trabalho, o juiz procederá à intimação da União para manifestação, no prazo de 10 (dez) dias, sob pena de preclusão.

§ 4.º A atualização do crédito devido à Previdência Social observará os critérios estabelecidos na legislação previdenciária.

§ 5.º O Ministro de Estado da Fazenda poderá, mediante ato fundamentado, dispensar a manifestação da União quando o valor total das verbas que integram o salário de contribuição, na forma do art. 28 da Lei no 8.212, de 24 de julho de 1991, ocasionar perda de escala decorrente da atuação do órgão jurídico.

§ 6.º Tratando-se de cálculos de liquidação complexos, o juiz poderá nomear perito para a elaboração e fixará, depois da conclusão do trabalho, o valor dos respectivos honorários com observância, entre outros, dos critérios de razoabilidade e proporcionalidade.

Naturalmente, um único dispositivo legal não seria capaz de disciplinar todas as situações jurídicas que envolvem a liquidação de sentença trabalhista, sendo necessária a aplicação subsidiária dos arts. 475-A a 475-H do CPC, *in verbis*:

Art. 475-A. Quando a sentença não determinar o valor devido, procede-se à sua liquidação.

§ 1.º Do requerimento de liquidação de sentença será a parte intimada, na pessoa de seu advogado.

§ 2.º A liquidação poderá ser requerida na pendência de recurso, processando-se em autos apartados, no juízo de origem, cumprindo ao liquidante instruir o pedido com cópias das peças processuais pertinentes.

§ 3.º Nos processos sob procedimento comum sumário, referidos no art. 275, inciso II, alíneas *d* e *e* desta Lei, é defesa a sentença ilíquida, cumprindo ao juiz, se for o caso, fixar de plano, a seu prudente critério, o valor devido.

Art. 475-B. Quando a determinação do valor da condenação depender apenas de cálculo aritmético, o credor requererá o cumprimento da sentença, na forma do art. 475-J desta Lei, instruindo o pedido com a memória discriminada e atualizada do cálculo.

§ 1.º Quando a elaboração da memória do cálculo depender de dados existentes em poder do devedor ou de terceiro, o juiz, a requerimento do credor, poderá requisitá-los, fixando prazo de até trinta dias para o cumprimento da diligência.

§ 2.º Se os dados não forem, injustificadamente, apresentados pelo devedor, reputar-se-ão corretos os cálculos apresentados pelo credor, e, se não o forem pelo terceiro, configurar-se-á a situação prevista no art. 362.

§ 3.º Poderá o juiz valer-se do contador do juízo, quando a memória apresentada pelo credor aparentemente exceder os limites da decisão exequenda e, ainda, nos casos de assistência judiciária.

§ 4.º Se o credor não concordar com os cálculos feitos nos termos do § 3.º deste artigo, far-se-á a execução pelo valor originariamente pretendido, mas a penhora terá por base o valor encontrado pelo contador.

Art. 475-C. Far-se-á a liquidação por arbitramento quando:

I – determinado pela sentença ou convencionado pelas partes;

II – o exigir a natureza do objeto da liquidação.

Art. 475-D. Requerida a liquidação por arbitramento, o juiz nomeará o perito e fixará o prazo para a entrega do laudo.

Parágrafo único. Apresentado o laudo, sobre o qual poderão as partes manifestar-se no prazo de dez dias, o juiz proferirá decisão ou designará, se necessário, audiência.

Art. 475-E. Far-se-á a liquidação por artigos, quando, para determinar o valor da condenação, houver necessidade de alegar e provar fato novo.

Art. 475-F. Na liquidação por artigos, observar-se-á, no que couber, o procedimento comum (art. 272).

Art. 475-G. É defeso, na liquidação, discutir de novo a lide ou modificar a sentença que a julgou.

Art. 475-H. Da decisão de liquidação caberá agravo de instrumento.

18.3 ESPÉCIES DE LIQUIDAÇÃO

A doutrina majoritária que entende que o ordenamento processual vigente apresenta três espécies de liquidação de sentença:

a) liquidação por cálculo;

b) liquidação por arbitramento;

c) liquidação por artigos.

Vamos ao estudo de cada uma delas.

18.3.1 Liquidação por cálculo

A liquidação por cálculo é a mais simples e a mais comum na Justiça do Trabalho.

Pode ser conceituada como *a espécie de liquidação que depende apenas da apresentação de cálculo aritmético pelo credor, instruindo o pedido do valor da condenação através da memória discriminada e atualizada desse cálculo.*

Nesse contexto, a doutrina vem entendendo que o art. 475-B, §§ 1.º e 2.º do CPC, é aplicado subsidiariamente ao Processo do Trabalho por força do art. 769 da CLT.

Dessa forma, quando a elaboração da memória do cálculo depender de *dados existentes em poder do devedor ou de terceiro*, o juiz, a requerimento do credor, poderá requisitá-los, fixando prazo de até *trinta dias* para o cumprimento da diligência.

Assim, se os dados *não* forem, injustificadamente, apresentados pelo *devedor*, reputar-se-ão corretos os cálculos apresentados pelo credor.

De outra sorte, se os dados *não* forem, injustificadamente, apresentados pelo *terceiro*, configurar-se-á a situação prevista no art. 362 do CPC, ou seja, o juiz lhe ordenará que proceda ao respectivo depósito em cartório ou noutro lugar designado, no prazo de 5 (cinco) dias, impondo ao requerente que o embolse das despesas que tiver. Ainda, se o terceiro descumprir o ordem, o juiz expedirá mandado de apreensão, requisitando, se necessário, força policial, tudo sem prejuízo da responsabilidade por crime de desobediência.

Por fim, vale a pena apontar o teor das Súmulas 200 e 211 do TST, *in verbis*:

> Súmula 200. Juros de mora. Incidência (mantida) – Res. 121/2003, *DJ* 19, 20 e 21.11.2003
> Os juros de mora incidem sobre a importância da condenação já corrigida monetariamente.
> Súmula 211. Juros de mora e correção monetária. Independência do pedido inicial e do título executivo judicial (mantida) – Res. 121/2003, *DJ* 19, 20 e 21.11.2003
> Os juros de mora e a correção monetária incluem-se na liquidação, ainda que omisso o pedido inicial ou a condenação.

18.3.2 Liquidação por arbitramento

A liquidação por arbitramento é a espécie de liquidação que depende da realização de perícia.

Na Justiça do Trabalho, a liquidação por arbitramento não é comum, podendo ser citados como exemplo o valor da condenação depender da quantificação do salário *in natura*.

Outro *exemplo* seria o caso do trabalhador que prestava serviços ao tomador sem o recebimento do salário e que teve o reconhecimento do vínculo empregatício pela Justiça do Trabalho. Nesse caso, a fase de liquidação de sentença far-se-á necessária para a estipulação do salário do empregado com base no que o mercado de trabalho paga aos empregados que desempenho serviço semelhante.

É oportuno consignar que a *liquidação por arbitramento* não se confunde com a *prova pericial*. Aquela depende de realização de perícia, que será realizada com supedâneo nos limites subjetivos e objetivos definidos na sentença liquidanda, respeitando-se o instituto da coisa julgada material.

Já a *prova pericial* tem por finalidade principal a trazer conhecimentos técnicos e científicos para formação do convencimento do magistrado, de forma que ele analisará as alegações das partes, as provas contidas nos autos e prolatará uma sentença de certificação do direito, atribuindo o direito material ao autor ou ao réu.

Com efeito, a liquidação por arbitramento será realizada em três situações:

a) quando determinado pela *sentença*;

b) quando *convencionado pelas partes*;

c) quando o exigir a *natureza do objeto da liquidação*.

A doutrina majoritária preleciona que, por lacuna da CLT e compatibilidade principiológica, o art. 475-D do CPC é aplicado subsidiariamente ao Processo do Trabalho por força do art. 769 da CLT.

Portanto, requerida a liquidação por arbitramento, o juiz nomeará o *perito* e fixará o *prazo* para a entrega do *laudo*. Apresentado o laudo, sobre o qual poderão as *partes manifestar-se* no prazo de *dez dias*, o juiz proferirá *decisão* ou designará, se necessário, *audiência*.

Por fim, é oportuno consignar o novo § 6.º do art. 879 da CLT, fruto do advento da Lei 12.405/2011, que disciplina a liquidação por arbitramento na Justiça do Trabalho:

> Art. 879. (...)
>
> (...)
>
> § 6. Tratando-se de cálculos de liquidação complexos, o juiz poderá nomear perito para a elaboração e fixará, depois da conclusão do

trabalho, o valor dos respectivos honorários com observância, entre outros, dos critérios de razoabilidade e proporcionalidade.

18.3.3 Liquidação por artigos

A liquidação por artigos é a espécie de liquidação realizada *nos casos em que o credor precisa alegar e provar fato novo para a determinação do valor da condenação*.

Como o Processo do Trabalho é regido pelos princípios do *jus postulandi*, da simplicidade, da informalidade, da oralidade e da celeridade, a liquidação por artigo *não é aconselhável*, por trazer complicadores ao processo.

Tanto isso é verdade que, pelo fato da necessidade de prova do fato novo, essa espécie de liquidação de sentença observará o *procedimento comum* (*ordinário*).

Vale ressaltar que *fato novo* não significa inovação na fase de liquidação. O mencionado fato respeita os limites objetivos e subjetivos definidos na sentença liquidanda, por observância ao instituto da coisa julgada material.

Podemos citar como *exemplo* de liquidação por artigos a sentença liquidanda do juiz do trabalho condenando o empregador ao pagamento de horas extras, sem a menção da quantidade de horas extraordinárias que foram efetivamente prestadas pelo obreiro. Nesse caso, o empregado precisará alegar e provar o número de horas extras que ele realmente prestou ao empregador.

Por fim, vale ressaltar que, com fulcro no art. 878 da CLT, uma das grandes características da execução trabalhista é a possibilidade de sua execução *ex officio* promovida pelo magistrado trabalhista. Nesse contexto, a única espécie de liquidação de sentença trabalhista que não poderá ser promovida de ofício é a liquidação por artigos, justamente pela necessidade da prova de fato novo. A promoção *ex officio* representaria ofensa ao princípio da inércia da jurisdição.

Também por esse motivo que a liquidação por artigos consubstancia um grande exemplo de cabimento da *prescrição intercorrente* no Processo do Trabalho, para os adeptos dessa corrente.

18.4 PRINCÍPIO DA FIDELIDADE À SENTENÇA EXEQUENDA

Uma das grandes características da fase de liquidação, tanto no Processo do Trabalho quanto no Processo Civil, é a observância do *princípio da fidelidade à sentença exequenda*, com fulcro no art. 879, § 1.º, da CLT e no art. 475-G do CPC, *in verbis*:

> Art. 879, § 1.º, da CLT – Na liquidação, não se poderá modificar, ou inovar, a sentença liquidanda nem discutir matéria pertinente à causa principal.
>
> Art. 475-G do CPC – É defeso, na liquidação, discutir de novo a lide ou modificar a sentença que a julgou.

Com efeito, nessa fase do processo, o juiz *não poderá modificar ou inovar a sentença liquidanda, nem discutir matéria pertinente à causa principal.*

O fundamento dessa regra é o respeito ao instituto da *coisa julgada material*, que encontra guarida constitucional no art. 5.º, XXXVI, da Constituição Cidadã de 1988:

> Art. 5.º (...)
> XXXVI. A lei não prejudicará o direito adquirido, o ato jurídico perfeito e a coisa julgada;
> (...)

As regras processuais, além de terem como norte o princípio do devido processo legal, deverão se pautar no ideário da segurança jurídica e da estabilidade das relações jurídicas e sociais, sendo representado pela existência da coisa julgada material

18.5 IMPUGNAÇÃO À CONTA DE LIQUIDAÇÃO (IMPUGNAÇÃO À SENTENÇA DE LIQUIDAÇÃO)

A Consolidação das Leis do Trabalho disciplina apenas a *liquidação por cálculo.*

Com efeito, o ordenamento processual trabalhista prevê *duas formas de impugnação aos cálculos de liquidação*, a seguir apontados:

1.ª) *Impugnação à sentença de liquidação*: é a *forma tradicional*, prevista no art. 884, § 3.º, da CLT, consubstanciando *exercício do direito de defesa após a constrição judicial dos bens*:

> Art. 884 (...)
> § 3.º. Somente nos embargos à penhora poderá o executado impugnar a sentença de liquidação, cabendo ao exequente igual direito e no mesmo prazo.

2.ª) *Impugnação à conta de liquidação*: é *forma mais moderna*, oriunda da entrada em vigor da Lei 8.432/1992, que inclui o § 2.º ao art. 879 da CLT, significando *exercício do direito de defesa antes da constrição judicial dos bens*:

Art. 879 (...)

§ 2.º. Elaborada a conta e tornada líquida, o Juiz poderá abrir às partes prazo sucessivo de 10 (dez) dias para impugnação fundamentada com a indicação dos itens e valores objeto da discordância, sob pena de preclusão.

Na *primeira espécie de impugnação*, os cálculos são apresentados por uma ou ambas as partes, o juiz os homologa através da *sentença de liquidação sem dar oportunidade para as partes se manifestarem*, sendo que a oportunidade de impugnação somente será conferida *após a garantia da execução ou da penhora coativa realizada pelo oficial de justiça*. Assim, o exercício do direito de defesa (impugnação à sentença de liquidação) somente será possível após a constrição judicial dos bens.

Caro leitor, segue *sequência de atos processuais* para facilitar a compreensão da matéria:

1.º) *Sentença ilíquida* – início da *fase de liquidação*, que poderá ser promovida *ex officio* (art. 878 da CLT) ou por petição inicial do liquidante (art. 475-B da CLT), instruindo o pedido com a memória discriminada e atualizada do cálculo. A liquidação abrangerá, também, o cálculo das contribuições previdenciárias devidas (art. 879, § 1.º-A, da CLT).

2.º) As partes deverão ser previamente *intimadas* para a *apresentação do cálculo de liquidação*, inclusive da contribuição previdenciária incidente (art. 879, § 1.º-B, da CLT).

3.º) Elaborada a conta pela parte ou pelos órgãos auxiliares da Justiça do Trabalho (Contadoria Judicial), o juiz do trabalho *homologará os cálculos* através da *sentença de liquidação*, sem dar oportunidade às partes para manifestação.

4.º) Iniciará a *fase de execução* através do *mandado de CPA (citação, penhora e avaliação)*, que conterá a decisão exequenda e será cumprido por oficiais de justiça – art. 880 da CLT.

5.º) Será aberto um prazo de *48 horas* para o *executado*, que poderá adotar *quatro comportamentos*:

a) *pagar a dívida*, sendo lavrado termo de quitação e resultando na extinção da execução – art. 881 da CLT;

b) *garantir a execução* mediante *depósito da importância*, atualizada e acrescida das despesas processuais (art. 882 da CLT);

c) *garantir a execução* mediante *nomeação de bens à penhora*, observada a ordem preferencial estabelecida no art. 655 do CPC (art. 882 da CLT);

d) *inércia do devedor* – não pagando, nem garantindo a execução, seguir-se-á a *penhora* dos bens, tantos quantos bastem ao pagamento da importância da condenação (princípio da limitação expropriatória), acrescida de custas e juros de mora (art. 883 da CLT).

6.º) Garantida a execução ou penhorados os bens, o executado será *intimado* para, no prazo de *5 dias*, apresentar *embargos à execução*. Nesse momento processual, no bojo dos próprios embargos, poderá o executado *impugnar a sentença de liquidação*.

7.º) O *exequente* será *intimado* para apresentar *resposta (defesa) aos embargos à execução* no prazo de *5 dias*. Nesse momento processual o exequente poderá apresentar, além da resposta aos embargos, a *impugnação a sentença de liquidação*.

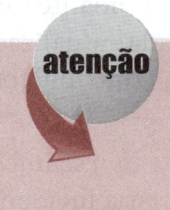

> **atenção** Ainda que o executado não apresente embargos à execução, o exequente deverá ser intimado para ter a oportunidade de apresentar a impugnação à sentença de liquidação, por respeito aos princípios constitucionais do contraditório e da ampla defesa.

8.º) No prazo de *5 dias*, o magistrado proferirá a *sentença*, julgando subsistente ou insubsistente a penhora – julgar-se-ão na mesma sentença os embargos e as impugnações à liquidação apresentadas pelos credores trabalhista e previdenciário (arts. 884, § 4.º, 885 e 886 da CLT).

9.º) Dessa sentença é cabível a interposição de *agravo de petição* (art. 897, *a*, da CLT).

10.º) *Fase de expropriação dos bens* (adjudicação, arrematação e remição) – art. 888 da CLT.

Em contrapartida, na *segunda espécie de impugnação*, os cálculos são apresentados por uma ou ambas as partes. Elaborada a conta e tornada líquida, o *juiz poderá abrir às partes prazo sucessivo de 10 dias para impugnação fundamentada com a indicação dos itens e valores objeto da discordância, sob pena de preclusão* (art. 879, § 2.º, da CLT). Trata-se de uma *faculdade* conferida ao magistrado que, com fulcro na ideia de que o juiz é o diretor do processo (art. 765 da CLT), poderá escolher uma das duas formas de liquidação dos cálculos de liquidação.

Perceba que, nessa espécie, o exercício do direito de defesa é proporcionado às partes antes da constrição judicial dos bens.

Após a impugnação, o juiz homologará os cálculos por meio da sentença de liquidação e a fase de execução terá inicio com o mandado de citação, penhora e avaliação.

Caro leitor, segue *sequência de atos processuais* para facilitar a compreensão da matéria:

1.º) *Sentença ilíquida* – início da *fase de liquidação*, que poderá ser promovida *ex officio* (art. 878 da CLT) ou por petição inicial do liquidante (art. 475-B da CLT), instruindo o pedido com a memória discriminada e atualizada do cálculo. A liquidação abrangerá, também, o cálculo das contribuições previdenciárias devidas (art. 879, § 1.º-A, da CLT).

2.º) As partes deverão ser previamente *intimadas* para a apresentação do *cálculo de liquidação*, inclusive da contribuição previdenciária incidente (art. 879, § 1.º-B, da CLT).

3.º) *Elaborada a conta e tornada líquida, o juiz poderá abrir prazo sucessivo de 10 dias para impugnação fundamentada com a indicação dos itens e valores objeto da discordância, sob pena de preclusão (art. 879, § 2.º, da CLT).*

note BEM

Assim, o juiz tem a faculdade de intimar as partes para proporcionar a oportunidade de apresentação da impugnação à conta de liquidação. Todavia, elaborada a conta pela parte ou pelos órgãos auxiliares da Justiça do Trabalho, o juiz procederá à intimação da União para manifestação, no prazo de 10 dias, sob pena de preclusão (art. 879, § 3.º, da CLT). Portanto, nesse momento do processo, não obstante a *intimação* das partes seja *facultativa*, a *intimação* da União será obrigatória. O Ministro de Estado da Fazenda poderá, mediante ato fundamentado, dispensar a manifestação da União quando o valor total das verbas que integram o salário de contribuição, na forma do art. 28 da Lei 8.212/1991, ocasionar perda de escala decorrente da atuação do órgão jurídico (art. 879, § 5.º, da CLT).

4.º) Após a impugnação à conta de liquidação, o juiz do trabalho homologará os cálculos através da *sentença de liquidação*.

5.º) Iniciará a *fase de execução* por meio do *mandado de CPA (citação, penhora e avaliação)*, que conterá a decisão exequenda e será cumprido por oficiais de justiça – art. 880 da CLT.

6.º) Será aberto um prazo de 48 horas para o executado, que poderá adotar quatro comportamentos:
   a) *pagar a dívida*, sendo lavrado termo de quitação e resultando na extinção da execução – art. 881 da CLT;
   b) *garantir a execução* mediante *depósito da importância,* atualizada e acrescida das despesas processuais;
   c) *garantir a execução* mediante *nomeação de bens à penhora,* observada a ordem preferencial estabelecida no art. 655 do CPC;
   d) *inércia do devedor* – não pagando, nem garantindo a execução, seguir-se-á a *penhora* dos bens, tantos quantos bastem ao pagamento da importância da condenação (princípio da limitação expropriatória), acrescida de custas e juros de mora (art. 883 da CLT).

7.º) Garantida a execução ou penhorados os bens, o *executado* será *intimado* para, no prazo de *5 dias*, apresentar *embargos à execução*. Nesse momento processual, no bojo dos próprios embargos, poderá o executado *impugnar a sentença de liquidação*, se houve manifestação anterior.

8.º) O exequente será *intimado* para apresentar *resposta (defesa) aos embargos à execução* no prazo de *5 dias*. Nesse momento processual, o exequente poderá apresentar, além da resposta aos embargos, a *impugnação a sentença de liquidação*, se houve manifestação anterior.

> **note BEM**
> Ainda que o executado não apresente embargos à execução, o exequente deverá ser intimado para ter a oportunidade de apresentar a impugnação à sentença de liquidação, por respeito aos princípios constitucionais do contraditório e da ampla defesa.

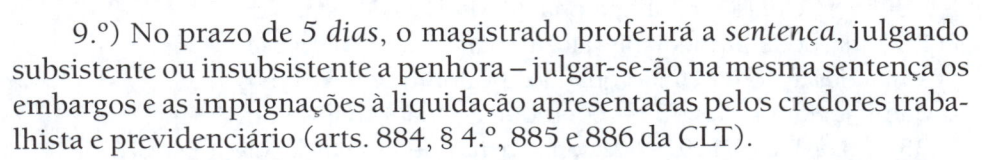

9.º) No prazo de *5 dias*, o magistrado proferirá a *sentença*, julgando subsistente ou insubsistente a penhora – julgar-se-ão na mesma sentença os embargos e as impugnações à liquidação apresentadas pelos credores trabalhista e previdenciário (arts. 884, § 4.º, 885 e 886 da CLT).

10.º) Dessa sentença é cabível a interposição de *agravo de petição* (art. 897, *a*, da CLT).

11.º) *Fase de expropriação dos bens* (adjudicação, arrematação e remição) – art. 888 da CLT.

18.6 NATUREZA JURÍDICA DA SENTENÇA DE LIQUIDAÇÃO E RESPECTIVO RECURSO

Há grande controvérsia doutrinária e jurisprudencial sobre qual é a natureza jurídica da sentença de liquidação.

Embora receba essa denominação (sentença de liquidação), à luz do art. 884, § 3.º, da CLT, prevalece o entendimento de que não se trata de uma sentença, mas de uma *decisão interlocutória*.

É oportuno consignar que a "sentença" de liquidação não é meramente homologatória ou declaratória, podendo apresentar conteúdo meritório, como nos casos de fixação do critério para a época própria da correção monetária, ou na solução da questão sobre os recolhimentos previdenciários e fiscais não veiculados na decisão.

Ainda, vale ressaltar que a "sentença" de liquidação deverá ser *fundamentada*, com esteio no inciso IX do art. 93 da Constituição Cidadã de 1988. Mesmo quando não houver divergência sobre o *quantum debeatur*, a fundamentação deverá ser realizada de forma concisa.

Assim, gozando a "sentença" de liquidação natureza jurídica de decisão interlocutória, aplica-se a regra da *irrecorribilidade imediata* das decisões interlocutórias prevista no art. 893, § 1.º da CLT e na Súmula 214 do TST.

Nessa linha de raciocínio, da *decisão que resolve os embargos à execução e as impugnações*, por ter a natureza jurídica de *sentença de mérito*, comporta a interposição de *agravo de petição* (art. 897, *a*, da CLT).

Por fim, o Tribunal Superior do Trabalho entende que se a sentença de liquidação, que homologou os cálculos, adentrou no *mérito da controvérsia* desses cálculos, poderá ser impugnada por *ação rescisória*. Esse é o entendimento aduzido na Súmula 399, II, do TST, *in verbis*:

> Súmula 399 do TST. Ação rescisória. Cabimento. Sentença de mérito. Decisão homologatória de adjudicação, de arrematação e de cálculos (conversão das Orientações Jurisprudenciais 44, 45 e 85, primeira parte, da SBDI-2) – Res. 137/2005, *DJ* 22, 23 e 24.08.2005
>
> II – A decisão homologatória de cálculos apenas comporta rescisão quando enfrentar as questões envolvidas na elaboração da conta de liquidação, quer solvendo a controvérsia das partes quer explicitando, de ofício, os motivos pelos quais acolheu os cálculos oferecidos por uma das partes ou pelo setor de cálculos, e não contestados pela outra.
>
> (ex-OJ 85 da SBDI-2 – primeira parte – inserida em 13.03.2002 e alterada em 26.11.2002).

IMPUGNAÇÃO À CONTA DE LIQUIDAÇÃO/IMPUGNAÇÃO À SENTENÇA – 2 FORMAS

1ª FORMA: CONSTRIÇÃO DOS BENS E POSTERIOR EXERCÍCIO DO DIREITO DE DEFESA (APÓS A GARANTIA DO JUÍZO)

Art. 884, § 3.º, da CLT

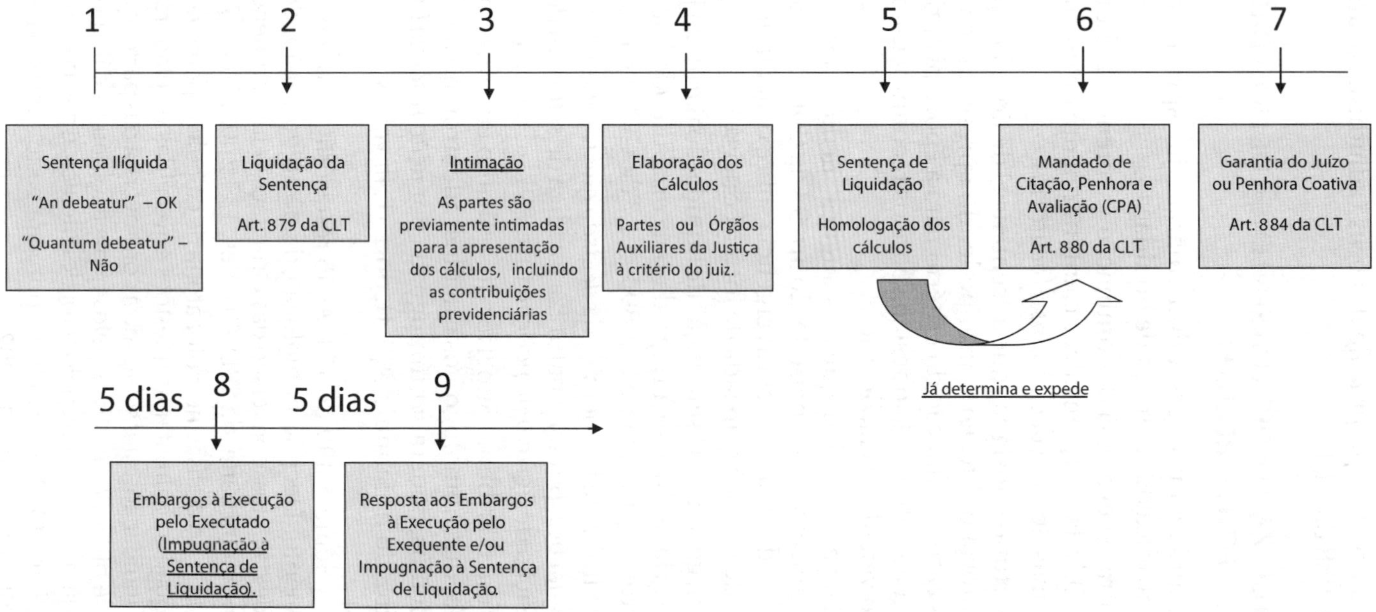

1 — Sentença Ilíquida
"An debeatur" – OK
"Quantum debeatur" – Não

2 → Liquidação da Sentença
Art. 879 da CLT

3 → Intimação
As partes são previamente intimadas para a apresentação dos cálculos, incluindo as contribuições previdenciárias

4 → Elaboração dos Cálculos
Partes ou Órgãos Auxiliares da Justiça a critério do juiz.

5 → Sentença de Liquidação
Homologação dos cálculos

6 → Mandado de Citação, Penhora e Avaliação (CPA)
Art. 880 da CLT

Já determina e expede

7 → Garantia do Juízo ou Penhora Coativa
Art. 884 da CLT

8 → 5 dias — Embargos à Execução pelo Executado (Impugnação à Sentença de Liquidação).

9 → 5 dias — Resposta aos Embargos à Execução pelo Exequente e/ou Impugnação à Sentença de Liquidação.

IMPUGNAÇÃO À CONTA DE LIQUIDAÇÃO/IMPUGNAÇÃO À SENTENÇA – 2 FORMAS

2ª FORMA: EXERCÍCIO DO DIREITO DE DEFESA ANTES DA CONSTRIÇÃO DOS BENS

Art. 879, § 2.º, da CLT (Lei 8.432/1992 – Reforma na CLT)

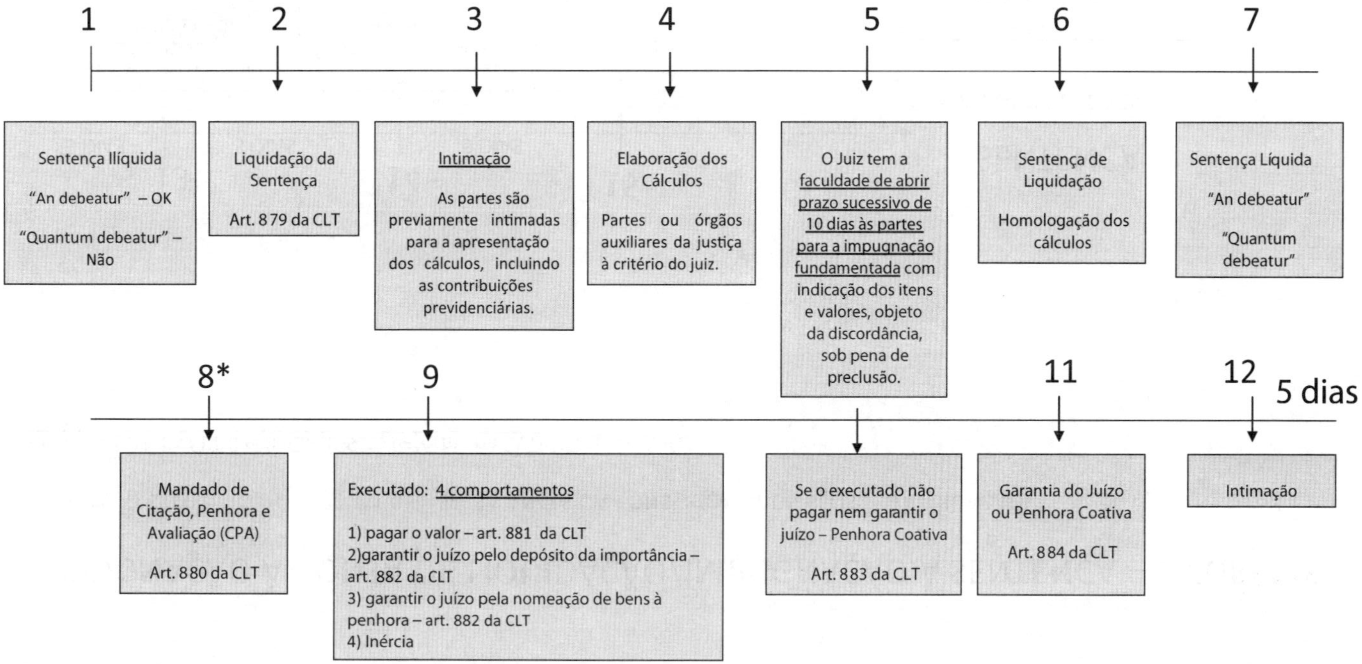

1. Sentença Ilíquida — "An debeatur" – OK — "Quantum debeatur" – Não

2. Liquidação da Sentença — Art. 879 da CLT

3. Intimação — As partes são previamente intimadas para a apresentação dos cálculos, incluindo as contribuições previdenciárias.

4. Elaboração dos Cálculos — Partes ou órgãos auxiliares da justiça a critério do juiz.

5. O Juiz tem a faculdade de abrir prazo sucessivo de 10 dias às partes para a impugnação fundamentada com indicação dos itens e valores, objeto da discordância, sob pena de preclusão.

6. Sentença de Liquidação — Homologação dos cálculos

7. Sentença Líquida — "An debeatur" "Quantum debeatur"

8*. Mandado de Citação, Penhora e Avaliação (CPA) — Art. 880 da CLT

9. Executado: 4 comportamentos
1) pagar o valor – art. 881 da CLT
2) garantir o juízo pelo depósito da importância – art. 882 da CLT
3) garantir o juízo pela nomeação de bens à penhora – art. 882 da CLT
4) Inércia

10. Se o executado não pagar nem garantir o juízo – Penhora Coativa — Art. 883 da CLT

11. Garantia do Juízo ou Penhora Coativa — Art. 884 da CLT

12. 5 dias — Intimação

IMPUGNAÇÃO À CONTA DE LIQUIDAÇÃO/IMPUGNAÇÃO À SENTENÇA – 2 FORMAS

2ª FORMA: EXERCÍCIO DO DIREITO DE DEFESA ANTES DA CONSTRIÇÃO DOS BENS (CONTINUAÇÃO)

Art. 879, § 2.º, da CLT (Lei 8.432/1992 – Reforma na CLT)

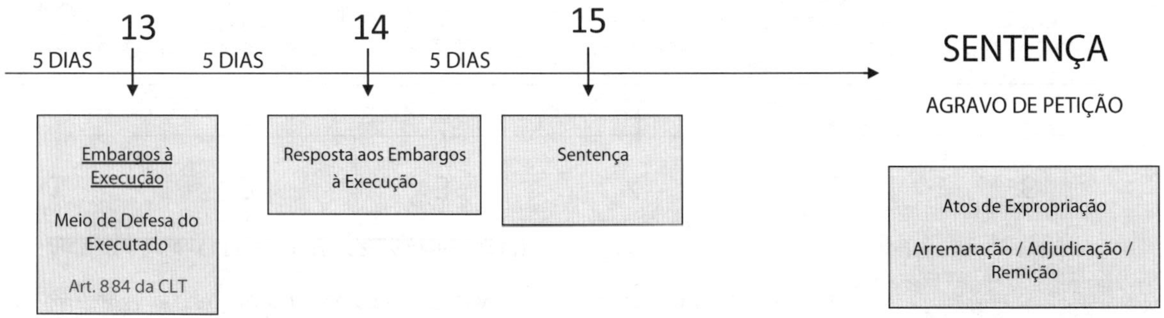

```
                                                                    SENTENÇA
                                                                 AGRAVO DE PETIÇÃO

                                                              ┌──────────────────────┐
                                                              │ Atos de Expropriação │
                                                              │ Arrematação /        │
                                                              │ Adjudicação /        │
                                                              │ Remição              │
                                                              └──────────────────────┘

          13         5 DIAS      14        5 DIAS       15
          ├─────────────────────→├─────────────────────→├─────────────────────→
 5 DIAS
 
     ┌──────────────┐      ┌──────────────┐      ┌──────────────┐
     │ Embargos à   │      │ Resposta aos │      │   Sentença   │
     │ Execução     │      │ Embargos     │      │              │
     │              │      │ à Execução   │      │              │
     │ Meio de      │      │              │      │              │
     │ Defesa do    │      │              │      │              │
     │ Executado    │      │              │      │              │
     │              │      │              │      │              │
     │ Art. 884 da  │      │              │      │              │
     │ CLT          │      │              │      │              │
     └──────────────┘      └──────────────┘      └──────────────┘
```

Execução Trabalhista

19.1 INTRODUÇÃO

Começaremos esse importante e complexo capítulo com conceitos introdutórios, abaixo alinhavados.

O *processo de conhecimento*, também conhecido como de cognição, *tem por objetivo a aplicação do direito objetivo ao caso concreto para a solução da lide, que é o conflito de interesses qualificado por uma pretensão resistida. O juiz tomará conhecimento dos contornos da lide, formará o seu convencimento e proferirá uma sentença de certificação do direito, resolvendo a "crise de certeza", atribuindo o direito material ao autor ou ao réu.*

O processo de execução *tem por escopo a realização prática de atos concretos e satisfativos do direito do credor. É a realização da vontade concreta da lei. De nada adiantaria o Estado-Juiz apenas aplicar o direito objetivo ao caso concreto no comando sentencial, se não houvesse uma forma de entrega forçada do bem da vida ao jurisdicionado na hipótese de inadimplemento do devedor.*

Assim, temos duas grandes crises no âmbito processual:

a) crise de certeza: é aquela caracterizada pela dúvida em quem é o titular do direito material em disputa, resolvida pelo processo de conhecimento;

b) crise de satisfação ou de adimplemento: é aquela caracterizada pela demora na entrega do bem da vida ao jurisdicionado, resolvida pela processo de execução.

O processo cautelar *tem por objetivo garantir o resultado útil do processo principal (de conhecimento ou de execução). Consubstancia uma tutela de urgência que busca assegurar a efetividade do provimento final do processo principal.*

A compreensão desses conceitos é primordial para o entendimento dos princípios, fundamentos e regras do processo de execução.

Atualmente, os processualistas de nomeada preconizam e a sociedade anseia a efetividade do processo e o acesso à ordem jurídica justa. Trata-se de uma necessidade essencial de um Estado Democrático de Direito a entrega da prestação jurisdicional de forma célere. O princípio da razoável duração do processo é um direito fundamental previsto no Pacto de São José da Costa Rica (Convenção Americana sobre Direitos Humanos) e encontra assento na Constituição Cidadã de 1988, em seu art. 5.º, LXXVIII:

> Art. 5.º (...)
> LXXVIII – a todos, no âmbito judicial e administrativo, são assegurados a razoável duração do processo e os meios que garantam a celeridade de sua tramitação.

19.2 LACUNA NA CLT E APLICAÇÃO SUBSIDIÁRIA

A CLT, como o próprio nome indica, é uma Consolidação das Leis do Trabalho. Não obstante tenha sido realizado um trabalho brilhante de reunião de leis trabalhistas na Era do Getúlio Vargas, no Estado Novo, o Diploma Consolidado apresenta muitas lacunas e precisa ser modernizado à luz das novas relações trabalhistas da sociedade moderna.

Com efeito, a CLT traz o art. 769, que autoriza a aplicação subsidiária do Processo Comum ao Processo do Trabalho:

> Art. 769. Nos casos omissos, o direito processual comum será fonte subsidiária do direito processual do trabalho, exceto naquilo em que for incompatível com as normas deste Título.

Assim, a própria CLT autoriza a aplicação subsidiária do Código de Processo Civil ao Processo do Trabalho, desde que haja o preenchimento de 2 requisitos cumulativos:

a) lacuna (omissão) na CLT;

b) compatibilidade com os princípios e regras que regem o ciência processual trabalhista.

Todavia, é oportuno ressaltar que na *fase de execução trabalhista*, a aplicação subsidiária de outros diplomas normativos apresenta suas peculiaridades.

Nesse sentido, convém apontar o art. 889 da CLT, *in verbis*:

> Art. 889. Aos trâmites e incidentes do processo da execução são aplicáveis, naquilo em que não contravierem ao presente Título, os preceitos que regem o processo dos executivos fiscais para a cobrança judicial da dívida ativa da Fazenda Pública Federal.

Portanto, na hipótese de *lacuna na CLT* ao disciplinar a *fase de execução trabalhista*, a *aplicação subsidiária* deverá ser realizada observando-se a seguinte ordem:

a) Lei de Execução Fiscal (Lei 6.830/1980);

b) Código de Processo Civil (Lei 5.869/1973).

Explicando melhor: na hipótese de omissão no Diploma Consolidado em relação à fase de execução trabalhista, o operador do Direito deverá utilizar a Lei de Execução Fiscal antes do Código de Processo Civil.

Vale salientar que a *aplicação subsidiária da Lei de Execução Fiscal* deverá obedecer os mencionados 2 requisitos cumulativos:

a) lacuna (omissão) da CLT;

b) compatibilidade com os princípios e regras da ciência processual trabalhista.

Por fim, na fase de execução trabalhista, a aplicação subsidiária da Lei de Execução Fiscal vem perdendo cada vez mais espaço para a aplicação subsidiária do Código de Processo Civil, principalmente com as suas recentes reformas, que se coadunam mais com os princípios do Processo do Trabalho, em especial com os princípios da efetividade, da celeridade, da razoável duração do processo, da simplicidade, da informalidade, da oralidade, do *jus postulandi* etc.

19.3 REGRAMENTO LEGAL

Continuando o raciocínio acima esposado, a fase de execução trabalhista é regida pelos seguintes diplomas legais, aplicados na ordem abaixo ventilada:

1.º) Consolidação das Leis do Trabalho (CLT) – Decreto-Lei 5.452/1943, em seus arts. 876 a 892 (20 artigos).

> Art. 876. As decisões passadas em julgado ou das quais não tenha havido recurso com efeito suspensivo; os acordos, quando não cumpridos; os termos de ajuste de conduta firmados perante o Ministério Público do Trabalho e os termos de conciliação firmados perante as Comissões de Conciliação Prévia serão executada pela forma estabelecida neste Capítulo.
>
> Parágrafo único. Serão executadas *ex officio* as contribuições sociais devidas em decorrência de decisão proferida pelos Juízes e Tribunais do Trabalho, resultantes de condenação ou homologação de acordo, inclusive sobre os salários pagos durante o período contratual reconhecido.

Art. 877. É competente para a execução das decisões o Juiz ou Presidente do Tribunal que tiver conciliado ou julgado originariamente o dissídio.

Art. 877-A É competente para a execução de título executivo extrajudicial o juiz que teria competência para o processo de conhecimento relativo à matéria.

Art. 878. A execução poderá ser promovida por qualquer interessado, ou *ex officio* pelo próprio Juiz ou Presidente ou Tribunal competente, nos termos do artigo anterior.

Parágrafo único. Quando se tratar de decisão dos Tribunais Regionais, a execução poderá ser promovida pela Procuradoria da Justiça do Trabalho.

Art. 878-A. Faculta-se ao devedor o pagamento imediato da parte que entender devida à Previdência Social, sem prejuízo da cobrança de eventuais diferenças encontradas na execução *ex officio*.

Art. 879. Sendo ilíquida a sentença exequenda, ordenar-se-á, previamente, a sua liquidação, que poderá ser feita por cálculo, por arbitramento ou por artigos.

§ 1.º Na liquidação, não se poderá modificar, ou inovar, a sentença liquidanda nem discutir matéria pertinente à causa principal.

§ 1.º-A A liquidação abrangerá, também, o cálculo das contribuições previdenciárias devidas.

§ 1.º-B As partes deverão ser previamente intimadas para a apresentação do cálculo de liquidação, inclusive da contribuição previdenciária incidente.

§ 2.º Elaborada a conta e tornada líquida, o Juiz poderá abrir às partes prazo sucessivo de 10 (dez) dias para impugnação fundamentada com a indicação dos itens e valores objeto da discordância, sob pena de preclusão.

§ 3.º Elaborada a conta pela parte ou pelos órgãos auxiliares da Justiça do Trabalho, o juiz procederá à intimação da União para manifestação, no prazo de 10 (dez) dias, sob pena de preclusão.

§ 4.º A atualização do crédito devido à Previdência Social observará os critérios estabelecidos na legislação previdenciária.

§ 5.º O Ministro de Estado da Fazenda poderá, mediante ato fundamentado, dispensar a manifestação da União quando o valor total das verbas que integram o salário de contribuição, na forma do art. 28 da Lei 8.212, de 24 de julho de 1991, ocasionar perda de escala decorrente da atuação do órgão jurídico.

§ 6.º Tratando-se de cálculos de liquidação complexos, o juiz poderá nomear perito para a elaboração e fixará, depois da conclusão do trabalho, o valor dos respectivos honorários com observância, entre outros, dos critérios de razoabilidade e proporcionalidade.

Art. 880. Requerida a execução, o juiz ou presidente do tribunal mandará expedir mandado de citação do executado, a fim de que cumpra a decisão ou o acordo no prazo, pelo modo e sob as cominações estabelecidas ou, quando se tratar de pagamento em dinheiro, inclusive de contribuições sociais devidas à União, para que o faça em 48 (quarenta e oito) horas ou garanta a execução, sob pena de penhora.

§ 1.º O mandado de citação deverá conter a decisão exequenda ou o termo de acordo não cumprido.

§ 2.º A citação será feita pelos oficiais de diligência.

§ 3.º Se o executado, procurado por 2 (duas) vezes no espaço de 48 (quarenta e oito) horas, não for encontrado, far-se-á citação por edital, publicado no jornal oficial ou, na falta deste, afixado na sede da Junta ou Juízo, durante 5 (cinco) dias.

Art. 881. No caso de pagamento da importância reclamada, será este feito perante o escrivão ou secretário, lavrando-se termo de quitação, em 2 (duas) vias, assinadas pelo exequente, pelo executado e pelo mesmo escrivão ou secretário, entregando-se a segunda via ao executado e juntando-se a outra ao processo.

Parágrafo único. Não estando presente o exequente, será depositada a importância, mediante guia, em estabelecimento oficial de crédito ou, em falta deste, em estabelecimento bancário idôneo.

Art. 882. O executado que não pagar a importância reclamada poderá garantir a execução mediante depósito da mesma, atualizada e acrescida das despesas processuais, ou nomeando bens à penhora, observada a ordem preferencial estabelecida no art. 655 do Código Processual Civil.

Art. 883. Não pagando o executado, nem garantindo a execução, seguir-se-á penhora dos bens, tantos quantos bastem ao pagamento da importância da condenação, acrescida de custas e juros de mora, sendo estes, em qualquer caso, devidos a partir da data em que for ajuizada a reclamação inicial.

Art. 884. Garantida a execução ou penhorados os bens, terá o executado 5 (cinco) dias para apresentar embargos, cabendo igual prazo ao exequente para impugnação.

§ 1.º A matéria de defesa será restrita às alegações de cumprimento da decisão ou do acordo, quitação ou prescrição da dívida.

§ 2.º Se na defesa tiverem sido arroladas testemunhas, poderá o Juiz ou o Presidente do Tribunal, caso julgue necessários seus depoimentos, marcar audiência para a produção das provas, a qual deverá realizar-se dentro de 5 (cinco) dias.

§ 3.º Somente nos embargos à penhora poderá o executado impugnar a sentença de liquidação, cabendo ao exequente igual direito e no mesmo prazo.

§ 4.º Julgar-se-ão na mesma sentença os embargos e as impugnações à liquidação apresentadas pelos credores trabalhista e previdenciário.

§ 5.º Considera-se inexigível o título judicial fundado em lei ou ato normativo declarados inconstitucionais pelo Supremo Tribunal Federal ou em aplicação ou interpretação tidas por incompatíveis com a Constituição Federal.

Art. 885. Não tendo sido arroladas testemunhas na defesa, o juiz ou presidente, conclusos os autos, proferirá sua decisão, dentro de 5 (cinco) dias, julgando subsistente ou insubsistente a penhora.

Art. 886. Se tiverem sido arroladas testemunhas, finda a sua inquirição em audiência, o escrivão ou secretário fará, dentro de 48 (quarenta e oito) horas, conclusos os autos ao juiz ou presidente, que proferirá sua decisão, na forma prevista no artigo anterior.

§ 1.º Proferida a decisão, serão da mesma notificadas as partes interessadas, em registrado postal, com franquia.

§ 2.º Julgada subsistente a penhora, o juiz, ou presidente, mandará proceder logo à avaliação dos bens penhorados.

Art. 887. A avaliação dos bens penhorados em virtude da execução de decisão condenatória, será feita por avaliador escolhido de comum acordo pelas partes, que perceberá as custas arbitradas pelo juiz, ou presidente do tribunal trabalhista, de conformidade com a tabela a ser expedida pelo Tribunal Superior do Trabalho.

§ 1.º Não acordando as partes quanto à designação de avaliador, dentro de cinco dias após o despacho que o determinou a avaliação, será o avaliador designado livremente pelo juiz ou presidente do tribunal.

§ 2.º Os servidores da Justiça do Trabalho não poderão ser escolhidos ou designados para servir de avaliador.

Art. 888. Concluída a avaliação, dentro de dez dias, contados da data da nomeação do avaliador, seguir-se-á a arrematação, que será anunciada por edital afixado na sede do juízo ou tribunal e publicado no jornal local, se houver, com a antecedência de vinte (20) dias.

§ 1.º A arrematação far-se-á em dia, hora e lugar anunciados e os bens serão vendidos pelo maior lance, tendo o exequente preferência para a adjudicação.

§ 2.º O arrematante deverá garantir o lance com o sinal correspondente a 20% (vinte por cento) do seu valor.

§ 3.º Não havendo licitante, e não requerendo o exequente a adjudicação dos bens penhorados, poderão os mesmos ser vendidos por leiloeiro nomeado pelo Juiz ou Presidente.

§ 4.º Se o arrematante, ou seu fiador, não pagar dentro de 24 (vinte e quatro) horas o preço da arrematação, perderá, em benefício da execução, o sinal de que trata o § 2.º deste artigo, voltando à praça os bens executados.

Art. 889. Aos trâmites e incidentes do processo da execução são aplicáveis, naquilo em que não contravierem ao presente Título, os preceitos que regem o processo dos executivos fiscais para a cobrança judicial da dívida ativa da Fazenda Pública Federal.

Art. 889-A. Os recolhimentos das importâncias devidas, referentes às contribuições sociais, serão efetuados nas agências locais da Caixa Econômica Federal ou do Banco do Brasil S.A., por intermédio de documento de arrecadação da Previdência Social, dele se fazendo constar o número do processo.

§ 1.º Concedido parcelamento pela Secretaria da Receita Federal do Brasil, o devedor juntará aos autos a comprovação do ajuste, ficando a execução da contribuição social correspondente suspensa até a quitação de todas as parcelas.

§ 2.º As Varas do Trabalho encaminharão mensalmente à Secretaria da Receita Federal do Brasil informações sobre os recolhimentos efetivados nos autos, salvo se outro prazo for estabelecido em regulamento.

Art. 890. A execução para pagamento de prestações sucessivas far-se-á com observância das normas constantes desta Seção, sem prejuízo das demais estabelecidas neste Capítulo.

Art. 891. Nas prestações sucessivas por tempo determinado, a execução pelo não pagamento de uma prestação compreenderá as que lhe sucederem.

Art. 892. Tratando-se de prestações sucessivas por tempo indeterminado, a execução compreenderá inicialmente as prestações devidas até a data do ingresso na execução.

2.º) Lei 5.584/1970, em especial o seu art. 13, que trata do instituto processual da remição.

Art. 13. Em qualquer hipótese, a remição só será deferível ao executado se este oferecer preço igual ao valor da condenação.

3.º) Lei de Execução Fiscal – Lei 6.830/1980, nos termos do art. 889 da CLT; e

> Art. 889. -Aos trâmites e incidentes do processo da execução são aplicáveis, naquilo em que não contravierem ao presente Título, os preceitos que regem o processo dos executivos fiscais para a cobrança judicial da dívida ativa da Fazenda Pública Federal.

4.º) Código de Processo Civil – Lei 5.869/1973.

19.4 TÍTULOS EXECUTIVOS TRABALHISTAS

19.4.1 Introdução

Toda execução depende do preenchimento de 2 requisitos cumulativos, a saber:

a) inadimplemento do devedor;

b) título executivo judicial ou extrajudicial.

Podemos conceituar o título executivo *como o documento que consubstancia uma obrigação a ser adimplida (obrigação de dar, de fazer ou não fazer), no qual haverá a individualização do credor e do devedor, dotado de eficácia executiva perante o Poder Judiciário, e que deverá preencher as formalidades previstas em lei.*

No que concerne ao requisito da existência de um título executivo, vale ressaltar que a execução sem título é nula (*nulla executio sine titulo*).

Com efeito, para que uma execução tenha seu regular processamento, e partindo da premissa de que o magistrado, na formação do seu livre convencimento motivado, não terá a certeza absoluta em relação ao crédito, a lei atribui certeza relativa ao título executivo. Dessa forma, o título consubstancia prova legal da existência do crédito.

O art. 586 do CPC aduz que:

> Art. 586. A execução para cobrança de crédito fundar-se-á sempre em título de obrigação certa, líquida e exigível.

Dessa forma, o ordenamento jurídico vigente exige os seguintes requisitos cumulativos da obrigação prevista no título executivo:

1.º) obrigação certa: caracterizada pelo trânsito em julgado, formação da coisa julgada material e consequente impossibilidade de alteração da obrigação, em relação a um título executivo judicial; e pelo preenchimento das formalidades previstas em lei, no que atine a um título executivo extrajudicial. Explicando melhor: a fase de execução não é o momento processual apropriado para rediscussão de matéria ventilada na fase de conhecimento. Nessa fase cognitiva, o juiz proferiu a sentença de certificação do direito, resolvendo a "crise de certeza".

2.°) obrigação líquida: caracterizada pela individualização pelo próprio título do objeto da obrigação (obrigação de dar, fazer ou não fazer) ou do valor da obrigação (obrigação de pagar);

3.°) obrigação exigível: caracterizada pela existência de título não suscetível a nenhuma condição ou termo, ou seja, a nenhum evento futuro, incerto ou certo. A exigibilidade relaciona-se com o poder de exigir o cumprimento da prestação a ser adimplida.

Basicamente, os títulos executivos são classificados em:

a) Títulos executivos judiciais: como o próprio nome indica, tem como origem o Poder Judiciário.

O Código de Processo Civil, em seu art. 475-N, com redação dada pela Lei 11.232/2005, menciona quais são os *títulos executivos judiciais*:

> Art. 475. São títulos executivos judiciais:
> I – a sentença proferida no processo civil que reconheça a existência de obrigação de fazer, não fazer, entregar coisa ou pagar quantia;
> II – a sentença penal condenatória transitada em julgado;
> III – a sentença homologatória de conciliação ou de transação, ainda que inclua matéria não posta em juízo;
> IV – a sentença arbitral;
> V – o acordo extrajudicial, de qualquer natureza, homologado judicialmente;
> VI – a sentença estrangeira, homologada pelo Superior Tribunal de Justiça;
> VII – o formal e a certidão de partilha, exclusivamente em relação ao inventariante, aos herdeiros e aos sucessores a título singular ou universal.
> Parágrafo único. Nos casos dos incisos II, IV e VI, o mandado inicial (art. 475-J) incluirá a ordem de citação do devedor, no juízo cível, para liquidação ou execução, conforme o caso.

b) Títulos executivos extrajudiciais: são aqueles cuja criação é atribuída às próprias partes.

O Código de Processo Civil elenca quais são os títulos executivos extrajudiciais em seu art. 585, *in verbis*:

> Art. 585. São títulos executivos extrajudiciais:
>
> I – a letra de câmbio, a nota promissória, a duplicata, a debênture e o cheque;
>
> II – a escritura pública ou outro documento público assinado pelo devedor; o documento particular assinado pelo devedor e por duas testemunhas; o instrumento de transação referendado pelo Ministério Público, pela Defensoria Pública ou pelos advogados dos transatores;
>
> III – os contratos garantidos por hipoteca, penhor, anticrese e caução, bem como os de seguro de vida;
>
> IV – o crédito decorrente de foro e laudêmio;
>
> V – o crédito, documentalmente comprovado, decorrente de aluguel de imóvel, bem como de encargos acessórios, tais como taxas e despesas de condomínio;
>
> VI – o crédito de serventuário de justiça, de perito, de intérprete, ou de tradutor, quando as custas, emolumentos ou honorários forem aprovados por decisão judicial;
>
> VII – a certidão de dívida ativa da Fazenda Pública da União, dos Estados, do Distrito Federal, dos Territórios e dos Municípios, correspondente aos créditos inscritos na forma da lei;
>
> VIII – todos os demais títulos a que, por disposição expressa, a lei atribuir força executiva.
>
> § 1.º A propositura de qualquer ação relativa ao débito constante do título executivo não inibe o credor de promover-lhe a execução.
>
> § 2.º Não dependem de homologação pelo Supremo Tribunal Federal, para serem executados, os títulos executivos extrajudiciais, oriundos de país estrangeiro. O título, para ter eficácia executiva, há de satisfazer aos requisitos de formação exigidos pela lei do lugar de sua celebração e indicar o Brasil como o lugar de cumprimento da obrigação.

Vamos ao estudo dos títulos executivos trabalhistas.

19.4.2 Títulos executivos judiciais trabalhistas

O estudo dos títulos executivos trabalhistas deve ser iniciado da análise do art. 876, *caput*, da CLT, a saber:

> Art. 876. As decisões passadas em julgado ou das quais não tenha havido recurso com efeito suspensivo; os acordos, quando não cumpridos; os termos de ajuste de conduta firmados perante o Ministério Público do Trabalho e os termos de conciliação firmados perante as Comissões de Conciliação Prévia serão executada pela forma estabelecida neste Capítulo.

Assim, com fulcro no mencionado dispositivo do Diploma Consolidado, são títulos executivos judiciais trabalhistas:

a) sentença transitada em julgado – Nesse caso teremos execução definitiva;

b) sentença impugnada por recurso dotado apenas de efeito devolutivo – Nesse caso haverá execução provisória, que, no processo do trabalho, avança apenas até a penhora (art. 899, *caput*, CLT);

c) acordo judicial não cumprido – Vale ressaltar que o termo de com conciliação lavrado pelo Judiciário Trabalhista valerá como decisão irrecorrível para as partes, transitando em julgado na data da homologação judicial, momento processual em que adquirirá força executiva (art. 831, parágrafo único, da CLT e Súmula 100, V, do TST).

19.4.3 Títulos executivos extrajudiciais trabalhistas

Convém apontar novamente o art. 876, *caput*, da CLT, para analisarmos quais são os títulos executivos extrajudiciais trabalhistas:

> Art. 876. As decisões passadas em julgado ou das quais não tenha havido recurso com efeito suspensivo; os acordos, quando não cumpridos; os termos de ajuste de conduta firmados perante o Ministério Público do Trabalho e os termos de conciliação firmados perante as Comissões de Conciliação Prévia serão executada pela forma estabelecida neste Capítulo.

Vale ressaltar que, ao longo da história da ciência processual trabalhista, sempre houve muita resistência da admissão de títulos executivos extrajudiciais trabalhistas. Somente com o advento da Lei 9.958/2000, que trouxe para o nosso ordenamento justrabalhista a Comissão de Conciliação Prévia, forma alternativa extraprocessual de autocomposição dos conflitos trabalhistas, é que os mencionados títulos passaram a ser admitidos.

Assim, são títulos executivos extrajudiciais trabalhistas:

a) Termo de Ajuste de Conduta (TAC), também conhecido como Termo de Ajustamento de Conduta ou Termo de Compromisso de Ajustamento de Conduta, firmado perante o Ministério Público do Trabalho (MPT).

O ordenamento jurídico brasileiro prevê constitucionalmente a ação civil pública como o meio processual adequado para a tutela jurisdicional dos interesses ou direitos transindividuais ou metaindividuais de terceira dimensão (difusos, coletivos e individuais homogêneos).

Antes do ajuizamento da ação civil pública, normalmente o Ministério Público do Trabalho instaura o inquérito civil público para colheita de elementos de prova para corroborar a competente ação civil pública.

Neste inquérito, é comum o Ministério Público do Trabalho chamar o empregador que esteja descumprindo direitos transindividuais trabalhistas e propor a celebração de um Termo de Ajuste de Conduta, instrumento no qual a empresa assumirá o compromisso de adequar a sua conduta ao ordenamento jurídico vigente. No termo, ficam pactuadas condições, prazos e multa pecuniária (*astreintes*) para a mencionada adequação.

O Termo de Ajuste de Conduta encontra amparo legal no art. 5.º, § 6.º, da Lei 7.347/1985:

> Art. 5.º (...)
> § 6.º Os órgãos públicos legitimados poderão tomar dos interessados compromisso de ajustamento de sua conduta às exigências legais, mediante cominações, que terá eficácia de título executivo extrajudicial.

b) Termo de Conciliação firmado perante a Comissão de Conciliação Prévia.

A Comissão de Conciliação Prévia (CCP) entrou em vigor no ordenamento jurídico vigente com o advento da Lei 9.958/2000, que incluiu os arts. 625-A a 625-H na CLT.

Consubstancia uma forma extraprocessual alternativa de autocomposição dos conflitos individuais trabalhistas.

Neste diapasão, o art. 625-E, parágrafo único, da CLT traz duas importantes características do termo de conciliação celebrado na CCP:

> Art. 625-E (...)
> Parágrafo único. O termo de conciliação é título executivo extrajudicial e terá eficácia liberatória geral, exceto quanto às parcelas expressamente ressalvadas.

1.ª) trata-se de um título executivo extrajudicial;

2.ª) apresenta eficácia liberatória geral, exceto quanto às parcelas expressamente ressalvadas.

Assim, de acordo com a CLT e partindo-se da premissa de que é um título executivo extrajudicial, o acordo celebrado na CCP resulta na quitação geral dada ao extinto contrato de trabalho, impedindo o empregado de ingressar com reclamação trabalhista na Justiça do Trabalho pleiteando outras parcelas trabalhistas ou eventuais diferenças.

19.4.4 Rol taxativo ou meramente exemplificativo?

Conforme já estudamos, o art. 876, *caput*, da CLT, elenca quais são os títulos executivos trabalhistas, judiciais e extrajudiciais.

Com efeito, surge importante indagação: o aludido rol é taxativo (*numerus clausus*) ou meramente exemplificativo (*numerus apertus*)? Há uma grande discussão doutrinária e jurisprudencial sobre o tema em comento, existindo duas grandes linhas de entendimento:

1.ª corrente (majoritária): *Teoria Restritiva* – sustenta que o *rol é taxativo*, admitindo-se apenas um *terceiro título executivo extrajudicial trabalhista*, qual seja, a certidão de inscrição na dívida ativa da União referente às penalidades administrativas impostas aos empregadores pelos órgãos de fiscalização das relações de trabalho.

Neste diapasão, a EC 45/2004 (Reforma do Judiciário) ampliou significativamente a competência material da Justiça do Trabalho, delineada no art. 114 da CF/1988. O inc. VII do mencionado dispositivo constitucional aduz que compete à Justiça do Trabalho processar e julgar as ações relativas às penalidades administrativas impostas aos empregadores pelos órgãos de fiscalização das relações de trabalho.

Portanto, na hipótese do auditor-fiscal do Ministério do Trabalho e Emprego (MTE) lavrar um auto de infração, aplicando uma multa ao empregador, e esta não for paga, será inscrita na certidão da dívida ativa da União, representando um terceiro título executivo extrajudicial trabalhista.

2.ª corrente: *Teoria Ampliativa* – Advoga a tese de que o rol do art. 876, *caput*, da CLT é *meramente exemplificativo*, sendo admitidos outros títulos executivos trabalhistas, tanto judiciais quanto extrajudiciais.

O advento da Lei 12.440, de 7 de julho de 2011 (essa lei entrou em vigor 180 [cento e oitenta] dias após a data de sua publicação), acrescentou o Título VII-A à Consolidação das Leis do Trabalho (CLT), para instituir a Certidão Negativa de Débitos Trabalhistas:

> Art. 642-A. É instituída a Certidão Negativa de Débitos Trabalhistas (CNDT), expedida gratuita e eletronicamente, para comprovar a inexistência de débitos inadimplidos perante a Justiça do Trabalho.
>
> § 1.º O interessado não obterá a certidão quando em seu nome constar:
>
> I – o inadimplemento de obrigações estabelecidas em sentença condenatória transitada em julgado proferida pela Justiça do Trabalho

ou em acordos judiciais trabalhistas, inclusive no concernente aos recolhimentos previdenciários, a honorários, a custas, a emolumentos ou a recolhimentos determinados em lei; ou

II – o inadimplemento de obrigações decorrentes de execução de acordos firmados perante o Ministério Público do Trabalho ou Comissão de Conciliação Prévia.

§ 2.º Verificada a existência de débitos garantidos por penhora suficiente ou com exigibilidade suspensa, será expedida Certidão Positiva de Débitos Trabalhistas em nome do interessado com os mesmos efeitos da CNDT.

§ 3.º A CNDT certificará a empresa em relação a todos os seus estabelecimentos, agências e filiais.

§ 4.º O prazo de validade da CNDT é de 180 (cento e oitenta) dias, contado da data de sua emissão.

19.5 COMPETÊNCIA

Em primeiro lugar, é importante afirmar que estudaremos a competência funcional para o âmbito da fase de execução trabalhista, sendo uma espécie de competência absoluta, e, portanto, inderrogável por vontade das partes.

A *competência funcional* para a fase de execução trabalhista está previstas nos arts. 877 e 877-A da CLT, abaixo apontados:

> Art. 877. É competente para a execução das decisões o Juiz ou Presidente do Tribunal que tiver conciliado ou julgado originariamente o dissídio.
>
> Art. 877-A. É competente para a execução de título executivo extrajudicial o juiz que teria competência para o processo de conhecimento relativo à matéria.

Dessa forma, a *competência funcional* para a execução trabalhista deverá respeitar as seguintes *regras*, a depender de ela ser fundada em título executivo trabalhista judicial ou extrajudicial:

a) execução fundada em título executivo judicial: é competente o juiz ou tribunal que tiver conciliado ou julgado originariamente o dissídio. Aplica-se o princípio da *perpetuatio jurisdictionis* previsto no art. 87 do CPC, ou seja, a execução vai tramitar onde tramitou o conhecimento;

b) execução fundada em título executivo extrajudicial: é competente o juiz ou tribunal que teria competência para o processo de conhecimento relativo à matéria. Em regra, será observado o art. 651 da

CLT, que estabelece como critério o local de prestação de serviços, independentemente do local da contratação.

O advento da Lei 11.232/2005 trouxe importante reforma ao Código de Processo Civil, plasmada no art. 475-P, parágrafo único, *in verbis*:

> Art. 475-P. O cumprimento da sentença efetuar-se-á perante:
> I – os tribunais, nas causas de sua competência originária;
> II – o juízo que processou a causa no primeiro grau de jurisdição;
> III – o juízo cível competente, quando se tratar de sentença penal condenatória, de sentença arbitral ou de sentença estrangeira.
> Parágrafo único. No caso do inc. II do *caput* deste artigo, o exequente poderá optar pelo juízo do local onde se encontram bens sujeitos à expropriação ou pelo do atual domicílio do executado, casos em que a remessa dos autos do processo será solicitada ao juízo de origem.

Com efeito, o mencionado dispositivo legal traz uma exceção ao princípio da *perpetuatio jurisdictionis*, extraído da interpretação sistemático-teleológica dos arts. 87 e 263 do CPC, abaixo consignados:

> Art. 87. Determina-se a competência no momento em que a ação é proposta. São irrelevantes as modificações do estado de fato ou de direito ocorridas posteriormente, salvo quando suprimirem o órgão judiciário ou alterarem a competência em razão da matéria ou da hierarquia.
> Art. 263. Considera-se proposta a ação, tanto que a petição inicial seja despachada pelo juiz, ou simplesmente distribuída, onde houver mais de uma vara. A propositura da ação, todavia, só produz, quanto ao réu, os efeitos mencionados no art. 219 depois que for validamente citado.

Explicando melhor a aludida reforma: No estudo do tema competência no Direito Processual Civil, encontramos o importante princípio da *perpetuatio jurisdictionis*. Traduzindo ao pé da letra, é o *princípio da perpetuação da jurisdição*, ou melhor dizendo, o *princípio da perpetuação da competência*.

Com efeito, a competência é determinada no momento em que a ação é proposta. Considera-se proposta a ação no momento em que a petição inicial é despachada pelo juiz, havendo apenas uma Vara, ou distribuída, quando houver mais de uma Vara.

Fixada a competência, as alterações fáticas ou jurídicas ocorridas posteriormente não têm o condão de modificarem a competência, traduzindo relevante regra para a estabilização das relações jurídicas e sociais.

Não obstante, a regra da perpetuação da competência não é absoluta, comportando *duas exceções*, quais sejam:

a) supressão de órgão do Poder Judiciário – Podemos citar como exemplo a extinção dos Tribunais de Alçada pela entrada em vigor da Reforma do Judiciário;

b) alteração da competência em razão da matéria ou da hierarquia (competência absoluta).

Nesse contexto, a competência funcional da fase de execução é do juízo que processou a causa no primeiro grau de jurisdição, com esteio no princípio da perpetuação da competência.

Todavia, com a reforma, o exequente terá duas novas opções:

a) juízo do local onde se encontram bens sujeitos à expropriação; ou

b) atual domicílio do executado.

Caso o exequente opte por um dos caminhos processuais mencionados, a remessa dos autos do processo será solicitada ao juízo de origem.

Assim, a doutrina processual trabalhista moderna preleciona a aplicação subsidiária do comentado dispositivo legal do Código de Processo Civil ao Processo do Trabalho, tendo em vista a compatibilidade com os princípios da efetividade, celeridade e razoável duração do processo.

19.6 LEGITIMIDADE

Estudaremos agora a legitimidade ativa e passiva envolvendo a execução trabalhista.

19.6.1 Legitimidade ativa

A legitimidade ativa significa a parte legítima que pode promover a execução.

A Consolidação das Leis do Trabalho disciplina a legitimidade ativa da execução trabalhista no art. 878, *in verbis*:

> Art. 878. A execução poderá ser promovida por qualquer interessado, ou *ex officio* pelo próprio Juiz ou Presidente ou Tribunal competente, nos termos do artigo anterior.
>
> Parágrafo único. Quando se tratar de decisão dos Tribunais Regionais, a execução poderá ser promovida pela Procuradoria da Justiça do Trabalho.

Dessa forma, são legitimados ativos para promover a execução trabalhista:

a) qualquer interessado;

b) o juiz do trabalho, *ex officio*;

c) o Ministério Público do Trabalho, nos processos de competência originária dos tribunais trabalhistas.

Sobre a legitimidade ativa de *qualquer interessado*, vale ressaltar que, em uma primeira interpretação, aquele que consta no título executivo como credor poderá promover a execução. Não obstante, prevalece o entendimento da aplicação subsidiária dos arts. 566 e 567 do CPC, que trazem os demais legitimados ativos:

> Art. 566. Podem promover a execução forçada:
> I – o credor a quem a lei confere título executivo;
> II – o Ministério Público, nos casos prescritos em lei.
> Art. 567. Podem também promover a execução, ou nela prosseguir:
> I – o espólio, os herdeiros ou os sucessores do credor, sempre que, por morte deste, lhes for transmitido o direito resultante do título executivo;
> II – o cessionário, quando o direito resultante do título executivo lhe foi transferido por ato entre vivos;
> III – o sub-rogado, nos casos de sub-rogação legal ou convencional.

Ademais, uma das grandes características da execução trabalhista é a possibilidade de ela ser *promovida de ofício pelo magistrado trabalhista*, consubstanciada em penhora de bens, bloqueio *on line* de ativos financeiros, desconsideração da personalidade jurídica etc. A mencionada execução *ex officio* encontra amparo nos seguintes fundamentos autorizantes:

a) natureza alimentar das verbas trabalhistas;

b) *jus postulandi*;

c) hipossuficiência do trabalhador;

d) efetividade do processo;

e) acesso à ordem jurídica justa.

Por fim, o *próprio devedor* poderá ser legitimado ativo em uma execução trabalhista, com fulcro no art. 878-A da CLT, abaixo apontado:

> Art. 878-A. Faculta-se ao devedor o pagamento imediato da parte que entender devida à Previdência Social, sem prejuízo da cobrança de eventuais diferenças encontradas na execução *ex officio*.

19.6.2 Legitimidade passiva

A legitimidade passiva significa a parte legítima contra quem será promovida a execução. Em uma primeira análise, o legitimado passivo na execução é a pessoa que figura como devedora no título executivo.

Nessa temática, prevalece o entendimento que outras pessoas poderão figurar no polo passivo na execução trabalhista, restando subsidiariamente aplicável ao Processo do Trabalho o art. 4.º da Lei 6.830/1980 e o art. 568 do CPC, *in verbis*:

> Art. 4.º da Lei 6.830/1980 – A execução fiscal poderá ser promovida contra:
>
> I – o devedor;
>
> II – o fiador;
>
> III – o espólio;
>
> IV – a massa;
>
> V – o responsável, nos termos da lei, por dívidas, tributárias ou não, de pessoas físicas ou pessoas jurídicas de direito privado; e
>
> VI – os sucessores a qualquer título.
>
> § 1.º Ressalvado o disposto no art. 31, o síndico, o comissário, o liquidante, o inventariante e o administrador, nos casos de falência, concordata, liquidação, inventário, insolvência ou concurso de credores, se, antes de garantidos os créditos da Fazenda Pública, alienarem ou derem em garantia quaisquer dos bens administrados, respondem, solidariamente, pelo valor desses bens.
>
> § 2.º À Dívida Ativa da Fazenda Pública, de qualquer natureza, aplicam-se as normas relativas à responsabilidade prevista na legislação tributária, civil e comercial.
>
> § 3.º Os responsáveis, inclusive as pessoas indicadas no § 1.º deste artigo, poderão nomear bens livres e desembaraçados do devedor, tantos quantos bastem para pagar a dívida. Os bens dos responsáveis ficarão, porém, sujeitos à execução, se os do devedor forem insuficientes à satisfação da dívida.
>
> § 4.º Aplica-se à Dívida Ativa da Fazenda Pública de natureza não tributária o disposto nos arts. 186 e 188 a 192 do Código Tributário Nacional.
>
> (...)
>
> Art. 568 do CPC. São sujeitos passivos na execução:
>
> I – o devedor, reconhecido como tal no título executivo;

II – o espólio, os herdeiros ou os sucessores do devedor;

III – o novo devedor, que assumiu, com o consentimento do credor, a obrigação resultante do título executivo;

IV – o fiador judicial;

V – o responsável tributário, assim definido na legislação própria.

Por fim, é oportuno consignar que, em regra, o empregador figura no polo passivo em uma execução trabalhista. Todavia, excepcionalmente, o *empregado* poderá ser executado, como nos casos de execução de custas processuais, honorários periciais, devolução de equipamento da empresa, ressarcimento de danos causados ao empregador etc.

19.7 EXECUÇÃO POR QUANTIA CERTA CONTRA DEVEDOR SOLVENTE

A execução por quantia certa contra devedor solvente é a mais comum na Justiça do Trabalho. Tem por objeto o inadimplemento do devedor em relação a uma sentença condenatória ou acordo judicial não cumprido.

O respectivo procedimento está previsto entre os arts. 880 a 888 da CLT:

> Art. 880. Requerida a execução, o juiz ou presidente do tribunal mandará expedir mandado de citação do executado, a fim de que cumpra a decisão ou o acordo no prazo, pelo modo e sob as cominações estabelecidas ou, quando se tratar de pagamento em dinheiro, inclusive de contribuições sociais devidas à União, para que o faça em 48 (quarenta e oito) horas ou garanta a execução, sob pena de penhora.
>
> § 1.º O mandado de citação deverá conter a decisão exequenda ou o termo de acordo não cumprido.
>
> § 2.º A citação será feita pelos oficiais de diligência.
>
> § 3.º Se o executado, procurado por 2 (duas) vezes no espaço de 48 (quarenta e oito) horas, não for encontrado, far-se-á citação por edital, publicado no jornal oficial ou, na falta deste, afixado na sede da Junta ou Juízo, durante 5 (cinco) dias.
>
> Art. 881. No caso de pagamento da importância reclamada, será este feito perante o escrivão ou secretário, lavrando-se termo de quitação, em 2 (duas) vias, assinadas pelo exequente, pelo executado e pelo mesmo escrivão ou secretário, entregando-se a segunda via ao executado e juntando-se a outra ao processo.

Parágrafo único. Não estando presente o exequente, será depositada a importância, mediante guia, em estabelecimento oficial de crédito ou, em falta deste, em estabelecimento bancário idôneo.

Art. 882. O executado que não pagar a importância reclamada poderá garantir a execução mediante depósito da mesma, atualizada e acrescida das despesas processuais, ou nomeando bens à penhora, observada a ordem preferencial estabelecida no art. 655 do Código Processual Civil.

Art. 883. Não pagando o executado, nem garantindo a execução, seguir-se-á penhora dos bens, tantos quantos bastem ao pagamento da importância da condenação, acrescida de custas e juros de mora, sendo estes, em qualquer caso, devidos a partir da data em que for ajuizada a reclamação inicial.

Art. 884. Garantida a execução ou penhorados os bens, terá o executado 5 (cinco) dias para apresentar embargos, cabendo igual prazo ao exequente para impugnação.

§ 1.º A matéria de defesa será restrita às alegações de cumprimento da decisão ou do acordo, quitação ou prescrição da dívida.

§ 2.º Se na defesa tiverem sido arroladas testemunhas, poderá o Juiz ou o Presidente do Tribunal, caso julgue necessários seus depoimentos, marcar audiência para a produção das provas, a qual deverá realizar-se dentro de 5 (cinco) dias.

§ 3.º Somente nos embargos à penhora poderá o executado impugnar a sentença de liquidação, cabendo ao exequente igual direito e no mesmo prazo.

§ 4.º Julgar-se-ão na mesma sentença os embargos e as impugnações à liquidação apresentadas pelos credores trabalhista e previdenciário.

§ 5.º Considera-se inexigível o título judicial fundado em lei ou ato normativo declarados inconstitucionais pelo Supremo Tribunal Federal ou em aplicação ou interpretação tidas por incompatíveis com a Constituição Federal.

Art. 885. Não tendo sido arroladas testemunhas na defesa, o juiz ou presidente, conclusos os autos, proferirá sua decisão, dentro de 5 (cinco) dias, julgando subsistente ou insubsistente a penhora.

Art. 886. Se tiverem sido arroladas testemunhas, finda a sua inquirição em audiência, o escrivão ou secretário fará, dentro de 48 (quarenta e oito) horas, conclusos os autos ao juiz ou presidente, que proferirá sua decisão, na forma prevista no artigo anterior.

§ 1.º Proferida a decisão, serão da mesma notificadas as partes interessadas, em registrado postal, com franquia.

§ 2.º Julgada subsistente a penhora, o juiz, ou presidente, mandará proceder logo à avaliação dos bens penhorados.

Art. 887. A avaliação dos bens penhorados em virtude da execução de decisão condenatória, será feita por avaliador escolhido de comum acordo pelas partes, que perceberá as custas arbitradas pelo juiz, ou presidente do tribunal trabalhista, de conformidade com a tabela a ser expedida pelo Tribunal Superior do Trabalho.

§ 1.º Não acordando as partes quanto à designação de avaliador, dentro de cinco dias após o despacho que o determinou a avaliação, será o avaliador designado livremente pelo juiz ou presidente do tribunal.

§ 2.º Os servidores da Justiça do Trabalho não poderão ser escolhidos ou designados para servir de avaliador.

Art. 888. Concluída a avaliação, dentro de dez dias, contados da data da nomeação do avaliador, seguir-se-á a arrematação, que será anunciada por edital afixado na sede do juízo ou tribunal e publicado no jornal local, se houver, com a antecedência de vinte (20) dias.

§ 1.º A arrematação far-se-á em dia, hora e lugar anunciados e os bens serão vendidos pelo maior lance, tendo o exequente preferência para a adjudicação.

§ 2.º O arrematante deverá garantir o lance com o sinal correspondente a 20% (vinte por cento) do seu valor.

§ 3.º Não havendo licitante, e não requerendo o exequente a adjudicação dos bens penhorados, poderão os mesmos ser vendidos por leiloeiro nomeado pelo Juiz ou Presidente.

§ 4.º Se o arrematante, ou seu fiador, não pagar dentro de 24 (vinte e quatro) horas o preço da arrematação, perderá, em benefício da execução, o sinal de que trata o § 2.º deste artigo, voltando à praça os bens executados.

Para facilitar a compreensão da matéria, vamos apontar de maneira didática a sequência de atos processuais, partindo da premissa que o título executivo já se encontra líquido:

1.º) Mandado de citação, penhora e avaliação (mandado de CPA) – art. 880 da CLT.

> **note BEM**
>
> Assim, requerida a execução, o juiz ou tribunal mandará expedir mandado de citação, penhora e avaliação. O mandado de citação do executado deverá conter a decisão exequenda ou o termo de acordo não cumprido. A citação será feita pelos oficiais de justiça. Se o executado, procurado por 2 vezes no prazo de 48 horas, não for encontrado, a citação será efetivada por edital, publicado no jornal oficial ou, na falta deste, afixado na sede da Vara ou Juízo, durante 5 dias.

2.º) Será aberto um prazo de 48 horas da efetivação da citação. Nesse prazo, o executado poderá ter 4 comportamentos:

a) Pagar a dívida, sendo lavrado o termo de quitação – art. 881 da CLT.

> **atenção**
>
> Havendo o pagamento da importância devida, a ser realizado perante o auxiliar da Justiça do Trabalho, será lavrado termo de quitação, em 2 vias, assinadas pelo exequente, pelo executado e pelo auxiliar, entregando a segunda via ao executado e juntando-se a outra ao processo. Caso o exequente não esteja presente, será depositada a importância, mediante guia, em estabelecimento oficial de crédito ou, em falta deste, em estabelecimento bancário idôneo.

b) Garantir o juízo, por meio do depósito da importância devida – art. 882 da CLT.

> **dica**
>
> A garantia do juízo pelo executado, objetivando futura oposição de embargos à execução, poderá ser realizada de duas formas: depósito da importância e nomeação de bens à penhora. A garantia do juízo por meio do depósito da importância deverá respeitar a atualização monetária e o acréscimo das despesas processuais.

c) Garantir o juízo, por meio da nomeação de bens à penhora, observada a ordem preferencial estabelecida no art. 655 do CPC.

cuidado

A garantia do juízo pelo executado, objetivando a futura oposição de embargos à execução, poderá ser realizada também pela nomeação de bens à penhora. Querido leitor e estudioso do complexo Direito Processual do Trabalho, tome cuidado com essa pegadinha! Estudamos que na fase de execução trabalhista, a aplicação subsidiária deverá respeitar em primeiro lugar as regras da Lei de Execução Fiscal antes do Código de Processo Civil. Todavia, nesse caso da nomeação de bens à penhora, a CLT é clara em dizer que a ordem preferencial a ser observada é a estabelecida no art. 655 do CPC.

d) Inércia do devedor (não pagar nem garantir o juízo), com a consequente penhora coativa realizada pelo oficial de justiça – art. 883 da CLT.

importante

Não pagando o executado, nem garantindo a execução, o oficial de justiça realizará a *penhora forçada*, de tantos bens quantos bastem ao pagamento da importância da condenação, acrescida de custas e juros de mora (princípio da limitação expropriatória). Ademais, vale ressaltar que os juros de mora, em qualquer caso, serão devidos a partir da data em que for ajuizada a reclamação inicial.

3.º) Garantida a execução ou penhorados os bens, será aberto um prazo de 5 (cinco) dias para o executado, que poderá apresentar embargos à execução – art. 884 da CLT.

> **note BEM**
>
> Estudamos que o executado poderá ter 4 comportamentos no aludido prazo de 48 horas. Se ele pagar a dívida, haverá a extinção da execução. De outra sorte, caso ele não pague, ou ele garantirá o juízo, pelo depósito da importância ou pela nomeação de bens à penhora, ou ficará inerte, com a consequente penhora coativa realizada pelo oficial de justiça. Assim, garantida a execução ou penhorados os bens, terá o executado 5 (cinco) dias para apresentar embargos à execução. No bojo dos embargos, segundo a CLT, a matéria de defesa será restrita às alegações de cumprimento da decisão ou do acordo, quitação ou prescrição da dívida. Continuando o estudo, se na defesa tiverem sido arroladas testemunhas, poderá o juiz ou tribunal, caso julgue necessários seus depoimentos, marcar audiência para a produção das provas, a qual deverá realizar-se dentro de 5 (cinco) dias. Considera-se inexigível o título judicial fundado em lei ou ato normativo declarados inconstitucionais pelo Supremo Tribunal Federal ou em aplicação ou interpretação tidas por incompatíveis com a Constituição Federal.

4.º) Será aberto um prazo de 5 (cinco) dias para o exequente apresentar impugnação (defesa, resposta, contestação) aos embargos à execução.

> **atenção**
>
> Como o executado tem o prazo de 5 dias para apresentar os embargos à execução, que tem natureza jurídica de ação de conhecimento incidental na fase de execução, com base nos princípios constitucionais do contraditório e da ampla defesa, o exequente também terá o prazo de 5 dias para impugnação aos embargos à execução.

5.º) Sentença do magistrado trabalhista julgando os embargos à execução, no prazo de 5 (cinco) dias – arts. 885 e 886 da CLT.

dica

Não tendo sido arroladas testemunhas na defesa, o juiz ou tribunal, conclusos os autos, proferirá sua decisão, dentro de 5 (cinco) dias, julgando subsistente ou insubsistente a penhora. Em contrapartida, se tiverem sido arroladas testemunhas, finda a sua inquirição em audiência, o auxiliar do juízo fará, dentro de 48 (quarenta e oito) horas, conclusos os autos ao juiz ou tribunal, que proferirá sua decisão, julgando subsistente ou insubsistente a penhora. Proferida a decisão, as partes interessadas serão notificadas pelo Correio. Julgada subsistente a penhora, o juiz ou tribunal mandará proceder logo à avaliação dos bens penhorados.

6.º) Avaliação dos bens penhorados pelo oficial de justiça, a ser concluída dentro de 10 (dez) dias, contados da data da nomeação do avaliador, caso seja julgada subsistente a penhora – arts. 886 e 887 da CLT.

importante

Julgada subsistente a penhora, o juiz ou tribunal mandará proceder logo à avaliação dos bens penhorados. A avaliação a ser realizada pelo oficial de justiça deverá ser concluída dentro de 10 (dez) dias, contados da data da nomeação do avaliador.

7.º) Fase de expropriação dos bens (adjudicação, arrematação e remição).

cuidado

A adjudicação pelo exequente prefere a arrematação. A adjudicação pode ser conceituada como a transferência do bem penhorado ao próprio patrimônio do exequente. Já a arrematação, que é a venda judicial dos bens penhorados mediante praça (bens imóveis) ou leilão (bens móveis), será anunciada por edital afixado na sede do juízo ou tribunal e publicado no jornal local, se houver, com a antecedência de 20 (vinte) dias. A arrematação será efetuada em dia, hora e lugar anunciados, e os bens serão vendidos pelo maior lance. O arrematante deverá garantir o lance com o sinal correspondente a 20% (vinte por cento) do seu valor. Se o arrematante, ou seu fiador, não pagar dentro de 24 (vinte e quatro) horas o preço da arrematação, perderá, em benefício da execução, o referido sinal, voltando à praça os bens executados. Por fim, não havendo licitante e não requerendo o exequente a adjudicação dos bens penhorados, estes poderão ser vendidos por leiloeiro nomeado pelo juiz ou tribunal.

EXECUÇÃO POR QUANTIA CERTA CONTRA DEVEDOR SOLVENTE

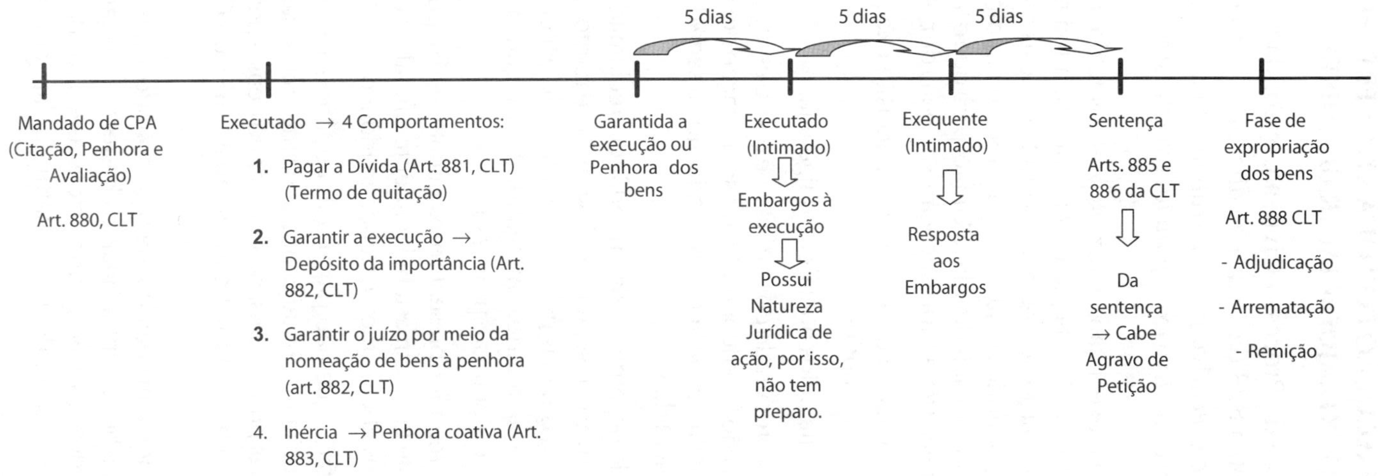

Mandado de CPA (Citação, Penhora e Avaliação)
Art. 880, CLT

Executado → 4 Comportamentos:
1. Pagar a Dívida (Art. 881, CLT) (Termo de quitação)
2. Garantir a execução → Depósito da importância (Art. 882, CLT)
3. Garantir o juízo por meio da nomeação de bens à penhora (art. 882, CLT)
4. Inércia → Penhora coativa (Art. 883, CLT)

5 dias → Garantida a execução ou Penhora dos bens

5 dias → Executado (Intimado) ⇨ Embargos à execução
Possui Natureza Jurídica de ação, por isso, não tem preparo.

5 dias → Exequente (Intimado) ⇨ Resposta aos Embargos

5 dias → Sentença
Arts. 885 e 886 da CLT
⇨ Da sentença → Cabe Agravo de Petição

Fase de expropriação dos bens
Art. 888 CLT
- Adjudicação
- Arrematação
- Remição

19.8 PROCEDIMENTO DA EXECUÇÃO POR QUANTIA CERTA FUNDADA EM TÍTULO EXECUTIVO EXTRAJUDICIAL TRABALHISTA

Diferentemente do Código de Processo Civil, a Consolidação das Leis do Trabalho, em seus arts. 880 a 888 da CLT, *não diferencia a execução por quantia certa fundada em título executivo judicial trabalhista da execução por quantia certa fundada em título executivo extrajudicial trabalhista:*

>Art. 880. Requerida a execução, o juiz ou presidente do tribunal mandará expedir mandado de citação do executado, a fim de que cumpra a decisão ou o acordo no prazo, pelo modo e sob as cominações estabelecidas ou, quando se tratar de pagamento em dinheiro, inclusive de contribuições sociais devidas à União, para que o faça em 48 (quarenta e oito) horas ou garanta a execução, sob pena de penhora.
>
>§ 1.º O mandado de citação deverá conter a decisão exequenda ou o termo de acordo não cumprido.
>
>§ 2.º A citação será feita pelos oficiais de diligência.
>
>§ 3.º Se o executado, procurado por 2 (duas) vezes no espaço de 48 (quarenta e oito) horas, não for encontrado, far-se-á citação por edital, publicado no jornal oficial ou, na falta deste, afixado na sede da Junta ou Juízo, durante 5 (cinco) dias.
>
>Art. 881. No caso de pagamento da importância reclamada, será este feito perante o escrivão ou secretário, lavrando-se termo de quitação, em 2 (duas) vias, assinadas pelo exequente, pelo executado e pelo mesmo escrivão ou secretário, entregando-se a segunda via ao executado e juntando-se a outra ao processo.
>
>Parágrafo único. Não estando presente o exequente, será depositada a importância, mediante guia, em estabelecimento oficial de crédito ou, em falta deste, em estabelecimento bancário idôneo.
>
>Art. 882. O executado que não pagar a importância reclamada poderá garantir a execução mediante depósito da mesma, atualizada e acrescida das despesas processuais, ou nomeando bens à penhora, observada a ordem preferencial estabelecida no art. 655 do Código Processual Civil.
>
>Art. 883. Não pagando o executado, nem garantindo a execução, seguir-se-á penhora dos bens, tantos quantos bastem ao pagamento da importância da condenação, acrescida de custas e juros de mora, sendo estes, em qualquer caso, devidos a partir da data em que for ajuizada a reclamação inicial.

Art. 884. Garantida a execução ou penhorados os bens, terá o executado 5 (cinco) dias para apresentar embargos, cabendo igual prazo ao exequente para impugnação.

§ 1.º A matéria de defesa será restrita às alegações de cumprimento da decisão ou do acordo, quitação ou prescrição da dívida.

§ 2.º Se na defesa tiverem sido arroladas testemunhas, poderá o Juiz ou o Presidente do Tribunal, caso julgue necessários seus depoimentos, marcar audiência para a produção das provas, a qual deverá realizar-se dentro de 5 (cinco) dias.

§ 3.º Somente nos embargos à penhora poderá o executado impugnar a sentença de liquidação, cabendo ao exequente igual direito e no mesmo prazo.

§ 4.º Julgar-se-ão na mesma sentença os embargos e as impugnações à liquidação apresentadas pelos credores trabalhista e previdenciário.

§ 5.º Considera-se inexigível o título judicial fundado em lei ou ato normativo declarados inconstitucionais pelo Supremo Tribunal Federal ou em aplicação ou interpretação tidas por incompatíveis com a Constituição Federal.

Art. 885. Não tendo sido arroladas testemunhas na defesa, o juiz ou presidente, conclusos os autos, proferirá sua decisão, dentro de 5 (cinco) dias, julgando subsistente ou insubsistente a penhora.

Art. 886. Se tiverem sido arroladas testemunhas, finda a sua inquirição em audiência, o escrivão ou secretário fará, dentro de 48 (quarenta e oito) horas, conclusos os autos ao juiz ou presidente, que proferirá sua decisão, na forma prevista no artigo anterior.

§ 1.º Proferida a decisão, serão da mesma notificadas as partes interessadas, em registrado postal, com franquia.

§ 2.º Julgada subsistente a penhora, o juiz, ou presidente, mandará proceder logo à avaliação dos bens penhorados.

Art. 887. A avaliação dos bens penhorados em virtude da execução de decisão condenatória, será feita por avaliador escolhido de comum acordo pelas partes, que perceberá as custas arbitradas pelo juiz, ou presidente do tribunal trabalhista, de conformidade com a tabela a ser expedida pelo Tribunal Superior do Trabalho.

§ 1.º Não acordando as partes quanto à designação de avaliador, dentro de cinco dias após o despacho que o determinou a avaliação, será o avaliador designado livremente pelo juiz ou presidente do tribunal.

§ 2.º Os servidores da Justiça do Trabalho não poderão ser escolhidos ou designados para servir de avaliador.

Art. 888. Concluída a avaliação, dentro de dez dias, contados da data da nomeação do avaliador, seguir-se-á a arrematação, que será anunciada por edital afixado na sede do juízo ou tribunal e publicado no jornal local, se houver, com a antecedência de vinte (20) dias.

§ 1.º A arrematação far-se-á em dia, hora e lugar anunciados e os bens serão vendidos pelo maior lance, tendo o exequente preferência para a adjudicação.

§ 2.º O arrematante deverá garantir o lance com o sinal correspondente a 20% (vinte por cento) do seu valor.

§ 3.º Não havendo licitante, e não requerendo o exequente a adjudicação dos bens penhorados, poderão os mesmos ser vendidos por leiloeiro nomeado pelo Juiz ou Presidente.

§ 4.º Se o arrematante, ou seu fiador, não pagar dentro de 24 (vinte e quatro) horas o preço da arrematação, perderá, em benefício da execução, o sinal de que trata o § 2.º deste artigo, voltando à praça os bens executados.

Vale ressaltar que a execução por quantia certa fundada em título executivo extrajudicial trabalhista, além de ser disciplinada pelos apontados arts. 880 a 888 da CLT, também é regulamentada pelas reformas oriundas da Lei 11.382/2006, que trouxe importantes modificações no Código de Processo Civil.

Assim, para facilitar a compreensão da matéria, da mesma forma que fizemos no estudo da execução por quantia certa fundada em título executivo judicial, vamos apontar de maneira didática a *sequência de atos processuais* na *execução por quantia certa fundada em título executivo extrajudicial*, partindo da premissa que o título executivo já se encontra líquido:

1.º) Petição inicial trabalhista – Arts. 614 do CPC.

Art. 614. Cumpre ao credor, ao requerer a execução, pedir a citação do devedor e instruir a petição inicial:

I – com o título executivo extrajudicial;

II – com o demonstrativo do débito atualizado até a data da propositura da ação, quando se tratar de execução por quantia certa;

III – com a prova de que se verificou a condição, ou ocorreu o termo (art. 572).

note BEM

Caro leitor, é oportuno consignar que, diferentemente da execução por quantia certa fundada em título executivo judicial, a execução por quantia certa fundada em título executivo extrajudicial consubstancia um processo autônomo, tendo em vista a inexistência de processo de conhecimento anterior. Assim, o seu início deverá ser realizado mediante a provocação do Poder Judiciário Trabalhista, por meio do ajuizamento da ação de execução. Com efeito, na exordial trabalhista, cumpre ao credor, ao requerer a execução, pleitear a citação do devedor e instruir a petição inicial com o título executivo extrajudicial e com o demonstrativo do débito atualizado até a data da propositura da ação, quando se tratar de execução por quantia certa.

2.º) Mandado de citação, penhora e avaliação (mandado de CPA) – art. 880 da CLT.

dica

Assim, requerida a execução, o juiz ou tribunal mandará expedir mandado de citação, penhora e avaliação. O mandado de citação do executado deverá conter a decisão exequenda ou o termo de acordo não cumprido. A citação será feita pelos oficiais de justiça. Se o executado, procurado por 2 vezes no prazo de 48 horas, não for encontrado, a citação será efetivada por edital, publicado no jornal oficial ou, na falta deste, afixado na sede da Vara ou Juízo, durante 5 dias.

3.º) Será aberto um prazo de 48 horas da efetivação da citação. Nesse prazo, o executado poderá ter 4 comportamentos:

a) Pagar a dívida, sendo lavrado o termo de quitação – art. 881 da CLT.

importante

Havendo o pagamento da importância devida, a ser realizado perante o auxiliar da Justiça do Trabalho, será lavrado termo de quitação, em 2 vias, assinadas pelo exequente, pelo executado e pelo auxiliar, entregando a segunda via ao executado e juntando-se a outra ao processo. Caso o exequente não esteja presente, será depositada a importância, mediante guia, em estabelecimento oficial de crédito ou, em falta deste, em estabelecimento bancário idôneo.

b) Garantir o juízo, por meio do depósito da importância devida – art. 882 da CLT.

atenção: A garantia do juízo pelo executado, objetivando futura oposição de embargos à execução, poderá ser realizada de duas formas: depósito da importância e nomeação de bens à penhora. A garantia do juízo por meio do depósito da importância deverá respeitar a atualização monetária e o acréscimo das despesas processuais.

c) Garantir o juízo, por meio da nomeação de bens à penhora, observada a ordem preferencial estabelecida no art. 655 do CPC.

cuidado: A garantia do juízo pelo executado, objetivando a futura oposição de embargos à execução, poderá ser realizada também pela nomeação de bens à penhora. Querido leitor e estudioso do complexo Direito Processual do Trabalho, tome cuidado com essa pegadinha! Estudamos que na fase de execução trabalhista, a aplicação subsidiária deverá respeitar em primeiro lugar as regras da Lei de Execução Fiscal antes do CPC. Todavia, nesse caso da nomeação de bens à penhora, a Consolidação das Leis do Trabalho é clara em dizer que a ordem preferencial a ser observada é a estabelecida no art. 655 do CPC.

d) Inércia do devedor (não pagar nem garantir o juízo), com a consequente penhora coativa realizada pelo oficial de justiça – art. 883 da CLT.

note BEM: Não pagando o executado, nem garantindo a execução, o oficial de justiça realizará a *penhora forçada*, de tantos bens quantos bastem ao pagamento da importância da condenação, acrescida de custas e juros de mora (princípio da limitação expropriatória). Ademais, vale ressaltar que os juros de mora, em qualquer caso, serão devidos a partir da data em que for ajuizada a reclamação inicial.

4.º) Garantida a execução ou penhorados os bens, será aberto um prazo de 5 (cinco) dias para o executado, que poderá apresentar embargos à execução – art. 884 da CLT.

> **importante**
>
> Estudamos que o executado poderá ter 4 comportamentos no aludido prazo de 48 horas. Se ele pagar a dívida, haverá a extinção da execução. De outra sorte, caso ele não pague, ou ele garantirá o juízo, pelo depósito da importância ou pela nomeação de bens à penhora, ou ficará inerte, com a consequente penhora coativa realizada pelo oficial de justiça. Assim, garantida a execução ou penhorados os bens, terá o executado 5 (cinco) dias para apresentar embargos à execução. No bojo dos embargos, segundo a CLT, a matéria de defesa será restrita às alegações de cumprimento da decisão ou do acordo, quitação ou prescrição da dívida. Continuando o estudo, se na defesa tiverem sido arroladas testemunhas, poderá o juiz ou tribunal, caso julgue necessários seus depoimentos, marcar audiência para a produção das provas, a qual deverá realizar-se dentro de 5 (cinco) dias. Considera-se inexigível o título judicial fundado em lei ou ato normativo declarados inconstitucionais pelo Supremo Tribunal Federal ou em aplicação ou interpretação tidas por incompatíveis com a Constituição Federal.

5.º) Será aberto um prazo de 5 (cinco) dias para o exequente apresentar impugnação (defesa, resposta, contestação) aos embargos à execução.

> **atenção**
>
> Como o executado tem o prazo de 5 dias para apresentar os embargos à execução, que tem a natureza jurídica de ação de conhecimento incidental na fase de execução, com base nos princípios constitucionais do contraditório e da ampla defesa, o exequente também terá o prazo de 5 dias para impugnação aos embargos à execução.

6.º) Sentença do magistrado trabalhista julgando os embargos à execução, no prazo de 5 (cinco) dias – arts. 885 e 886 da CLT.

> **cuidado**
>
> Não tendo sido arroladas testemunhas na defesa, o juiz ou tribunal, conclusos os autos, proferirá sua decisão, dentro de 5 (cinco) dias, julgando subsistente ou insubsistente a penhora. Em contrapartida, se tiverem sido arroladas testemunhas, finda a sua inquirição em audiência, o auxiliar do juízo fará, dentro de 48 (quarenta e oito) horas, conclusos os autos ao juiz ou tribunal, que proferirá sua decisão, julgando subsistente ou insubsistente a penhora. Proferida a decisão, as partes interessadas serão notificadas pelo Correio. Julgada subsistente a penhora, o juiz ou tribunal mandará proceder logo à avaliação dos bens penhorados.

7.º) Avaliação dos bens penhorados pelo oficial de justiça, a ser concluída dentro de 10 (dez) dias, contados da data da nomeação do avaliador, caso seja julgada subsistente a penhora – arts. 886 e 887 da CLT.

> **dica**
>
> Julgada subsistente a penhora, o juiz ou tribunal mandará proceder logo à avaliação dos bens penhorados. A avaliação a ser realizada pelo oficial de justiça deverá ser concluída dentro de 10 (dez) dias, contados da data da nomeação do avaliador.

8.º) Fase de **expropriação** dos bens (adjudicação e arrematação).

note BEM

A adjudicação pelo exequente prefere a arrematação. A adjudicação pode ser conceituada como a transferência do bem penhorado ao próprio patrimônio do exequente. Já a arrematação, que é a venda judicial dos bens penhorados mediante praça (bens imóveis) ou leilão (bens móveis), será anunciada por edital afixado na sede do juízo ou tribunal e publicado no jornal local, se houver, com a antecedência de 20 (vinte) dias. A arrematação será efetuada em dia, hora e lugar anunciados e os bens serão vendidos pelo maior lance. O arrematante deverá garantir o lance com o sinal correspondente a 20% (vinte por cento) do seu valor. Se o arrematante, ou seu fiador, não pagar dentro de 24 (vinte e quatro) horas o preço da arrematação, perderá, em benefício da execução, o referido sinal, voltando à praça os bens executados. Por fim, não havendo licitante e não requerendo o exequente a adjudicação dos bens penhorados, estes poderão ser vendidos por leiloeiro nomeado pelo juiz ou tribunal.

Dissídio Coletivo

20.1 PODER NORMATIVO DA JUSTIÇA DO TRABALHO

O Poder Normativo da Justiça do Trabalho pode ser conceituado como *a competência constitucionalmente assegurada aos Tribunais Trabalhistas de solucionar os conflitos coletivos de trabalho por meio␣das sentenças normativas, que criam normas gerais e abstratas de conduta para as categorias profissionais e econômicas envolvidas, ou interpretam normas jurídicas já existentes, produzindo efeitos nos respectivos contratos individuais de trabalho.*

Trata-se de uma *função anômala da Justiça do Trabalho*, de criar normas gerais e abstratas de conduta (*função legiferante*).

A doutrina e a jurisprudência majoritária prelecionam que o *Poder Normativo da Justiça do Trabalho*, a *contribuição sindical obrigatória* e a *unicidade sindical* representam três heranças do regime corporativista da época de instituição da Consolidação das Leis do Trabalho (Era Getúlio Vargas do Estado Novo), que teve por modelo a Carta del Lavoro de 1927 do Direito Italiano, e que consubstanciam grandes óbices à implementação da liberdade sindical plena no ordenamento jurídico brasileiro à luz das Convenções 87 e 98 da Organização Internacional do Trabalho.

Vale ressaltar que o poder em comento não é absoluto, atuando apenas no *vazio da lei*, no *vácuo da lei*. Com efeito, encontra *três grandes limites*:

a) disposições mínimas legais de proteção ao trabalho (patamar civilizatório mínimo / patamar mínimo de civilidade / contrato mínimo legal / piso vital mínimo);
b) disposição convencionadas pelas partes anteriormente; e
c) equidade (justiça) – art. 766 da CLT.

20.2 DISSÍDIO COLETIVO

20.2.1 Conceito

Dissídio coletivo nada mais é do que um processo coletivo.

O *dissídio coletivo* pode ser conceituado como *o processo coletivo ajuizado no Poder Judiciário Trabalhista que tem por objeto interesses gerais e abstratos das categorias profissionais e econômicas envolvidas.*

20.2.2 Amparo legal

O dissídio coletivo encontra amparo legal nos parágrafos do art. 114 da Constituição Cidadã de 1988 e nos arts. 856 a 875 da CLT, *in verbis*:

> Art. 114 da CF/1988 (...)
> § 1.º Frustrada a negociação coletiva, as partes poderão eleger árbitros.
> § 2.º Recusando-se qualquer das partes à negociação coletiva ou à arbitragem, é facultado às mesmas, de comum acordo, ajuizar dissídio coletivo de natureza econômica, podendo a Justiça do Trabalho decidir o conflito, respeitadas as disposições mínimas legais de proteção ao trabalho, bem como as convencionadas anteriormente.
> § 3.º Em caso de greve em atividade essencial, com possibilidade de lesão do interesse público, o Ministério Público do Trabalho poderá ajuizar dissídio coletivo, competindo à Justiça do Trabalho decidir o conflito.
> Art. 856 da CLT – A instância será instaurada mediante representação escrita ao Presidente do Tribunal. Poderá ser também instaurada por iniciativa do presidente, ou, ainda, a requerimento da Procuradoria da Justiça do Trabalho, sempre que ocorrer suspensão do trabalho.
> Art. 857. A representação para instaurar a instância em dissídio coletivo constitui prerrogativa das associações sindicais, excluídas as hipóteses aludidas no art. 856, quando ocorrer suspensão do trabalho.
> Parágrafo único. Quando não houver sindicato representativo da categoria econômica ou profissional, poderá a representação ser instaurada pelas federações correspondentes e, na falta destas, pelas confederações respectivas, no âmbito de sua representação.
> Art. 858. A representação será apresentada em tantas vias quantos forem os reclamados e deverá conter:
> *a)* designação e qualificação dos reclamantes e dos reclamados e a natureza do estabelecimento ou do serviço;
> *b)* os motivos do dissídio e as bases da conciliação.

Art. 859. A representação dos sindicatos para instauração da instância fica subordinada à aprovação de assembleia, da qual participem os associados interessados na solução do dissídio coletivo, em primeira convocação, por maioria de 2/3 (dois terços) dos mesmos, ou, em segunda convocação, por 2/3 (dois terços) dos presentes.

Art. 860. Recebida e protocolada a representação, e estando na devida forma, o Presidente do Tribunal designará a audiência de conciliação, dentro do prazo de 10 (dez) dias, determinando a notificação dos dissidentes, com observância do disposto no art. 841.

Parágrafo único. Quando a instância for instaurada ex officio, a audiência deverá ser realizada dentro do prazo mais breve possível, após o reconhecimento do dissídio.

Art. 861. É facultado ao empregador fazer-se representar na audiência pelo gerente, ou por qualquer outro preposto que tenha conhecimento do dissídio, e por cujas declarações será sempre responsável.

Art. 862. Na audiência designada, comparecendo ambas as partes ou seus representantes, o Presidente do Tribunal as convidará para se pronunciarem sobre as bases da conciliação. Caso não sejam aceitas as bases propostas, o Presidente submeterá aos interessados a solução que lhe pareça capaz de resolver o dissídio.

Art. 863. Havendo acordo, o Presidente o submeterá à homologação do Tribunal na primeira sessão.

Art. 864. Não havendo acordo, ou não comparecendo ambas as partes ou uma delas, o presidente submeterá o processo a julgamento, depois de realizadas as diligências que entender necessárias e ouvida a Procuradoria.

Art. 865. Sempre que, no decorrer do dissídio, houver ameaça de perturbação da ordem, o presidente requisitará à autoridade competente as providências que se tornarem necessárias.

Art. 866. Quando o dissídio ocorrer fora da sede do Tribunal, poderá o presidente, se julgar conveniente, delegar à autoridade local as atribuições de que tratam os arts. 860 e 862. Nesse caso, não havendo conciliação, a autoridade delegada encaminhará o processo ao Tribunal, fazendo exposição circunstanciada dos fatos e indicando a solução que lhe parecer conveniente.

Art. 867. Da decisão do Tribunal serão notificadas as partes, ou seus representantes, em registrado postal, com franquia, fazendo-se, outrossim, a sua publicação no jornal oficial, para ciência dos demais interessados.

Parágrafo único. A sentença normativa vigorará:

a) a partir da data de sua publicação, quando ajuizado o dissídio após o prazo do art. 616, § 3.º, ou, quando não existir acordo, convenção ou sentença normativa em vigor, da data do ajuizamento;

b) a partir do dia imediato ao termo final de vigência do acordo, convenção ou sentença normativa, quando ajuizado o dissídio no prazo do art. 616, § 3.º.

Art. 868. Em caso de dissídio coletivo que tenha por motivo novas condições de trabalho e no qual figure como parte apenas uma fração de empregados de uma empresa, poderá o Tribunal competente, na própria decisão, estender tais condições de trabalho, se julgar justo e conveniente, aos demais empregados da empresa que forem da mesma profissão dos dissidentes.

Parágrafo único. O Tribunal fixará a data em que a decisão deve entrar em execução, bem como o prazo de sua vigência, o qual não poderá ser superior a 4 (quatro) anos.

Art. 869. A decisão sobre novas condições de trabalho poderá também ser estendida a todos os empregados da mesma categoria profissional compreendida na jurisdição do Tribunal:

a) por solicitação de 1 (um) ou mais empregadores, ou de qualquer sindicato destes;

b) por solicitação de 1 (um) ou mais sindicatos de empregados;

c) ex officio, pelo Tribunal que houver proferido a decisão;

d) por solicitação da Procuradoria da Justiça do Trabalho.

Art. 870. Para que a decisão possa ser estendida, na forma do artigo anterior, torna-se preciso que 3/4 (três quartos) dos empregadores e 3/4 (três quartos) dos empregados, ou os respectivos sindicatos, concordem com a extensão da decisão.

§ 1.º O Tribunal competente marcará prazo, não inferior a 30 (trinta) nem superior a 60 (sessenta) dias, a fim de que se manifestem os interessados.

§ 2.º Ouvidos os interessados e a Procuradoria da Justiça do Trabalho, será o processo submetido ao julgamento do Tribunal.

Art. 871. Sempre que o Tribunal estender a decisão, marcará a data em que a extensão deva entrar em vigor.

Art. 872. Celebrado o acordo, ou transitada em julgado a decisão, seguir-se-á o seu cumprimento, sob as penas estabelecidas neste Título.

Parágrafo único. Quando os empregadores deixarem de satisfazer o pagamento de salários, na conformidade da decisão proferida, poderão os empregados ou seus sindicatos, independentes de outorga de poderes de seus associados, juntando certidão de tal decisão, apresentar reclamação à Junta ou Juízo competente, observado o processo previsto no Capítulo II deste Título, sendo vedado, porém, questionar sobre a matéria de fato e de direito já apreciada na decisão.

Art. 873. Decorrido mais de 1 (um) ano de sua vigência, caberá revisão das decisões que fixarem condições de trabalho, quando se tiverem modificado as circunstâncias que as ditaram, de modo que tais condições se hajam tornado injustas ou inaplicáveis.

Art. 874. A revisão poderá ser promovida por iniciativa do Tribunal prolator, da Procuradoria da Justiça do Trabalho, das associações sindicais ou de empregador ou empregadores interessados no cumprimento da decisão.

Parágrafo único. Quando a revisão for promovida por iniciativa do Tribunal prolator ou da Procuradoria, as associações sindicais e o empregador ou empregadores interessados serão ouvidos no prazo de 30 (trinta) dias. Quando promovida por uma das partes interessadas, serão as outras ouvidas também por igual prazo.

Art. 875. A revisão será julgada pelo Tribunal que tiver proferido a decisão, depois de ouvida a Procuradoria da Justiça do Trabalho.

20.2.3 Classificação

Os dissídios coletivos são classificados da seguinte forma:

a) *Dissídio coletivo de natureza econômica ou de interesse*: é aquele que tem por objetivo a *criação de novas condições de trabalho* para a melhoria da condição social do trabalho.

Exemplo: reajustamento salarial.

b) *Dissídio coletivo de natureza jurídica ou de direito*: é aquele que tem por objetivo a *interpretação de normas jurídicas já existentes* (acordo coletivo de trabalho, convenção coletiva de trabalho, sentença normativa e regulamento empresarial etc.).

c) *Dissídio coletivo de greve*: como o próprio nome indica, é instaurado em caso de *greve*, na hipótese de negociação coletiva frustrada ou esgotada. Possui natureza jurídica híbrida ou mista, ou seja, detém simultaneamente natureza econômica e jurídica.

20.2.4 Pressuposto

Com fulcro no art. 114, §§ 1.º e 2.º, da CF/1988, para que o dissídio coletivo tenha viabilidade jurídica, a *negociação coletiva* deverá ser *esgotada* ou *frustrada*:

Art. 114 (...)

§ 1.º Frustrada a negociação coletiva, as partes poderão eleger árbitros.

§ 2.º Recusando-se qualquer das partes à negociação coletiva ou à arbitragem, é facultado às mesmas, de comum acordo, ajuizar dissídio coletivo de natureza econômica, podendo a Justiça do Trabalho decidir o conflito, respeitadas as disposições mínimas legais de proteção ao trabalho, bem como as convencionadas anteriormente.

(...)

A ideia é a de estimular a *negociação coletiva* por meio de seus instrumentos normativos, quais sejam, o acordo coletivo de trabalho e a convenção coletiva de trabalho.

Na seara das formas de solução dos conflitos coletivos de trabalho, *a autocomposição prefere a heterocomposição*.

20.2.5 Sequência de atos processuais em um dissídio coletivo

Para facilitar a compreensão do *procedimento do dissídio coletivo*, apontaremos de forma didática a *sequência de atos processuais*, lembrando que o dissídio coletivo é um processo coletivo de rito especial regulado nos arts. 856 a 875 da CLT, consignados na obra:

1.º) Petição inicial escrita. O art. 856 da CLT estabelece que a instância será instaurada mediante *representação escrita* ao *Presidente do Tribunal*. Ademais, poderá ser também instaurada por iniciativa do presidente, ou, ainda, a requerimento da Procuradoria da Justiça do Trabalho, sempre que ocorrer suspensão do trabalho. Já o art. 857 da CLT aduz que a representação para instaurar a instância em dissídio coletivo constitui *prerrogativa das associações sindicais*, excluídas as hipóteses aludidas no art. 856, quando ocorrer suspensão do trabalho. Em seu parágrafo único, encontramos a regra de que quando não houver sindicato representativo da categoria econômica ou profissional, poderá a representação ser instaurada pelas *federações* correspondentes e, na falta destas, pelas *confederações* respectivas, no âmbito de sua representação.

Portanto, o dissídio coletivo é ajuizado por meio de *petição inicial escrita*, elaborada pela *entidade sindical da categoria profissional ou da categoria econômica*. Assim, não se admite dissídio coletivo verbal.

Esta exordial deverá ser dirigida ao *Presidente do Tribunal Regional do Trabalho ou do Tribunal Superior do Trabalho*, de acordo com a abrangência territorial do conflito ou da representação das entidades sindicais que figuram nos polos da relação processual.

Ainda, com base no art. 858 da CLT, a representação será apresentada em *tantas vias quantos forem os reclamados e deverá conter*:

a) designação e qualificação dos reclamantes e dos reclamados e a natureza do estabelecimento ou do serviço;

b) os motivos do dissídio e as bases de conciliação.

Por fim, o art. 859 da CLT afirma que a representação dos sindicatos para instauração da instância fica subordinada à *aprovação de assembleia*, da qual participem os associados interessados na solução do dissídio coletivo, em primeira convocação, por maioria de 2/3 (dois terços) dos mesmos, ou, em segunda convocação, por 2/3 (dois terços) dos presentes.

2.º) Conforme o art. 860 da CLT, *recebida e protocolada a representação* e estando na devida forma, o Presidente do Tribunal designará a *audiência de conciliação*, dentro do prazo de *10 (dez) dias*, determinando a *notificação dos dissidentes*, com observância do disposto no art. 841 da CLT (notificação inicial postal automática do reclamado). Ainda, o seu parágrafo único assevera que quando a *instância* for instaurada *ex officio*, a *audiência* deverá ser realizada dentro do *prazo mais breve possível*, após o reconhecimento do dissídio.

Vale ressaltar que é *facultado ao empregador* fazer-se *representar* na audiência pelo *gerente* ou por qualquer outro *preposto* que tenha conhecimento do dissídio, e por cujas declarações será sempre responsável (art. 861 da CLT).

Na *audiência designada, comparecendo ambas as partes ou seus representantes*, o Presidente do Tribunal as convidará para se pronunciarem sobre as *bases da conciliação*. Caso *não* sejam aceitas as bases propostas, o Presidente submeterá aos interessados a *solução* que lhe pareça capaz de resolver o dissídio (art. 862 da CLT).

Assim, o Presidente do Tribunal não fica adstrito às propostas apresentadas pelas partes, podendo submeter aos interessados a solução que lhe pareça capaz de resolver o dissídio.

Nesse momento processual, 2 caminhos são possíveis:

a) Havendo acordo, o Presidente o submeterá à homologação do Tribunal na primeira sessão (art. 863 da CLT).

b) Não havendo acordo, ou não comparecendo ambas as partes ou uma delas, o presidente submeterá o processo a julgamento, depois de realizadas as diligências que entender necessárias e ouvido o Ministério Público do Trabalho (art. 864 da CLT).

3.º) Da decisão do Tribunal (sentença normativa) serão *notificadas* as partes ou seus representantes, de forma postal, fazendo-se, outrossim, a sua publicação no jornal oficial, para ciência dos demais interessados (art. 867 da CLT).

> **atenção**
> Sempre que, no decorrer do dissídio, houver *ameaça de perturbação da ordem*, o presidente requisitará à autoridade competente as providências que se tornarem necessárias (art. 865 da CLT).
> Quando o *dissídio ocorrer fora da sede do Tribunal*, poderá o presidente, se julgar conveniente, delegar à autoridade local as atribuições de que tratam os arts. 860 e 862. Nesse caso, não havendo conciliação, a autoridade delegada encaminhará o processo ao Tribunal, fazendo exposição circunstanciada dos fatos e indicando a solução que lhe parecer conveniente (art. 866 da CLT).

Por fim, vale ressaltar que, no bojo de dissídio coletivo, *não* verificamos os fenômenos processuais da *revelia* ou da *confissão*, pois o respectivo objeto são os interesses abstratos das categorias profissionais e econômicas envolvidas.

20.3 SENTENÇA NORMATIVA

20.3.1 Conceito

A sentença normativa é o julgamento dos dissídios coletivos pelos tribunais trabalhistas, criando normas gerais e abstratas de conduta de observância obrigatória para as categorias profissionais e econômicas envolvidas, produzindo efeitos nos respectivos contratos individuais de trabalho.

O nome tecnicamente correto seria *acórdão normativo*, pelo fato dos dissídios coletivos serem de competência originária dos tribunais trabalhistas. Não obstante, ficou consagrada a expressão sentença normativa.

A sentença normativa tem natureza jurídica híbrida ou mista, por apresentar "corpo de sentença e alma de lei". Explicando melhor, a sentença normativa tem a estrutura física de uma sentença, mas cria normas gerais e abstratas de conduta de observância obrigatória para as categorias profissionais e econômicas envolvidas, assemelhando-se às leis.

20.3.2 Vigência

À luz do art. 867, parágrafo único da CLT, a sentença normativa produzirá efeitos:

a) a partir do dia imediato ao termo final de vigência do acordo, convenção ou sentença normativa: quando ajuizado o dissídio no prazo do art. 616, § 3.º. O aludido dispositivo legal estabelece que havendo convenção, acordo ou sentença normativa em vigor, o dissídio coletivo deverá ser instaurado dentro dos 60 (sessenta) dias anteriores ao respectivo termo final, para que o novo instrumento possa ter vigência no dia imediato a esse termo.

b) a partir da data de sua publicação: quando o dissídio coletivo for ajuizado após o prazo do art. 616, § 3.º, da CLT.

c) a partir da data do ajuizamento do dissídio coletivo: quando não existir acordo coletivo de trabalho, convenção coletiva de trabalho ou sentença normativa em vigor.

20.3.3 Prazo máximo de vigência

O prazo máximo de vigência de uma sentença normativa é de *4 anos*, com base no art. 868, parágrafo único, da CLT, *in verbis*:

> Art. 868 (...)
> Parágrafo único. O Tribunal fixará a data em que a decisão deve entrar em execução, bem como o prazo de sua vigência, o qual não poderá ser superior a 4 (quatro) anos.

20.3.4 Extensão

A extensão da sentença normativa é disciplinada pelos arts. 868 a 871 da CLT, *in verbis*:

> Art. 868. Em caso de dissídio coletivo que tenha por motivo novas condições de trabalho e no qual figure como parte apenas uma fração de empregados de uma empresa, poderá o Tribunal competente, na própria decisão, estender tais condições de trabalho, se julgar justo e conveniente, aos demais empregados da empresa que forem da mesma profissão dos dissidentes.
> Parágrafo único. O Tribunal fixará a data em que a decisão deve entrar em execução, bem como o prazo de sua vigência, o qual não poderá ser superior a 4 (quatro) anos.
> Art. 869. A decisão sobre novas condições de trabalho poderá também ser estendida a todos os empregados da mesma categoria profissional compreendida na jurisdição do Tribunal:
>
> *a)* por solicitação de 1 (um) ou mais empregadores, ou de qualquer sindicato destes;

> b) por solicitação de 1 (um) ou mais sindicatos de empregados;
> c) *ex officio*, pelo Tribunal que houver proferido a decisão;
> d) por solicitação da Procuradoria da Justiça do Trabalho.
>
> Art. 870. Para que a decisão possa ser estendida, na forma do artigo anterior, torna-se preciso que 3/4 (três quartos) dos empregadores e 3/4 (três quartos) dos empregados, ou os respectivos sindicatos, concordem com a extensão da decisão.
>
> § 1.º O Tribunal competente marcará prazo, não inferior a 30 (trinta) nem superior a 60 (sessenta) dias, a fim de que se manifestem os interessados.
>
> § 2.º Ouvidos os interessados e a Procuradoria da Justiça do Trabalho, será o processo submetido ao julgamento do Tribunal.
>
> Art. 871. Sempre que o Tribunal estender a decisão, marcará a data em que a extensão deva entrar em vigor.

20.3.5 Revisão

A revisão da sentença normativa, pautada na cláusula *rebus sic stantibus*, é disciplinada pelos arts. 873 a 875 da CLT, *in verbis*:

> Art. 873. Decorrido mais de 1 (um) ano de sua vigência, caberá revisão das decisões que fixarem condições de trabalho, quando se tiverem modificado as circunstâncias que as ditaram, de modo que tais condições se hajam tornado injustas ou inaplicáveis.
>
> Art. 874. A revisão poderá ser promovida por iniciativa do Tribunal prolator, da Procuradoria da Justiça do Trabalho, das associações sindicais ou de empregador ou empregadores interessados no cumprimento da decisão.
>
> Parágrafo único. Quando a revisão for promovida por iniciativa do Tribunal prolator ou da Procuradoria, as associações sindicais e o empregador ou empregadores interessados serão ouvidos no prazo de 30 (trinta) dias. Quando promovida por uma das partes interessadas, serão as outras ouvidas também por igual prazo.
>
> Art. 875. A revisão será julgada pelo Tribunal que tiver proferido a decisão, depois de ouvida a Procuradoria da Justiça do Trabalho.

20.3.6 Repercussão nos contratos individuais de trabalho

Conforme já afirmado nesse capítulo, a sentença normativa estabelece normas gerais e abstratas de conduta que produzem efeitos nos contratos individuais de trabalho das categorias profissionais e econômicas envolvidas.

Nesse contexto, há controvérsia doutrinária e jurisprudencial sobre a repercussão das condições de trabalho alcançadas por força de sentença normativa, convenção coletiva de trabalho ou acordo coletivo de trabalho nos contratos individuais de trabalho. Temos 3 linhas de pensamento:

1.ª) *Teoria da aderência ilimitada*: aduz que as condições de trabalho alcançadas por força de sentença normativa, convenção coletiva de trabalho ou acordo coletivo de trabalho *aderem ilimitadamente* nos contratos individuais de trabalho. Para essa teoria, ocorre a *incorporação definitiva*.

2.ª) *Teoria da aderência limitada pelo prazo*: aduz que as condições de trabalho alcançadas por força de sentença normativa, convenção coletiva de trabalho ou acordo coletivo de trabalho *aderem limitadamente* nos contratos individuais de trabalho. Para essa teoria, as mencionadas condições de trabalho *apenas vigoram no prazo assinado*, não integrando, de forma definitiva, os contratos individuais de trabalho. Esse era o entendimento do Tribunal Superior do Trabalho, em sua Súmula 277, *in verbis*:

> Súmula 277 do TST. Sentença normativa. Convenção ou acordo coletivos. Vigência. Repercussão nos contratos de trabalho (redação alterada na sessão do Tribunal Pleno em 16.11.2009) – Res. 161/2009, DJe divulgado em 23, 24 e 25.11.2009
>
> I – As condições de trabalho alcançadas por força de sentença normativa, convenção ou acordos coletivos vigoram no prazo assinado, não integrando, de forma definitiva, os contratos individuais de trabalho.
>
> II – Ressalva-se da regra enunciada no item I o período compreendido entre 23.12.1992 e 28.07.1995, em que vigorou a Lei 8.542, revogada pela MedProv 1.709, convertida na Lei 10.192, de 14.02.2001.

Vale lembra que o nosso ordenamento jurídico trabalhista estabelece como *prazo máximo de vigência* de uma sentença normativa *4 anos* (art. 868, parágrafo único, da CLT), e de uma *convenção coletiva ou acordo coletivo 2 anos* (art. 614, § 3.º, da CLT):

> Art. 868 (...)
> Parágrafo único. O Tribunal fixará a data em que a decisão deve entrar em execução, bem como o prazo de sua vigência, o qual não poderá ser superior a 4 (quatro) anos.
> Art. 614 (...)
> § 3.º Não será permitido estipular duração de Convenção ou Acordo superior a 2 (dois) anos.

3.ª) *Teoria da aderência limitada por revogação/Teoria da ultratividade*: aduz que as condições de trabalho alcançadas por força de sentença normativa, convenção coletiva de trabalho ou acordo coletivo de trabalho *aderem limitadamente* nos contratos individuais de trabalho. Para essa teoria, as mencionadas condições de trabalho *vigoram até o advento de uma nova convenção coletiva de trabalho, acordo coletivo de trabalho ou sentença normativa*, não integrando, de forma definitiva, os contratos individuais de trabalho. Nesse sentido, é importante o estudo do Precedente Normativo 120 e da nova redação da Súmula 277 do TST, *in verbis*:

> PN-120 Sentença normativa. Duração. Possibilidade e limites (positivo) – (Res. 176/2011, DEJT divulgado em 27, 30 e 31.05.2011)
> A sentença normativa vigora, desde seu termo inicial até que sentença normativa, convenção coletiva de trabalho ou acordo coletivo de trabalho superveniente produza sua revogação, expressa ou tácita, respeitado, porém, o prazo máximo legal de quatro anos de vigência.
> Súmula 277 do TST. Convenção coletiva de trabalho ou acordo coletivo de trabalho. Eficácia. Ultratividade (redação alterada na sessão do Tribunal Pleno realizada em 14.09.2012) - Res. 185/2012 – *DEJT* 25, 26 e 27.09.2012.
> As cláusulas normativas dos acordos coletivos ou convenções coletivas integram os contratos individuais de trabalho e somente poderão ser modificadas ou suprimidas mediante negociação coletiva de trabalho.

20.3.7 Coisa julgada

No que concerne à coisa julgada, há *controvérsia doutrinária e jurisprudencial* se a sentença normativa produz apenas coisa julgada formal ou coisa julgada formal e material. Há duas linhas de pensamento sobre o tema:

1.ª corrente: defende apenas *coisa julgada formal*. São fundamentos dessa corrente:

a) a sentença normativa somente produz efeitos jurídicos nos contratos individuais de trabalho pelo prazo máximo de 4 anos;

b) a sentença normativa não comporta execução, e sim ação de cumprimento;

c) a ação de cumprimento poderá ser ajuizada antes do trânsito em julgado da sentença normativa;

d) a sentença normativa poderá se objeto de revisão com fulcro na cláusula *rebus sic stantibus*.

O Tribunal Superior do Trabalho adota esse entendimento em sua Súmula 397 e em sua OJ 277 da SDI-1:

> Súmula 397. Ação rescisória. Art. 485, IV, do CPC. Ação de cumprimento. Ofensa à coisa julgada emanada de sentença normativa modificada em grau de recurso. Inviabilidade. Cabimento de mandado de segurança (conversão da OJ 116 da SBDI-2) – Res. 137/2005, *DJ* 22, 23 e 24.08.2005
>
> Não procede ação rescisória calcada em ofensa à coisa julgada perpetrada por decisão proferida em ação de cumprimento, em face de a sentença normativa, na qual se louvava, ter sido modificada em grau de recurso, porque em dissídio coletivo somente se consubstancia coisa julgada formal. Assim, os meios processuais aptos a atacarem a execução da cláusula reformada são a exceção de pré-executividade e o mandado de segurança, no caso de descumprimento do art. 572 do CPC. (ex-OJ 116 da SBDI-2 – *DJ* 11.08.2003)
>
> OJ 277 da SDI-1/TST. Ação de cumprimento fundada em decisão normativa que sofreu posterior reforma, quando já transitada em julgado a sentença condenatória. Coisa julgada. Não configuração (DJ 11.08.2003)
>
> A coisa julgada produzida na ação de cumprimento é atípica, pois dependente de condição resolutiva, ou seja, da não modificação da decisão normativa por eventual recurso. Assim, modificada a sentença normativa pelo TST, com a consequente extinção do processo, sem julgamento do mérito, deve-se extinguir a execução em andamento, uma vez que a norma sobre a qual se apoiava o título exequendo deixou de existir no mundo jurídico.

2.ª Corrente: defende *coisa julgada formal e material*. São fundamentos dessa corrente:

a) a sentença normativa pode ser objeto de ação rescisória;

b) na ação de cumprimento é vedado questionar sobre a matéria de fato e de direito já apreciada na sentença normativa.

20.3.8 Recursos

Chegamos ao momento da obra de estudarmos quais os recursos cabíveis envolvendo a temática dos dissídios coletivos.

No caso de dissídio coletivo de competência originária dos TRT, é cabível a interposição de recurso ordinário em face da sentença normativa proferida, no prazo de 8 dias, a ser julgado pela Seção de Dissídios Coletivos (SDC) do Tribunal Superior do Trabalho, com fulcro no art. 895, II, da CLT, e do art. 2.º, II, *a*, da Lei 7.701/1988, *in verbis*:

> Art. 895 da CLT – Cabe recurso ordinário para a instância superior:
> (...)
> II – das decisões definitivas ou terminativas dos Tribunais Regionais, em processos de sua competência originária, no prazo de 8 (oito) dias, quer nos dissídios individuais, quer nos dissídios coletivos.
> (...)
> Art. 2.º da Lei 7.701/1988 – Compete à seção especializada em dissídios coletivos, ou seção normativa:
> (...)
> II – em última instância julgar:
> *a)* os recursos ordinários interpostos contra as decisões proferidas pelos Tribunais Regionais do Trabalho em dissídios coletivos de natureza econômica ou jurídica;
> (...)

Vale ressaltar que, quando for interposto recurso ordinário em face de sentença normativa exarada pelo Tribunal Regional do Trabalho em dissídio coletivo de sua competência originária, o Presidente do Tribunal Superior do Trabalho poderá atribuir *efeito suspensivo* a esse recurso, pelo prazo improrrogável de 120 dias contados da publicação, salvo se o recurso ordinário for julgado antes do término do prazo, com base no art. 9.º da Lei 7.701/1988 e no art. 14 da Lei 10.192/2001, abaixo apontados:

> Art. 9.º da Lei 7.701/1988 – O efeito suspensivo deferido pelo Presidente do Tribunal Superior do Trabalho terá eficácia pelo prazo improrrogável de 120 (cento e vinte) dias contados da publicação, salvo se o recurso ordinário for julgado antes do término do prazo.
> Art. 14 da Lei 10.192/2001 – O recurso interposto de decisão normativa da Justiça do Trabalho terá efeito suspensivo, na medida e extensão conferidas em despacho do Presidente do Tribunal Superior do Trabalho.

Já no caso de *dissídio coletivo de competência originária do TST*, é cabível a interposição do recurso de *embargos infringentes* para o próprio do TST, no prazo de 8 dias, a ser julgado pela Seção de Dissídios Coletivos (SDC), nos termos do art. 894, I, *a*, da CLT e do art. 2.º, II, *c*, da Lei 7.701/1988, *in verbis*:

> Art. 894 da CLT – No Tribunal Superior do Trabalho cabem embargos, no prazo de 8 (oito) dias:

I – de decisão não unânime de julgamento que:

a) conciliar, julgar ou homologar conciliação em dissídios coletivos que excedam a competência territorial dos Tribunais Regionais do Trabalho e estender ou rever as sentenças normativas do Tribunal Superior do Trabalho, nos casos previstos em lei;

(...)

Art. 2.º da Lei 7.701/1988 – Compete à seção especializada em dissídios coletivos, ou seção normativa:

(...)

II – em última instância julgar:

(...)

c) os embargos infringentes interpostos contra decisão não unânime proferida em processo de dissídio coletivo de sua competência originária, salvo se a decisão atacada estiver em consonância com procedente jurisprudencial do Tribunal Superior do Trabalho ou da Súmula de sua jurisprudência predominante;

(...)

Assim, da sentença normativa proferida em dissídio coletivo de competência originária do Tribunal Superior do Trabalho, é cabível a interposição de embargos infringentes, no prazo de 8 dias, a ser julgado pela SDC, se a *decisão não unânime de julgamento conciliar, julgar ou homologar conciliação em dissídios coletivos que excedam a competência territorial dos Tribunais Regionais do Trabalho e estender ou rever as sentenças normativas* do Tribunal Superior do Trabalho, nos casos previstos em lei.

20.4 AÇÃO DE CUMPRIMENTO

20.4.1 Conceito

Como o próprio nome indica, a *ação de cumprimento* pode ser conceituada como *a ação individual de conhecimento, de natureza condenatória, de procedimento especial, que tem por objetivo o cumprimento de cláusulas de sentenças normativas, de acordos coletivos ou convenções coletivas de trabalho.*

20.4.2 Amparo legal

A ação de cumprimento encontra amparo legal no art. 872 da CLT, abaixo apontado:

> Art. 872. Celebrado o acordo, ou transitada em julgado a decisão, seguir-se-á o seu cumprimento, sob as penas estabelecidas neste Título.

Parágrafo único. Quando os empregadores deixarem de satisfazer o pagamento de salários, na conformidade da decisão proferida, poderão os empregados ou seus sindicatos, independentes de outorga de poderes de seus associados, juntando certidão de tal decisão, apresentar reclamação à Junta ou Juízo competente, observado o processo previsto no Capítulo II deste Título, sendo vedado, porém, questionar sobre a matéria de fato e de direito já apreciada na decisão.

20.4.3 Fundamento de criação

Desenvolvendo o conceito apontado, foi criada a ação de cumprimento tendo em vista o fato de a *sentença normativa não possuir natureza condenatória*.

Com efeito, no dissídio coletivo de natureza econômica ou de interesse, a sentença normativa tem natureza constitutiva. De outra sorte, no dissídio coletivo de natureza jurídica, a sentença normativa tem natureza declaratória.

Concluindo, se a sentença normativa não tem natureza condenatória, não é cabível execução de sentença normativa, por ausência de título executivo. Assim, a ação de cumprimento é o meio próprio para fazer valer as cláusulas constantes de sentença normativa, convenção coletiva ou acordo coletivo de trabalho. Neste diapasão, é importante consignar a Súmula 286 do TST:

> Súmula 286 do TST. Sindicato. Substituição processual. Convenção e acordo coletivos (mantida) – Res. 121/2003, *DJ* 19, 20 e 21.11.2003
> A legitimidade do sindicato para propor ação de cumprimento estende-se também à observância de acordo ou de convenção coletivos.

20.4.4 Natureza jurídica

Ademais, a ação de cumprimento possui *natureza jurídica condenatória*, pois tem por escopo um pronunciamento jurisdicional que imponha ao réu o cumprimento de cláusulas constantes em sentenças normativa, acordo coletivo ou convenção coletiva de trabalho. Assim, a sentença exarada em ação de cumprimento consubstanciará um título executivo judicial após a verificação da coisa julgada material.

20.4.5 Competência

Com o advento da *EC 45 de 2004 (Reforma do Judiciário)*, que ampliou significativamente a *competência em razão da matéria e em razão da pessoa* da Justiça do Trabalho, não resta dúvida que a Justiça Laboral é competente para processar e julgar ação de cumprimento, à luz do art. 114, III, da CF/1988, *in verbis*:

Art. 114. Compete à Justiça do Trabalho processar e julgar:

(...)

III – as ações sobre representação sindical, entre sindicatos, entre sindicatos e trabalhadores, e entre sindicatos e empregadores;

(...)

Ademais, a ação de cumprimento tem *competência funcional ou hierárquica* no *primeiro grau de jurisdição trabalhista (Vara do Trabalho).*

20.4.6 Legitimidade

Conforme o art. 872, parágrafo único, da CLT, são legitimados ativos para a propositura da ação de cumprimento:

a) os empregados, individualmente ou em litisconsórcio ativo facultativo;

b) o sindicato representativo da categoria.

Dessa forma, na ação de cumprimento temos *legitimidade ativa concorrente.*

Com o cancelamento da Súmula 359 do TST, vem ganhando corpo a tese de que a *Federação* também detém *legitimidade* para atuar na qualidade de substituta processual em ação de cumprimento.

> Súmula 359 do TST. Substituição processual. Ação de cumprimento. Art. 872, parágrafo único, da CLT. Federação. Legitimidade (cancelada) – Res. 121/2003, *DJ* 19, 20 e 21.11.2003
>
> A federação não tem legitimidade para ajuizar a ação de cumprimento prevista no art. 872, parágrafo único, da CLT na qualidade de substituto processual da categoria profissional inorganizada.

20.4.7 Desnecessidade do trânsito em julgado da sentença normativa para a propositura da ação de cumprimento

Com fulcro no art. 872 da CLT, há a *necessidade do trânsito em julgado da sentença normativa* para a propositura da ação de cumprimento, conforme abaixo é verificado:

> Art. 872. Celebrado o acordo, ou transitada em julgado a decisão, seguir-se-á o seu cumprimento, sob as penas estabelecidas neste Título.
>
> Parágrafo único. Quando os empregadores deixarem de satisfazer o pagamento de salários, na conformidade da decisão proferida, poderão os empregados ou seus sindicatos, independentes de outorga de poderes de seus associados, juntando certidão de tal decisão, apresentar reclamação à Junta ou Juízo competente, observado o processo previsto no Capítulo II deste Título, sendo vedado, porém, questionar

sobre a matéria de fato e de direito já apreciada na decisão. (Redação dada pela Lei 2.275, de 30.06.1954)

Todavia, o TST, em sua Súmula 246, adota entendimento diverso, pela *desnecessidade do trânsito em julgado da sentença normativa* para a propositura da ação de cumprimento:

> Súmula 246 do TST. Ação de cumprimento. Trânsito em julgado da sentença normativa (mantida) – Res. 121/2003, *DJ* 19, 20 e 21.11.2003
> É dispensável o trânsito em julgado da sentença normativa para a propositura da ação de cumprimento.

20.4.8 Produção de provas

Na ação de cumprimento *não* há espaço para a *dilação probatória*, pois toda a produção probatória deverá ser documental e pré-constituída.

20.4.9 Prazo prescricional

Como acabamos de ver, conforme entendimento consolidado do Tribunal Superior do Trabalho, não há a necessidade do trânsito em julgado da sentença normativa para a propositura da ação de cumprimento.

Em contrapartida, o próprio TST, em sua Súmula 350, entende que o prazo prescricional concernente à ação de cumprimento de sentença normativa começa a fluir apenas da data de seu trânsito em julgado:

> Súmula 350 do TST. Prescrição. Termo inicial. Ação de cumprimento. Sentença normativa (mantida) – Res. 121/2003, *DJ* 19, 20 e 21.11.2003
> O prazo de prescrição com relação à ação de cumprimento de decisão normativa flui apenas da data de seu trânsito em julgado.

Por fim, é oportuno consignar a OJ 5 da SDC do TST, recentemente alterada pela Res. TST 186/2012:

> OJ-SDC-5 do TST. Dissídio coletivo. Pessoa jurídica de direito público. Possibilidade jurídica. Cláusula de natureza social (redação alterada na sessão do Tribunal Pleno realizada em 14.09.2012) – Res. 186/2012, *DEJT* 25, 26 e 27.09.2012.
> Em face de pessoa jurídica de direito público que mantenha empregados, cabe dissídio coletivo exclusivamente para apreciação de cláusulas de natureza social. Inteligência da Convenção 151 da OIT, ratificada pelo Decreto Legislativo 206/2010.

Ação Rescisória na Justiça do Trabalho

21.1 CONCEITO

A ação rescisória pode ser conceituada como a ação de procedimento especial que tem por escopo a desconstituição da coisa julgada material, nas hipóteses expressamente previstas no ordenamento jurídico.

21.2 NATUREZA JURÍDICA

A ação rescisória possui natureza jurídica de *ação de impugnação autônoma*, pois cria uma nova relação jurídica processual. Não pode ser confundida com um recurso, que possui natureza jurídica de um prolongamento do exercício do direito de ação na mesma relação jurídica processual.

Ademais, possui natureza *desconstitutiva (constitutiva-negativa)*, pois tem por objetivo a desconstituição da coisa julgada material.

21.3 AMPARO LEGAL

A ação rescisória está prevista no art. 836 da CLT, *in verbis*:

> Art. 836. É vedado aos órgãos da Justiça do Trabalho conhecer de questões já decididas, excetuados os casos expressamente previstos neste Título e a ação rescisória, que será admitida na forma do disposto no Capítulo IV do Título IX da Lei 5.869, de 11 de janeiro de 1973 – Código de Processo Civil, sujeita ao depósito prévio de 20% (vinte por cento) do valor da causa, salvo prova de miserabilidade jurídica do autor.
> Parágrafo único. A execução da decisão proferida em ação rescisória far-se-á nos próprios autos da ação que lhe deu origem, e será instruída com o acórdão da rescisória e a respectiva certidão de trânsito em julgado.

Naturalmente, um único dispositivo no Diploma Consolidado não é suficiente para disciplinar de maneira completa a ação em na análise. Portanto, é necessária a aplicação subsidiária dos arts. 485 a 495 do CPC, abaixo apontados:

> Art. 485. A sentença de mérito, transitada em julgado, pode ser rescindida quando:
>
> I – se verificar que foi dada por prevaricação, concussão ou corrupção do juiz;
>
> II – proferida por juiz impedido ou absolutamente incompetente;
>
> III – resultar de dolo da parte vencedora em detrimento da parte vencida, ou de colusão entre as partes, a fim de fraudar a lei;
>
> IV – ofender a coisa julgada;
>
> V – violar literal disposição de lei;
>
> VI – se fundar em prova, cuja falsidade tenha sido apurada em processo criminal ou seja provada na própria ação rescisória;
>
> VII – depois da sentença, o autor obtiver documento novo, cuja existência ignorava, ou de que não pôde fazer uso, capaz, por si só, de lhe assegurar pronunciamento favorável;
>
> VIII – houver fundamento para invalidar confissão, desistência ou transação, em que se baseou a sentença;
>
> IX – fundada em erro de fato, resultante de atos ou de documentos da causa;
>
> § 1.º Há erro, quando a sentença admitir um fato inexistente, ou quando considerar inexistente um fato efetivamente ocorrido.
>
> § 2.º É indispensável, num como noutro caso, que não tenha havido controvérsia, nem pronunciamento judicial sobre o fato.
>
> Art. 486. Os atos judiciais, que não dependem de sentença, ou em que esta for meramente homologatória, podem ser rescindidos, como os atos jurídicos em geral, nos termos da lei civil.
>
> Art. 487. Tem legitimidade para propor a ação:
>
> I – quem foi parte no processo ou o seu sucessor a título universal ou singular;
>
> II – o terceiro juridicamente interessado;
>
> III – o Ministério Público:
>
> a) se não foi ouvido no processo, em que lhe era obrigatória a intervenção;

b) quando a sentença é o efeito de colusão das partes, a fim de fraudar a lei.

Art. 488. A petição inicial será elaborada com observância dos requisitos essenciais do art. 282, devendo o autor:

I – cumular ao pedido de rescisão, se for o caso, o de novo julgamento da causa;

II – depositar a importância de 5% (cinco por cento) sobre o valor da causa, a título de multa, caso a ação seja, por unanimidade de votos, declarada inadmissível, ou improcedente.

Parágrafo único. Não se aplica o disposto no n. II à União, ao Estado, ao Município e ao Ministério Público.

Art. 489. O ajuizamento da ação rescisória não impede o cumprimento da sentença ou acórdão rescindendo, ressalvada a concessão, caso imprescindíveis e sob os pressupostos previstos em lei, de medidas de natureza cautelar ou antecipatória de tutela.

Art. 490. Será indeferida a petição inicial:

I – nos casos previstos no art. 295;

II – quando não efetuado o depósito, exigido pelo art. 488, II.

Art. 491. O relator mandará citar o réu, assinando-lhe prazo nunca inferior a 15 (quinze) dias nem superior a 30 (trinta) para responder aos termos da ação. Findo o prazo com ou sem resposta, observar-se-á no que couber o disposto no Livro I, Título VIII, Capítulos IV e V.

Art. 492. Se os fatos alegados pelas partes dependerem de prova, o relator delegará a competência ao juiz de direito da comarca onde deva ser produzida, fixando prazo de 45 (quarenta e cinco) a 90 (noventa) dias para a devolução dos autos.

Art. 493. Concluída a instrução, será aberta vista, sucessivamente, ao autor e ao réu, pelo prazo de 10 (dez) dias, para razões finais. Em seguida, os autos subirão ao relator, procedendo-se ao julgamento:

I – no Supremo Tribunal Federal e no Superior Tribunal de Justiça, na forma dos seus regimentos internos;

II – nos Estados, conforme dispuser a norma de Organização Judiciária.

Art. 494. Julgando procedente a ação, o tribunal rescindirá a sentença, proferirá, se for o caso, novo julgamento e determinará a restituição do depósito; declarando inadmissível ou improcedente a ação, a importância do depósito reverterá a favor do réu, sem prejuízo do disposto no art. 20.

Art. 495. O direito de propor ação rescisória se extingue em 2 (dois) anos, contados do trânsito em julgado da decisão.

21.4 REQUISITOS

Para o ajuizamento da ação rescisória, são necessários 2 requisitos cumulativos, quais sejam:

a) sentença ou acórdão de mérito; e

b) trânsito em julgado.

Em relação ao primeiro requisito, convém destacar apenas as sentenças/acórdãos definitivos ou de mérito poderão ser objeto de ação rescisória. Prevalece o entendimento de que *não* poderão ensejar o ajuizamento da presente ação as seguintes decisões judiciais:

- *despachos:* são as decisões dos juízes de mera movimentação processual, com base no princípio do impulso oficial, sem conteúdo meritório. Exemplos: despachos de citação, intimação, juntada de documentos, manifestação etc.
- *decisões interlocutórias:* são os atos dos juízes que, no curso do processo, resolvem questão incidente. Exemplos: liminar; decisão do juiz que acolhe ou rejeita exceção ritual (de incompetência relativa, de suspeição ou de impedimento); decisão do magistrado que indefere a oitiva de testemunha tempestivamente arrolada etc.
- *sentenças terminativas (processuais):* são as decisões do juiz que resolvem o procedimento de 1.º grau de jurisdição sem adentrarem no mérito da causa, à luz do art. 267 do CPC. Exemplos: indeferimento da petição inicial, extinção do processo sem resolução do mérito por ausência de uma das condições da ação ou dos pressupostos processuais; desistência da ação etc.

Impende destacar que, excepcionalmente, *questão processual* poderá ensejar o aviamento de ação rescisória, nos termos da Súmula 412 do TST:

> Sum-412 TST. Ação rescisória. Sentença de mérito. Questão processual (conversão da OJ 46 da SBDI-2) – Res. 137/2005, *DJ* 22, 23 e 24.08.2005
> Pode uma questão processual ser objeto de rescisão desde que consista em pressuposto de validade de uma sentença de mérito. (ex--OJ 46 da SBDI-2 – inserida em 20.09.2000)

Quanto ao segundo requisito, insta notar que o ordenamento processual brasileiro *não* admite *ação rescisória preventiva*, sendo condição indispensável para o seu ajuizamento a prova do trânsito em julgado da decisão rescindenda. Assim defende o Tribunal Superior do Trabalho, em sua Súmula 299, *in verbis*:

Sum-299 TST. Ação rescisória. Decisão rescindenda. Trânsito em julgado. Comprovação. Efeitos (incorporadas as OJ 96 e 106 da SBDI-2) – Res. 137/2005, *DJ* 22, 23 e 24.08.2005

I – É indispensável ao processamento da ação rescisória a prova do trânsito em julgado da decisão rescindenda. (ex-Súmula 299 – Res 8/1989, *DJ* 14, 18 e 19.04.1989)

II – Verificando o relator que a parte interessada não juntou à inicial o documento comprobatório, abrirá prazo de 10 (dez) dias para que o faça, sob pena de indeferimento. (ex-Súmula 299 – Res 8/1989, *DJ* 14, 18 e 19.04.1989)

III – A comprovação do trânsito em julgado da decisão rescindenda é pressuposto processual indispensável ao tempo do ajuizamento da ação rescisória. Eventual trânsito em julgado posterior ao ajuizamento da ação rescisória não reabilita a ação proposta, na medida em que o ordenamento jurídico não contempla a ação rescisória preventiva. (ex-OJ 106 da SBDI-2 – *DJ* 29.04.2003)

IV – O pretenso vício de intimação, posterior à decisão que se pretende rescindir, se efetivamente ocorrido, não permite a formação da coisa julgada material. Assim, a ação rescisória deve ser julgada extinta, sem julgamento do mérito, por carência de ação, por inexistir decisão transitada em julgado a ser rescindida. (ex-OJ 96 da SBDI-2 – inserida em 27.09.2002)

Por fim, apontaremos importantes entendimentos consolidados dos tribunais superiores sobre o tema:

Sum-413 TST. Ação rescisória. Sentença de mérito. Violação do art. 896, "a", da CLT (conversão da OJ 47 da SBDI-2) – Res. 137/2005, *DJ* 22, 23 e 24.08.2005

É incabível ação rescisória, por violação do art. 896, "a", da CLT, contra decisão que não conhece de recurso de revista, com base em divergência jurisprudencial, pois não se cuida de sentença de mérito (art. 485 do CPC). (ex-OJ 47 da SB-DI-2 – inserida em 20.09.2000)

Súmula 514 STF: Admite-se ação rescisória contra sentença transitada em julgado, ainda que contra ela não se tenha esgotado todos os recursos.

21.5 COMPETÊNCIA MATERIAL E FUNCIONAL

A Justiça do Trabalho possui inequívoca *competência material* para o processamento e julgamento da ação rescisória, com supedâneo no art. 836, *caput*, da CLT:

Art. 836. É vedado aos órgãos da Justiça do Trabalho conhecer de questões já decididas, excetuados os casos expressamente previstos neste Título e a ação rescisória, que será admitida na forma do disposto no Capítulo IV do Título IX da Lei 5.869, de 11 de janeiro de 1973 – Código de Processo Civil, sujeita ao depósito prévio de 20% (vinte por cento) do valor da causa, salvo prova de miserabilidade jurídica do autor.

No âmbito da sua *competência funcional (hierárquica)*, a ação rescisória é de *competência originária dos tribunais trabalhistas*. Assim, não há viabilidade processual para o ajuizamento dessa ação nas Varas do Trabalho, devendo ser aviada nos *Tribunais Regionais do Trabalho (TRTs)* ou no *TST*.

Neste diapasão, podemos elencar 2 regras, a seguir explanadas:

a) *TRT (Tribunal Regional do Trabalho)*: é competente para o julgamento de ação rescisória cuja decisão rescindenda é uma *sentença de 1.º grau* de jurisdição ou *acórdão do próprio TRT*.

b) *TST (Tribunal Superior do Trabalho)*: é competente para o julgamento de ação rescisória cuja decisão rescindenda é um *acórdão do próprio TST*.

Nessa linha de raciocínio, aduz a Súmula 192 do TST:

> Sum-192 TST. Ação rescisória. Competência e possibilidade jurídica do pedido (inc. III alterado) – Res. 153/2008, *DEJT* divulgado em 20, 21 e 24.11.2008
>
> I – Se não houver o conhecimento de recurso de revista ou de embargos, a competência para julgar ação que vise a rescindir a decisão de mérito é do Tribunal Regional do Trabalho, ressalvado o disposto no item II. (ex-Súmula 192 – alterada pela Res. 121/2003, *DJ* 21.11.2003)
>
> II – Acórdão rescindendo do Tribunal Superior do Trabalho que não conhece de recurso de embargos ou de revista, analisando arguição de violação de dispositivo de lei material ou decidindo em consonância com súmula de direito material ou com iterativa, notória e atual jurisprudência de direito material da Seção de Dissídios Individuais (Súmula 333), examina o mérito da causa, cabendo ação rescisória da competência do Tribunal Superior do Trabalho. (ex-Súmula 192 – alterada pela Res. 121/2003, *DJ* 21.11.2003)
>
> III – Em face do disposto no art. 512 do CPC, é juridicamente impossível o pedido explícito de desconstituição de sentença quando substituída por acórdão do Tribunal Regional ou superveniente sentença homologatória de acordo que puser fim ao litígio.

IV – É manifesta a impossibilidade jurídica do pedido de rescisão de julgado proferido em agravo de instrumento que, limitando-se a aferir o eventual desacerto do juízo negativo de admissibilidade do recurso de revista, não substitui o acórdão regional, na forma do art. 512 do CPC. (ex-OJ 105 da SBDI-2 – *DJ* 29.04.2003)

V – A decisão proferida pela SBDI, em sede de agravo regimental, calcada na Súmula 333, substitui acórdão de Turma do TST, porque emite juízo de mérito, comportando, em tese, o corte rescisório. (ex-OJ 133 da SBDI-2 – *DJ* 04.05.2004)

21.6 LEGITIMIDADE

O art. 487 do CPC disciplina a *legitimidade ativa* para o ajuizamento da ação rescisória:

> Art. 487. Tem legitimidade para propor a ação:
> I – quem foi parte no processo ou o seu sucessor a título universal ou singular;
> II – o terceiro juridicamente interessado;
> III – o Ministério Público:
> *a)* se não foi ouvido no processo, em que lhe era obrigatória a intervenção;
> *b)* quando a sentença é o efeito de colusão das partes, a fim de fraudar a lei.

Assim, são *legitimados* para ajuizar ação rescisória:

a) qualquer uma das *partes* do processo originário, ou o seu *sucessor* a título universal ou singular;

b) o *terceiro juridicamente interessado*; e

c) o *Ministério Público*.

No âmbito da *legitimidade ativa do Ministério Público*, o Código de Processo Civil reduz a sua amplitude, admitindo-a em *apenas duas hipóteses*: se não foi ouvido no processo, em que lhe era obrigatória à intervenção; quando a sentença é o efeito de colusão das partes, a fim de fraudar a lei.

Todavia, o Tribunal Superior do Trabalho não compartilha o mesmo entendimento, asseverando que as aludidas hipóteses são *meramente exemplificativas*, nos termos da sua Súmula 407:

> Sum-407 TST. Ação rescisória. Ministério Público. Legitimidade "ad causam" prevista no art. 487, III, "a" e "b", do CPC. As hipóteses são

meramente exemplificativas (conversão da OJ 83 da SBDI-2) – Res. 137/2005, *DJ* 22, 23 e 24.08.2005

A legitimidade "ad causam" do Ministério Público para propor ação rescisória, ainda que não tenha sido parte no processo que deu origem à decisão rescindenda, não está limitada às alíneas "a" e "b" do inc. III do art. 487 do CPC, uma vez que traduzem hipóteses meramente exemplificativas. (ex-OJ 83 da SBDI-2 – inserida em 13.03.2002)

21.7 HIPÓTESES DE CABIMENTO

O art. 485 do CPC traz um rol taxativo (*numerus clausus*) das hipóteses de cabimento da ação rescisória.

Vamos ao estudo de cada hipótese, priorizando os seus reflexos no Processo do Trabalho.

21.7.1 Se verificar que foi dada por prevaricação, concussão ou corrupção do juiz

Os crimes de concussão, de corrupção ativa e passiva e de prevaricação estão previstos nos arts. 316, 317, 319 e 333 do CP:

> Concussão
> Art. 316. Exigir, para si ou para outrem, direta ou indiretamente, ainda que fora da função ou antes de assumi-la, mas em razão dela, vantagem indevida:
> Pena – reclusão, de dois a oito anos, e multa.
> Corrupção passiva
> Art. 317. Solicitar ou receber, para si ou para outrem, direta ou indiretamente, ainda que fora da função ou antes de assumi-la, mas em razão dela, vantagem indevida, ou aceitar promessa de tal vantagem:
> Pena – reclusão, de 2 (dois) a 12 (doze) anos, e multa.
> § 1.º A pena é aumentada de um terço, se, em consequência da vantagem ou promessa, o funcionário retarda ou deixa de praticar qualquer ato de ofício ou o pratica infringindo dever funcional.
> § 2.º Se o funcionário pratica, deixa de praticar ou retarda ato de ofício, com infração de dever funcional, cedendo a pedido ou influência de outrem:
> Pena – detenção, de três meses a um ano, ou multa.
> Prevaricação
> Art. 319. Retardar ou deixar de praticar, indevidamente, ato de ofício, ou praticá-lo contra disposição expressa de lei, para satisfazer interesse ou sentimento pessoal:

Pena – detenção, de três meses a um ano, e multa.
Corrupção ativa
Art. 333. Oferecer ou prometer vantagem indevida a funcionário público, para determiná-lo a praticar, omitir ou retardar ato de ofício:
Pena – reclusão, de 2 (dois) a 12 (doze) anos, e multa.
Parágrafo único. A pena é aumentada de um terço, se, em razão da vantagem ou promessa, o funcionário retarda ou omite ato de ofício, ou o pratica infringindo dever funcional.

A doutrina entende que o juiz prolator da decisão eivada do vício *não* precisa ter sido *condenado no âmbito criminal* como condição indispensável para o ajuizamento da ação rescisória, pois a respectiva prova poderá ser produzida no bojo da própria ação.

Por fim, no caso de *acórdão*, tendo em vista o fato de a decisão ter sido colegiada, para o ajuizamento da ação rescisória, é suficiente que *um* dos magistrados que proferiu o voto vencedor tenha praticado qualquer dos mencionados crimes.

21.7.2 Proferida por juiz impedido ou absolutamente incompetente

As hipóteses de *incompetência absoluta* são as seguintes:

a) quanto à matéria (*ratione materiae*);

b) quanto à pessoa (*ratione personae*);

c) funcional ou hierárquica.

Já as hipóteses de *impedimento* do juiz estão previstas no art. 134 do CPC:

Art. 134. É defeso ao juiz exercer as suas funções no processo contencioso ou voluntário:
I – de que for parte;
II – em que interveio como mandatário da parte, oficiou como perito, funcionou como órgão do Ministério Público, ou prestou depoimento como testemunha;
III – que conheceu em primeiro grau de jurisdição, tendo-lhe proferido sentença ou decisão;
IV – quando nele estiver postulando, como advogado da parte, o seu cônjuge ou qualquer parente seu, consanguíneo ou afim, em linha reta; ou na linha colateral até o segundo grau;
V – quando cônjuge, parente, consanguíneo ou afim, de alguma das partes, em linha reta ou, na colateral, até o terceiro grau;
VI – quando for órgão de direção ou de administração de pessoa jurídica, parte na causa.

Parágrafo único. No caso do n. IV, o impedimento só se verifica quando o advogado já estava exercendo o patrocínio da causa; é, porém, vedado ao advogado pleitear no processo, a fim de criar o impedimento do juiz.

> **cuidado** Querido leitor, que está se preparando duro para enfrentar as provas de Exame de Ordem e Concursos Públicos, tome cuidado com a clássica pegadinha: se a decisão rescindenda for proferida por *juiz suspeito ou relativamente incompetente* não é cabível o ajuizamento de ação rescisória.

21.7.3 Resultar de dolo da parte vencedora em detrimento da parte vencida, ou de colusão entre as partes, a fim de fraudar a lei

O *dolo processual* pode ser conceituado como *a prática de atividades ardilosas e enganosas da parte vencedora que prejudicam substancialmente o direito de atuação e produção probatória da parte contrária, ferindo os princípios constitucionais do contraditório e da ampla defesa e afastando o magistrado da prolação de uma decisão pautada na verdade dos fatos.*

Sobre o dolo processual como hipótese de cabimento da ação rescisória, assim entende o Tribunal Superior do Trabalho:

> Sum-403 TST. Ação rescisória. Dolo da parte vencedora em detrimento da vencida. Art. 485, III, do CPC (conversão das OJ 111 e 125 da SBDI-2) – Res. 137/2005, *DJ* 22, 23 e 24.08.2005
>
> I – Não caracteriza dolo processual, previsto no art. 485, III, do CPC, o simples fato de a parte vencedora haver silenciado a respeito de fatos contrários a ela, porque o procedimento, por si só, não constitui ardil do qual resulte cerceamento de defesa e, em consequência, desvie o juiz de uma sentença não condizente com a verdade. (ex-OJ 125 da SBDI-2 – *DJ* 09.12.2003)
>
> II – Se a decisão rescindenda é homologatória de acordo, não há parte vencedora ou vencida, razão pela qual não é possível a sua desconstituição calcada no inc. III do art. 485 do CPC (dolo da parte vencedora em detrimento da vencida), pois constitui fundamento de rescindibilidade que supõe solução jurisdicional para a lide. (ex-OJ 111 da SBDI-2 – *DJ* 29.04.2003)

A colusão entre as partes com o objetivo de fraudar a lei (processo simulado) também enseja o cabimento da ação rescisória, com base no art. 129 do CPC e na recente OJ 154 da SDI-2 do TST:

> Art. 129 do CPC – Convencendo-se, pelas circunstâncias da causa, de que autor e réu se serviram do processo para praticar ato simulado ou conseguir fim proibido por lei, o juiz proferirá sentença que obste aos objetivos das partes.
>
> OJ-SDI2-154 Ação rescisória. Acordo prévio ao ajuizamento da reclamação. Quitação geral. Lide simulada. Possibilidade de rescisão da sentença homologatória de acordo apenas se verificada a existência de vício de consentimento. (*DEJT* divulgado em 09, 10 e 11.06.2010)
>
> A sentença homologatória de acordo prévio ao ajuizamento de reclamação trabalhista, no qual foi conferida quitação geral do extinto contrato, sujeita-se ao corte rescisório tão somente se verificada a existência de fraude ou vício de consentimento.

21.7.4 Ofender a coisa julgada

Conforme mencionamos no começo desse capítulo, a preservação do instituto da *coisa julgada material* é extremamente relevante para um Estado Democrático de Direito, pautado no princípio da segurança jurídica e da estabilidade das relações jurídicas e sociais. Tanto essa assertiva é verdadeira que o presente instituto jurídico encontra guarida constitucional e infraconstitucional, abaixo apontada:

> Art. 5.º da CF/1988 (...)
> XXXVI – a lei não prejudicará o direito adquirido, o ato jurídico perfeito e a coisa julgada;
> (...)
> Art. 6.º da LINDB – A Lei em vigor terá efeito imediato e geral, respeitados o ato jurídico perfeito, o direito adquirido e a coisa julgada.
> (...)
> § 3.º Chama-se coisa julgada ou caso julgado a decisão judicial de que já não caiba recurso.
> Art. 467 do CPC – Denomina-se coisa julgada material a eficácia, que torna imutável e indiscutível a sentença, não mais sujeita a recurso ordinário ou extraordinário.

Quando uma decisão que possui os mesmos elementos da ação de processo anterior transitado em julgado, ou seja, as mesmas partes, a mesma causa de pedir e o mesmo pedido, também transita em julgado, ocorre o motivo em tela, dando azo ao aviamento da ação rescisória.

Vale ressaltar que, no confronto entre duas coisas julgadas materiais, deverá *prevalecer a primeira*. A segunda ofende inexoravelmente a primeira já consubstanciada.

21.7.5 Violar literal disposição de lei

Se a decisão violar literal disposição de lei, é cabível o ajuizamento de ação rescisória.

Sobre essa hipótese de cabimento, resta muito importante a leitura atenta da jurisprudência consolidada do Tribunal Superior do Trabalho:

Sum-83 TST. Ação rescisória. Matéria controvertida (incorporada a OJ 77 da SBDI-2) – Res. 137/2005, DJ 22, 23 e 24.08.2005

I – Não procede pedido formulado na ação rescisória por violação literal de lei se a decisão rescindenda estiver baseada em texto legal infraconstitucional de interpretação controvertida nos Tribunais. (ex--Súmula 83 – alterada pela Res. 121/2003, DJ 21.11.2003)

II – O marco divisor quanto a ser, ou não, controvertida, nos Tribunais, a interpretação dos dispositivos legais citados na ação rescisória é a data da inclusão, na Orientação Jurisprudencial do TST, da matéria discutida. (ex-OJ 77 da SBDI-2 – inserida em 13.03.2002)

Sum-298 TST. Ação rescisória. Violência de lei. Prequestionamento (incorporadas as OJ 36, 72, 75 e 85, parte final, da SBDI-2) – Res. 137/2005, DJ 22, 23 e 24.08.2005

I – A conclusão acerca da ocorrência de violação literal de lei pressupõe pronunciamento explícito, na sentença rescindenda, sobre a matéria veiculada. (ex-Súmula 298 – Res. 8/1989, DJ 14.04.1989)

II – O prequestionamento exigido em ação rescisória diz respeito à matéria e ao enfoque específico da tese debatida na ação e não, necessariamente, ao dispositivo legal tido por violado. Basta que o conteúdo da norma, reputada como violada, tenha sido abordado na decisão rescindenda para que se considere preenchido o pressuposto do prequestionamento. (ex-OJ 72 da SBDI-2 - inserida em 20.09.2000)

III – Para efeito de ação rescisória, considera-se prequestionada a matéria tratada na sentença quando, examinando remessa de ofício, o Tribunal simplesmente a confirma. (ex-OJ 75 da SBDI-2 – inserida em 20.04.2001)

IV – A sentença meramente homologatória, que silencia sobre os motivos de convencimento do juiz, não se mostra rescindível, por ausência de prequestionamento. (ex-OJ 85 da SBDI-2 – parte final – inserida em 13.03.2002 e alterada em 26.11.2002)

V – Não é absoluta a exigência de prequestionamento na ação rescisória. Ainda que a ação rescisória tenha por fundamento violação de dispositivo legal, é prescindível o prequestionamento quando o vício nasce no próprio julgamento, como se dá com a sentença *"extra, citra e ultra petita"*. (ex-OJ 36 da SBDI-2 – inserida em 20.09.2000)

Sum-400 TST. Ação rescisória de ação rescisória. Violação de lei. Indicação dos mesmos dispositivos legais apontados na rescisória primitiva (conversão da OJ 95 da SBDI-2) – Res. 137/2005, *DJ* 22, 23 e 24.08.2005

Em se tratando de rescisória de rescisória, o vício apontado deve nascer na decisão rescindenda, não se admitindo a rediscussão do acerto do julgamento da rescisória anterior. Assim, não se admite rescisória calcada no inc. V do art. 485 do CPC para discussão, por má aplicação dos mesmos dispositivos de lei, tidos por violados na rescisória anterior, bem como para arguição de questões inerentes à ação rescisória primitiva. (ex-OJ 95 da SBDI-2 – inserida em 27.09.2002 e alterada *DJ* 16.04.2004)

Sum-408 TST. Ação rescisória. Petição inicial. Causa de pedir. Ausência de capitulação ou capitulação errônea no art. 485 do CPC. Princípio "iura novit curia" (conversão das OJ 32 e 33 da SBDI-2) – Res. 137/2005, *DJ* 22, 23 e 24.08.2005

Não padece de inépcia a petição inicial de ação rescisória apenas porque omite a subsunção do fundamento de rescindibilidade no art. 485 do CPC ou o capitula erroneamente em um de seus incisos. Contanto que não se afaste dos fatos e fundamentos invocados como causa de pedir, ao Tribunal é lícito emprestar-lhes a adequada qualificação jurídica ("iura novit curia"). No entanto, fundando-se a ação rescisória no art. 485, inc. V, do CPC, é indispensável expressa indicação, na petição inicial da ação rescisória, do dispositivo legal violado, por se tratar de causa de pedir da rescisória, não se aplicando, no caso, o princípio "ura novit curia". (ex-OJ 32 e 33 da SBDI-2 – inseridas em 20.09.2000)

Sum-410 TST. Ação rescisória. Reexame de fatos e provas. Inviabilidade (conversão da OJ 109 da SBDI-2) – Res. 137/2005 *DJ* 22, 23 e 24.08.2005

A ação rescisória calcada em violação de lei não admite reexame de fatos e provas do processo que originou a decisão rescindenda. (ex-OJ 109 da SBDI-2 – *DJ* 29.04.2003)

OJ-SDI2-25 TST. Ação rescisória. Expressão "lei" do art. 485, V, do CPC. Não inclusão do ACT, CCT, portaria, regulamento, súmula e orientação jurisprudencial de Tribunal (nova redação em decorrência da incorporação da OJ 118 da SBDI-II) – *DJ* 22.08.2005

Não procede pedido de rescisão fundado no art. 485, V, do CPC quando se aponta contrariedade à norma de convenção coletiva de trabalho, acordo coletivo de trabalho, portaria do Poder Executivo, regulamento de empresa e súmula ou orientação jurisprudencial de tribunal. (ex-OJ 25 da SDI-2, inserida em 20.09.2000 e ex-OJ 118 da SDI-2, *DJ* 11.08.2003)

21.7.6 Se fundar em prova, cuja falsidade tenha sido apurada em processo criminal ou seja provada na própria ação rescisória

A *prova falsa* é um dos motivos ensejadores do ajuizamento de ação rescisória.

Todavia, a doutrina entende que a falsidade da prova deverá ter influenciado substancialmente a formação do convencimento do magistrado e fundamentado a prolação da sentença ou do acórdão, consubstanciando nexo causal entre a prova falsa e a decisão exarada.

Por derradeiro, vale ressaltar que a falsidade poderá ser apurada em *processo criminal*, exigindo-se o trânsito em julgado, ou na própria *ação rescisória*.

21.7.7 Depois da sentença, o autor obtiver documento novo, cuja existência ignorava, ou de que não pôde fazer uso, capaz, por si só, de lhe assegurar pronunciamento favorável

A expressão documento novo traz uma falsa impressão de novidade.

Na verdade, documento novo *é aquele cronologicamente velho, que já existia ao tempo da decisão rescindenda, mas que a parte não conhecia ou que não pôde utilizá-lo no processo à época da produção probatória.*

Sobre o tema, assim dispõe a Súmula 402 do TST:

> Sum-402 TST. Ação rescisória. Documento novo. Dissídio coletivo. Sentença normativa (conversão da OJ 20 DA SBDI-2) – RES. 137/2005, DJ 22, 23 E 24.08.2005
>
> Documento novo é o cronologicamente velho, já existente ao tempo da decisão rescindenda, mas ignorado pelo interessado ou de impossível utilização, à época, no processo. Não é documento novo apto a viabilizar a desconstituição de julgado:
>
> a) sentença normativa proferida ou transitada em julgado posteriormente à sentença rescindenda;
>
> b) sentença normativa preexistente à sentença rescindenda, mas não exibida no processo principal, em virtude de negligência da parte, quando podia e deveria louvar-se de documento já existente e não ignorado quando emitida a decisão rescindenda. (ex-OJ 20 da SBDI-2 – inserida em 20.09.2000)

21.7.8 Houver fundamento para invalidar confissão, desistência ou transação, em que se baseou a sentença

A confissão que enseja o ajuizamento da ação rescisória é a *confissão real*, fruto de erro, dolo ou coação, que fez com a parte admitisse a verdade de um fato contrário ao seu interesse e favorável à parte contrária, à luz do art. 348 do CPC:

> Art. 348. Há confissão, quando a parte admite a verdade de um fato, contrário ao seu interesse e favorável ao adversário. A confissão é judicial ou extrajudicial.

Nesse sentido, sustenta o Tribunal Superior do Trabalho:

> Sum-404 TST. Ação rescisória. Fundamento para invalidar confissão. Confissão ficta. Inadequação do enquadramento no art. 485, VIII, do CPC (conversão da OJ 108 da SBDI-2) – Res. 137/2005, *DJ* 22, 23 e 24.08.2005
> O art. 485, VIII, do CPC, ao tratar do fundamento para invalidar a confissão como hipótese de rescindibilidade da decisão judicial, refere-se à confissão real, fruto de erro, dolo ou coação, e não à confissão ficta resultante de revelia. (ex-OJ 108 da SBDI-2 – *DJ* 29.04.2003)

Ademais, a doutrina entende que houve um erro do legislador ao afirmar que a invalidação da *desistência* poderá ensejar o aviamento da ação rescisória. O correto seria *renúncia* no lugar da desistência, por resultar na extinção do processo com resolução do mérito, com esteio no art. 269, V, do CPC.

A *transação* representa uma forma indireta de extinção das obrigações, na qual as partes fazem concessões recíprocas para prevenirem ou terminarem um litígio (art. 840 do CC/2002).

21.7.9 Fundada em erro de fato, resultante de atos ou de documentos da causa

Há *erro* quando a sentença admitir um fato inexistente, ou quando considerar inexistente um fato efetivamente ocorrido. É indispensável, num como noutro caso, que não tenha havido controvérsia, nem pronunciamento judicial sobre o fato (§§ 1.º e 2.º do art. 485 do CPC).

21.8 ACORDO HOMOLOGADO JUDICIALMENTE

No âmbito do Direito Processual Civil, *decisão meramente homologatória de acordo* não enseja o cabimento de ação rescisória, e sim de *ação anulatória*, com fulcro no art. 486 do CPC:

> Art. 486. Os atos judiciais, que não dependem de sentença, ou em que esta for meramente homologatória, podem ser rescindidos, como os atos jurídicos em geral, nos termos da lei civil.

Em contrapartida, na seara do Direito Processual do Trabalho, o *acordo homologado pela Justiça do Trabalho* gera o *termo de conciliação*, consubstanciando *decisão irrecorrível* para as *partes*, transitando em julgado na data da homologação judicial, comportando como meio processual de impugnação apenas a *ação rescisória*. Assim dispõem o art. 831, parágrafo único da CLT e as Súmulas 100, V e 259 do TST:

> Art. 831 da CLT (...)
> Parágrafo único. No caso de conciliação, o termo que for lavrado valerá como decisão irrecorrível, salvo para a Previdência Social quanto às contribuições que lhe forem devidas.
> Sum-100 TST. Ação rescisória. Decadência (incorporadas as OJ 13, 16, 79, 102, 104, 122 e 145 da SBDI-2) – Res. 137/2005, *DJ* 22, 23 e 24.08.2005
> (...)
> V – O acordo homologado judicialmente tem força de decisão irrecorrível, na forma do art. 831 da CLT. Assim sendo, o termo conciliatório transita em julgado na data da sua homologação judicial. (...) (ex-OJ 104 da SBDI-2 – *DJ* 29.04.2003)
> Sum-259 TST. Termo de conciliação. Ação rescisória (mantida) – Res. 121/2003, *DJ* 19, 20 e 21.11.2003
> Só por ação rescisória é impugnável o termo de conciliação previsto no parágrafo único do art. 831 da CLT.

À guisa de explicação, está correto o raciocínio do Processo do Trabalho, pois a homologação de um acordo na Justiça Laboral constitui uma *faculdade do juiz*, conforme aduz a Súmula 418 do TST:

> Sum-418 TST. Mandado de segurança visando à concessão de liminar ou homologação de acordo (conversão das OJ 120 e 141 da SBDI-2) – Res. 137/2005, *DJ* 22, 23 e 24.08.2005
> A concessão de liminar ou a homologação de acordo constituem faculdade do juiz, inexistindo direito líquido e certo tutelável pela via do mandado de segurança. (ex-OJ da SBDI-2 120 – *DJ* 11.08.2003 e 141 – *DJ* 04.05.2004)

Dessa forma, se o juiz do trabalho não é obrigado a homologar um acordo, ao homologá-lo, adentrou no mérito da causa e entendeu que a decisão não afeta substancialmente a percepção dos direitos trabalhistas a serem recebidos pelo trabalhador.

É digna de nota a regra de que a *conciliação* pode ser tentada pelas partes em *qualquer fase do processo*, ainda que em grau recursal ou até mesmo na fase de execução. É o que vaticina o art. 764, § 3.º, da CLT:

> Art. 764 (...)
> § 3.º É lícito às partes celebrar acordo que ponha termo ao processo, ainda mesmo depois de encerrado o juízo conciliatório.

Ainda sobre a acordo homologado na Justiça do Trabalho, é importante destacar que constitui decisão irrecorrível apenas para as partes, sendo cabível a interposição de *Recurso Ordinário* pela *União*, no prazo de *16 dias*, para a discussão das *contribuições previdenciárias* que incidem sobre as parcelas trabalhistas de natureza salarial. É o que afirmam os arts. 831, parágrafo único, e 832, § 4.º, ambos da CLT:

> Art. 831 (...)
> Parágrafo único. No caso de conciliação, o termo que for lavrado valerá como decisão irrecorrível, salvo para a Previdência Social quanto às contribuições que lhe forem devidas.
> Art. 832 (...)
> § 4.º A União será intimada das decisões homologatórias de acordos que contenham parcela indenizatória, na forma do art. 20 da Lei 11.033, de 21 de dezembro de 2004, facultada a interposição de recurso relativo aos tributos que lhe forem devidos.

Por fim, os *atos judiciais trabalhistas meramente homologatórios*, de simples chancela da vontade das partes, como nas hipóteses de decisão homologatória de adjudicação, de arrematação e de cálculos, ensejam apenas *ação anulatória*, segundo estabelece a Súmula 399 do TST:

> Sum-399 TST Ação rescisória. Cabimento. Sentença de mérito. Decisão homologatória de adjudicação, de arrematação e de cálculos (conversão das OJ 44, 45 e 85, primeira parte, da SBDI-2) – Res. 137/2005, *DJ* 22, 23 e 24.08.2005
> I – É incabível ação rescisória para impugnar decisão homologatória de adjudicação ou arrematação. (ex-OJ 44 e 45 da SBDI-2 – inseridas em 20.09.2000)
> II – A decisão homologatória de cálculos apenas comporta rescisão quando enfrentar as questões envolvidas na elaboração da conta de liquidação, quer solvendo a controvérsia das partes quer explicitando, de ofício, os motivos pelos quais acolheu os cálculos oferecidos por uma das partes ou pelo setor de cálculos, e não contestados pela outra.

(ex-OJ 85 da SBDI-2 – primeira parte – inserida em 13.03.2002 e alterada em 26.11.2002).

21.9 ASPECTOS PROCEDIMENTAIS

Inicialmente, insta esclarecer que, conforme dispões o art. 1.º da Instrução Normativa 27/2005 do TST, a ação rescisória observará os seus *aspectos procedimentais peculiares*, por se tratar de uma ação de procedimento especial:

> Art. 1.º IN 27/2005 TST. As ações ajuizadas na Justiça do Trabalho tramitarão pelo rito ordinário ou sumaríssimo, conforme previsto na Consolidação das Leis do Trabalho, excepcionando-se, apenas, as que, por disciplina legal expressa, estejam sujeitas a rito especial, tais como o Mandado de Segurança, *Habeas Corpus, Habeas Data*, Ação Rescisória, Ação Cautelar e Ação de Consignação em Pagamento.

Querido leitor, para facilitar a compreensão da matéria, vamos elencar de forma didática a *sequência de atos processuais* no trâmite de uma ação rescisória, apontando também as peculiaridades do Processo do Trabalho.

I) Petição inicial

A petição inicial da ação rescisória está disciplinada pelo art. 488 do CPC:

> Art. 488. A petição inicial será elaborada com observância dos requisitos essenciais do art. 282, devendo o autor:
> I – cumular ao pedido de rescisão, se for o caso, o de novo julgamento da causa;
> II – depositar a importância de 5% (cinco por cento) sobre o valor da causa, a título de multa, caso a ação seja, por unanimidade de votos, declarada inadmissível, ou improcedente.
> Parágrafo único. Não se aplica o disposto no n. II à União, ao Estado, ao Município e ao Ministério Público.

Assim, na respectiva exordial deverão ser observados os *requisitos* clássicos e essenciais de qualquer *petição inicial* estampados no art. 282 do CPC:

> Art. 282. A petição inicial indicará:
> I – o juiz ou tribunal, a que é dirigida;
> II – os nomes, prenomes, estado civil, profissão, domicílio e residência do autor e do réu;
> III – o fato e os fundamentos jurídicos do pedido;
> IV – o pedido, com as suas especificações;

V – o valor da causa;

VI – as provas com que o autor pretende demonstrar a verdade dos fatos alegados;

VII – o requerimento para a citação do réu.

Ademais, o autor deverá elaborar, em regra, 2 pedidos cumulativos, quais sejam:

a) *pedido de rescisão, de desconstituição da coisa julgada material.* É o que a doutrina chama de juízo rescindente (*iudicium rescindens*); e

b) *pedido de novo julgamento da causa.* É o que a doutrina chama de juízo rescisório (*iudicium rescissorium*).

Impende salientar que o *primeiro pedido sempre* constará em qualquer petição inicial de ação rescisória. Todavia, em regra, o *segundo pedido* deverá ser elaborado, com a *ressalva* dos incs. II e IV do art. 485 do CPC.

Assim, na hipótese de a *decisão rescindenda ter sido proferida por juiz impedido ou absolutamente incompetente,* o tribunal, ao julgar procedente a ação rescisória, *desconstituirá* a coisa julgada material e não proferirá novo julgamento, determinando a *remessa* dos autos ao juiz imparcial ou competente, para que seja proferida uma decisão não eivada de vício.

Já na hipótese de a *decisão rescindenda ter ofendido o instituto da coisa julgada,* o tribunal, ao julgar procedente a ação rescisória, *desconstituirá* a coisa julgada material e não proferirá novo julgamento, *preservando a integridade da primeira coisa julgada material.*

Também, o autor deverá efetuar um *depósito prévio,* a título de multa, caso a ação seja, por unanimidade de votos, declarara inadmissível ou improcedente. Assim dispõem os arts. 488, II e 494 do CPC, *in verbis*:

Art. 488 (...)

II – depositar a importância de 5% (cinco por cento) sobre o valor da causa, a título de multa, caso a ação seja, por unanimidade de votos, declarada inadmissível, ou improcedente.

Parágrafo único. Não se aplica o disposto no n. II à União, ao Estado, ao Município e ao Ministério Público.

Art. 494. Julgando procedente a ação, o tribunal rescindirá a sentença, proferirá, se for o caso, novo julgamento e determinará a restituição do depósito; declarando inadmissível ou improcedente a ação, a importância do depósito reverterá a favor do réu, sem prejuízo do disposto no art. 20.

Porém, o art. 836, *caput,* da CLT, foi reformado pelo advento da Lei n. 11.495/2007:

Art. 836. É vedado aos órgãos da Justiça do Trabalho conhecer de questões já decididas, excetuados os casos expressamente previstos neste Título e a ação rescisória, que será admitida na forma do disposto no Capítulo IV do Título IX da Lei 5.869, de 11 de janeiro de 1973 – Código de Processo Civil, sujeita ao depósito prévio de 20% (vinte por cento) do valor da causa, salvo prova de miserabilidade jurídica do autor.

Assim, o Diploma Consolidado passou a exigir um *depósito prévio* quatro vezes superior ao exigido pelo estuário processual civil, ou seja, de *20%* sobre o *valor da causa*, salvo prova da miserabilidade jurídica do autor.

Dessa forma, o Tribunal Superior do Trabalho cancelou a sua Súmula 194:

Sum-194 TST. Ação rescisória. Justiça do trabalho. Depósito prévio – (cancelada – Res. 142/2007 – *DJ* 10, 11 e 15/10/2007)
As ações rescisórias ajuizadas na Justiça do Trabalho serão admitidas, instruídas e julgadas conforme os arts. 485 "usque" 495 do Código de Processo Civil de 1973, sendo, porém, desnecessário o depósito prévio a que aludem os respectivos arts. 488, II, e 494.

A Confederação Nacional do Comércio (CNC) ajuizou no Supremo Tribunal Federal (STF) uma Ação Direta de Inconstitucionalidade (ADI 3995) contra a Lei 11.495/2007, ainda pendente de julgamento, que obriga o depósito prévio de 20% do valor da causa para o ajuizamento de ação rescisória na Justiça do Trabalho.

Os *fundamentos* da ação direta de inconstitucionalidade são os seguintes:
a) ofensa aos direitos de amplo acesso ao Poder Judiciário (art. 5.º, XXXV, da CF/1988 – princípio da inafastabilidade da jurisdição) e da garantia da plenitude da defesa (art. 5.º, LV, da Lei Maior – princípios do contraditório e da ampla defesa);
b) ofensa aos princípios constitucionais da proporcionalidade e da isonomia.

O pedido da ação é a suspensão liminar da lei e, no mérito, a declaração de sua inconstitucionalidade.

O relator da ação era o saudoso Ministro Carlos Alberto Menezes Direito.

Ainda, o art. 6.º da Instrução Normativa 31/2007 do TST aduz que o depósito prévio *não* será exigido da *massa falida* e do *beneficiário da justiça gratuita*, consubstanciando verdadeiras *isenções subjetivas*.

Continuando o desenvolvimento do estudo da petição inicial da ação rescisória, ela deverá apresentar *valor da causa*, cujas regras estão previstas no arts. 2.º e 3.º da Instrução Normativa 31/2007 do TST, restando cancelada a Orientação Jurisprudencial 147 da SDI-2 do TST:

> Art. 2.º IN 31/2007. O valor da causa da ação rescisória que visa desconstituir decisão da fase de conhecimento corresponderá:
> I – no caso de improcedência, ao valor dado à causa do processo originário ou aquele que for fixado pelo Juiz;
> II – no caso de procedência, total ou parcial, ao respectivo valor arbitrado à condenação.
> Art. 3.º O valor da causa da ação rescisória que visa desconstituir decisão da fase de execução corresponderá ao valor apurado em liquidação de sentença.
>
> OJ-SDI2-147 Ação rescisória. Valor da causa (cancelada) – Res. 142/2007, DJ 10, 11 e 15.10.2007.
> O valor da causa, na ação rescisória de sentença de mérito advinda de processo de conhecimento, corresponde ao valor da causa fixado no processo originário, corrigido monetariamente. No caso de se pleitear a rescisão de decisão proferida na fase de execução, o valor da causa deve corresponder ao montante da condenação.

Sobre o valor da causa na petição inicial da ação rescisória, convém realizarmos a leitura atenta da recente OJ 155 da SDI-2 do TST:

> OJ-SDI2-155 Ação rescisória e mandado de segurança. Valor atribuído à causa na inicial. Majoração de ofício. Inviabilidade. (*DEJT* divulgado em 09, 10 e 11.06.2010)
> Atribuído o valor da causa na inicial da ação rescisória ou do mandado de segurança e não havendo impugnação, nos termos do art. 261 do CPC, é defeso ao Juízo majorá-lo de ofício, ante a ausência de amparo legal. Inaplicável, na hipótese, a Orientação Jurisprudencial da SBDI-2 147 e o art. 2.º, II, da Instrução Normativa 31 do TST.

Por fim, a petição inicial da ação rescisória será *indeferida* nas hipóteses do art. 490 do CPC:

> Art. 490 CPC. Será indeferida a petição inicial:
> I – nos casos previstos no art. 295;
> II – quando não efetuado o depósito, exigido pelo art. 488, II.
> Art. 295. A petição inicial será indeferida:
> I – quando for inepta;
> II – quando a parte for manifestamente ilegítima;
> III – quando o autor carecer de interesse processual;

IV – quando o juiz verificar, desde logo, a decadência ou a prescrição (art. 219, § 5.º);
V – quando o tipo de procedimento, escolhido pelo autor, não corresponder à natureza da causa, ou ao valor da ação; caso em que só não será indeferida, se puder adaptar-se ao tipo de procedimento legal;
VI – quando não atendidas as prescrições dos arts. 39, parágrafo único, primeira parte, e 284.
Parágrafo único. Considera-se inepta a petição inicial quando:
I – lhe faltar pedido ou causa de pedir;
II – da narração dos fatos não decorrer logicamente a conclusão;
III – o pedido for juridicamente impossível;
IV – contiver pedidos incompatíveis entre si.

II) Citação

Após o ajuizamento e distribuição da petição inicial da ação rescisória, estando em conformidade com os requisitos legais exigidos, o relator mandará *citar* o réu, nos termos do art. 491 do CPC:

> Art. 491. O relator mandará citar o réu, assinando-lhe prazo nunca inferior a 15 (quinze) dias nem superior a 30 (trinta) para responder aos termos da ação. Findo o prazo com ou sem resposta, observar-se-á no que couber o disposto no Livro I, Título VIII, Capítulos IV e V.

III) Resposta do réu

O mencionado art. 491 do CPC estabelece que o réu será citado para *responder* aos termos da ação, com *prazo nunca inferior a 15 dias nem superior a 30 dias*.

Vale ressaltar que a *ausência de defesa* por parte do réu *não* gera a aplicação dos *efeitos da revelia*, conforme vaticina a Súmula 398 do TST:

> Sum-398 TST. Ação rescisória. Ausência de defesa. Inaplicáveis os efeitos da revelia (conversão da OJ 126 da SBDI-2) – Res. 137/2005, *DJ* 22, 23 e 24.08.2005
> Na ação rescisória, o que se ataca na ação é a sentença, ato oficial do Estado, acobertado pelo manto da coisa julgada. Assim sendo, e considerando que a coisa julgada envolve questão de ordem pública, a revelia não produz confissão na ação rescisória. (ex-OJ 126 da SBDI-2 – *DJ* 09.12.2003)

Por fim, o TST disciplinou o *regime do litisconsórcio* no bojo da ação rescisória em sua Súmula 406:

Sum-406 TST. Ação rescisória. Litisconsórcio. Necessário no polo passivo e facultativo no ativo. Inexistente quanto aos substituídos pelo sindicato (conversão das OJ 82 e 110 da SBDI-2) – Res. 137/2005, *DJ* 22, 23 e 24.08.2005

I – O litisconsórcio, na ação rescisória, é necessário em relação ao polo passivo da demanda, porque supõe uma comunidade de direitos ou de obrigações que não admite solução díspar para os litisconsortes, em face da indivisibilidade do objeto. Já em relação ao polo ativo, o litisconsórcio é facultativo, uma vez que a aglutinação de autores se faz por conveniência e não pela necessidade decorrente da natureza do litígio, pois não se pode condicionar o exercício do direito individual de um dos litigantes no processo originário à anuência dos demais para retomar a lide. (ex-OJ 82 da SBDI-2 – inserida em 13.03.2002)

II – O Sindicato, substituto processual e autor da reclamação trabalhista, em cujos autos fora proferida a decisão rescindenda, possui legitimidade para figurar como réu na ação rescisória, sendo descabida a exigência de citação de todos os empregados substituídos, porquanto inexistente litisconsórcio passivo necessário. (ex-OJ 110 da SBDI-2 – *DJ* 29.04.2003)

IV) Produção probatória

A produção de provas na ação rescisória está disciplinada pelo art. 492 do CPC. O aludido dispositivo legal aduz que se os fatos alegados pelas partes dependerem de prova, o relator delegará *competência ao juiz de primeiro grau* da comarca onde deva ser produzida, fixando prazo de *45 a 90 dias* para a *devolução dos autos*.

V) Razões finais

À luz do art. 493 do CPC, concluída a instrução, será aberta *vista, sucessivamente, ao autor e ao réu*, pelo prazo de *10 dias*, para razões finais. Em seguida, os autos subirão ao relator:

> Art. 493. Concluída a instrução, será aberta vista, sucessivamente, ao autor e ao réu, pelo prazo de 10 (dez) dias, para razões finais. Em seguida, os autos subirão ao relator, procedendo-se ao julgamento:
> I – no Supremo Tribunal Federal e no Superior Tribunal de Justiça, na forma dos seus regimentos internos;
> II – nos Estados, conforme dispuser a norma de Organização Judiciária.

VI) Decisão (acórdão)

Julgando *procedente* a ação, o tribunal *rescindirá* a sentença, proferirá, *se for o caso, novo julgamento* e determinará a *restituição do depósito*; declarando *inadmissível ou improcedente* a ação, a importância do *depósito reverterá a favor do réu*, sem prejuízo do disposto no art. 20 do CPC (art. 494 CPC).

Com efeito, o valor depositado será revertido em favor do réu, a título de multa, caso o pedido deduzido na ação rescisória seja julgado improcedente (art. 5.º da IN 31/2007 do TST).

VII) Recursos

Sobre os recursos em sede de ação rescisória, podemos mencionar 2 regras:

a) Se o *acórdão* foi proferido pelo TRT, é cabível a interposição de Recurso Ordinário, com base no art. 895, II, da CLT e na Súmula 158 do TST:

> Art. 895 CLT – Cabe recurso ordinário para a instância superior:
> (...)
> II – das decisões definitivas ou terminativas dos Tribunais Regionais, em processos de sua competência originária, no prazo de 8 (oito) dias, quer nos dissídios individuais, quer nos dissídios coletivos.
> Sum-158 TST. Ação rescisória (mantida) – Res. 121/2003, *DJ* 19, 20 e 21.11.2003
> Da decisão de Tribunal Regional do Trabalho, em ação rescisória, é cabível recurso ordinário para o Tribunal Superior do Trabalho, em face da organização judiciária trabalhista (ex-prejulgado 35).

b) Se o *acórdão* foi proferido pelo TST, é cabível a interposição de Embargos no TST, com base na Lei 7.701/1988.

Ainda sobre recursos, convém apontar a Súmula 99 do TST:

> Sum-99 TST. Ação rescisória. Deserção. prazo (incorporada a OJ 117 da SBDI-2) – Res. 137/2005, *DJ* 22, 23 e 24.08.2005
> Havendo recurso ordinário em sede de rescisória, o depósito recursal só é exigível quando for julgado procedente o pedido e imposta condenação em pecúnia, devendo este ser efetuado no prazo recursal, no limite e nos termos da legislação vigente, sob pena de deserção. (ex-Súmula 99 – alterada pela Res. 110/2002, *DJ* 15.04.2002 – e ex-OJ 117 da SBDI-2 – *DJ* 11.08.2003)

21.10 AÇÃO RESCISÓRIA E SUSPENSÃO DO CUMPRIMENTO DA SENTENÇA OU ACÓRDÃO RESCINDENDO

O ajuizamento da ação rescisória *não impede o cumprimento da sentença ou do acórdão rescindendo, em regra*. Assim dispõe o art. 489 do CPC.

Todavia, com a reforma implementada pelo advento da Lei 11.280/2006, que modificou a redação do aludido dispositivo legal, há a *ressalva* da concessão de *medidas de natureza cautelar ou antecipatória de tutela* para a obtenção do *efeito suspensivo*, caso imprescindíveis e sob os pressupostos previstos em lei.

Destarte, restou prejudicada a Súmula 405 do TST, que negava o cabimento de tutela antecipada no bojo de ação rescisória:

> Sum-405 TST. Ação rescisória. Liminar. Antecipação de tutela (conversão das OJ 1, 3 e 121 da SBDI-2) – Res. 137/2005, *DJ* 22, 23 e 24.08.2005
>
> I – Em face do que dispõe a MedProv 1.984-22/2000 e reedições e o artigo 273, § 7.º do CPC, é cabível o pedido liminar formulado na petição inicial de ação rescisória ou na fase recursal, visando a suspender a execução da decisão rescindenda.
>
> II – O pedido de antecipação de tutela, formulado nas mesmas condições, será recebido como medida acautelatória em ação rescisória, por não se admitir tutela antecipada em sede de ação rescisória. (ex--OJ 1 e 3 da SBDI-2 – inseridas em 20.09.2000 e 121 da SBDI-2 – *DJ* 11.08.2003)

21.11 HONORÁRIOS ADVOCATÍCIOS

Sobre os honorários advocatícios em sede de ação rescisória, assim disciplinou o TST, em sua Súmula 219, II:

> Sum-219 TST. Honorários advocatícios. Hipótese de cabimento (nova redação do item II e inserido o item III) – Res. 174/2011 – *DJ* 27.05.2011
>
> II – É cabível a condenação ao pagamento de honorários advocatícios em ação rescisória no processo trabalhista.

21.12 PRAZO DECADENCIAL

A ação rescisória possui *prazo decadencial de 2 anos, contados do trânsito em julgado da decisão rescindenda.*

O art. 495 do CPC e a Súmula 100 do TST disciplinam o tema:

> Art. 495 CPC – O direito de propor ação rescisória se extingue em 2 (dois) anos, contados do trânsito em julgado da decisão.
>
> Sum-100 TST. Ação rescisória. Decadência (incorporadas as OJ 13, 16, 79, 102, 104, 122 e 145 da SBDI-2) - Res. 137/2005, *DJ* 22, 23 e 24.08.2005

I – O prazo de decadência, na ação rescisória, conta-se do dia imediatamente subsequente ao trânsito em julgado da última decisão proferida na causa, seja de mérito ou não. (ex-Súmula 100 – alterada pela Res. 109/2001, *DJ* 20.04.2001)

II – Havendo recurso parcial no processo principal, o trânsito em julgado dá-se em momentos e em tribunais diferentes, contando-se o prazo decadencial para a ação rescisória do trânsito em julgado de cada decisão, salvo se o recurso tratar de preliminar ou prejudicial que possa tornar insubsistente a decisão recorrida, hipótese em que flui a decadência a partir do trânsito em julgado da decisão que julgar o recurso parcial. (ex-Súmula 100 – alterada pela Res. 109/2001, *DJ* 20.04.2001)

III – Salvo se houver dúvida razoável, a interposição de recurso intempestivo ou a interposição de recurso incabível não protrai o termo inicial do prazo decadencial. (ex-Súmula 100 – alterada pela Res. 109/2001, *DJ* 20.04.2001)

IV – O juízo rescindente não está adstrito à certidão de trânsito em julgado juntada com a ação rescisória, podendo formar sua convicção através de outros elementos dos autos quanto à antecipação ou postergação do "dies a quo" do prazo decadencial. (ex-OJ 102 da SBDI-2 – *DJ* 29.04.2003)

V – O acordo homologado judicialmente tem força de decisão irrecorrível, na forma do art. 831 da CLT. Assim sendo, o termo conciliatório transita em julgado na data da sua homologação judicial. (ex-OJ 104 da SBDI-2 – *DJ* 29.04.2003)

VI – Na hipótese de colusão das partes, o prazo decadencial da ação rescisória somente começa a fluir para o Ministério Público, que não interveio no processo principal, a partir do momento em que tem ciência da fraude. (ex-OJ 122 da SBDI-2 – *DJ* 11.08.2003)

VII – Não ofende o princípio do duplo grau de jurisdição a decisão do TST que, após afastar a decadência em sede de recurso ordinário, aprecia desde logo a lide, se a causa versar questão exclusivamente de direito e estiver em condições de imediato julgamento. (ex-OJ 79 da SBDI-2 – inserida em 13.03.2002)

VIII – A exceção de incompetência, ainda que oposta no prazo recursal, sem ter sido aviado o recurso próprio, não tem o condão de afastar a consumação da coisa julgada e, assim, postergar o termo inicial do prazo decadencial para a ação rescisória. (ex-OJ 16 da SBDI-2 – inserida em 20.09.2000)

IX – Prorroga-se até o primeiro dia útil, imediatamente subsequente, o prazo decadencial para ajuizamento de ação rescisória quando expira em férias forenses, feriados, finais de semana ou em dia em que não houver expediente forense. Aplicação do art. 775 da CLT. (ex-OJ 13 da SBDI-2 – inserida em 20.09.2000)

X – Conta-se o prazo decadencial da ação rescisória, após o decurso do prazo legal previsto para a interposição do recurso extraordinário, apenas quando esgotadas todas as vias recursais ordinárias. (ex-OJ 145 da SBDI-2 – *DJ* 10.11.2004)

21.13 OUTROS ENTENDIMENTOS CONSOLIDADOS DO TRIBUNAL SUPERIOR DO TRABALHO

Para finalizarmos o estudo de ação rescisória na Justiça do Trabalho, apontaremos outros entendimentos consolidados do TST, *in verbis*:

> Sum-401 TST. Ação rescisória. Descontos legais. Fase de execução. Sentença exequenda omissa. Inexistência de ofensa à coisa julgada (conversão da OJ 81 da SB-DI-2) – Res. 137/2005 – *DJ* 22, 23 e 24.08.2005
>
> Os descontos previdenciários e fiscais devem ser efetuados pelo juízo executório, ainda que a sentença exequenda tenha sido omissa sobre a questão, dado o caráter de ordem pública ostentado pela norma que os disciplina. A ofensa à coisa julgada somente poderá ser caracterizada na hipótese de o título exequendo, expressamente, afastar a dedução dos valores a título de imposto de renda e de contribuição previdenciária. (ex-OJ 81 da SBDI-2 – inserida em 13.03.2002)
>
> Sum-409 TST. Ação rescisória. Prazo prescricional. Total ou parcial. Violação do art. 7.º, XXIX, da CF/1988. Matéria infraconstitucional (conversão da OJ 119 da SBDI-2) – Res. 137/2005, *DJ* 22, 23 e 24.08.2005
>
> Não procede ação rescisória calcada em violação do art. 7.º, XXIX, da CF/1988 quando a questão envolve discussão sobre a espécie de prazo prescricional aplicável aos créditos trabalhistas, se total ou parcial, porque a matéria tem índole infraconstitucional, construída, na Justiça do Trabalho, no plano jurisprudencial. (ex-OJ 119 da SBDI-2 – *DJ* 11.08.2003)

Diagramação eletrônica:
Editora Revista dos Tribunais Ltda., CNPJ 60.501.293/0001-12.
Impressão e encadernação:
Orgrafic Gráfica e Editora Ltda., CNPJ 08.738.805/0001-49.

A. S. L7861